通用文书写作技法研究

TONGYONG WENSHU XIEZUO JIFA YANJIU

王瑞玲 著

中国出版集团

研究出版社

图书在版编目（CIP）数据

通用文书写作技法研究 / 王瑞玲著. ——北京：研
究出版社，2021.6
ISBN 978-7-5199-0523-1

Ⅰ.①通… Ⅱ.①王… Ⅲ.①公文－写作－教材
Ⅳ.①C931.46

中国版本图书馆 CIP 数据核字（2021）第 101219 号

出 品 人：赵卜慧
责任编辑：寇颖丹

通用文书写作技法研究

TONGYONG WENSHU XIEZUO JIFA YANJIU

王瑞玲　著

研究出版社 出版发行

（100011　北京市朝阳区安华里 504 号 A 座）

河北赛文印刷有限公司　新华书店经销

2021 年 7 月第 1 版　2021 年 7 月北京第 1 次印刷

开本：710 毫米×1000 毫米　1/16　印张：17

字数：286 千字

ISBN 978-7-5199-0523-1　定价：59.00 元

邮购地址 100011　北京市朝阳区安华里 504 号 A 座

电话（010）64217619　64217612（发行中心）

目　录

第一章 绪 论

第一节 通用文书与写作技法

本书中所谓的通用文书，是文书学中的术语，这里的"通用"，是为了有别于"专用"。作为文书学的研究对象的文书，也称应用文书，而通用文书是应用文书的组成部分，是应用文书里除私人文书之外的公务文书中在党政机关、企事业单位均可使用的文书。通用文书包括党政机关公文和事务性文书，但不包括像财务文书、司法文书等只适用于某一专业领域的公务文书。通用文书是文书大家族中的一个分支，在认识通用文书之前，先让我们认识一下文书家族。

一、文书家族的前世今生

汉语的语词由语素构成，语素是最小的有意义的语言单位，一个汉语双音节语词，其本义通常由构成这个语词的两个语素的意义而生成。如果我们把"文书"作为一个普通语词去看待，可以通过分别追溯"文"和"书"的本义，从而了解文书这一词语的本义。

关于"文"，《说文解字》："错画也，象交文，凡文之属皆从文。"① 这里所谓"错画"，指金属掉色；所谓"交文"，指像鸟兽足迹，两纹交互。关于"书"，《说文解字》："箸也，从聿者声。"② 而关于"聿"，《说文解字》："所以书也，楚谓之聿，吴谓之不律，燕谓之弗。"③ "聿"是用来书写的工具即笔。由此，"文"字本义是金属由于氧化等而造成的颜色变化，像鸟兽足迹交互错落；而"书"的本义是箸，指用于书写的工具，两个语素组合在一起的意思可以

---

① 许慎撰，徐铉校定：《说文解字》，中华书局 2016 年版，第 182 页。
② 许慎撰，徐铉校定：《说文解字》，中华书局 2016 年版，第 60 页。
③ 许慎撰，徐铉校定：《说文解字》，中华书局 2016 年版，第 59 页。

有多种理解，例如当将两个语素的关系认为是动宾关系时，其意思理解为用书写工具绘画，用书写工具写字；而当将两个语素的关系认为是并列关系，其意思理解为绘画和书写的工具。但不管哪一种理解，距离我们这里要探讨的"文书"的概念还有不短的距离。

上面这些关于"文"和"书"的充满诗意的解释，之所以距离我们要探讨的"文书"的概念比较遥远，是因为相比于语法和语音，语词的语义的变化很大，这种变化包括除了在本义基础上会发生语义的扩大或缩小外，还会发生语义的转移，产生衍生义等。《现代汉语词典》（第 7 版）对"文书"的解释是：①指公文、书信、契约等。②机关或部队中从事公文、书信工作的人员。既不是绘画或书写工具，也不是绘画或书写这个动作本身，而是书写的成果或书写的人，这就是语义的转移。事实上，在我们的社会生活中，确实在很长一段时间里，"文书"曾指从事书写或写作工作的人，其意思大致相当于后来的"秘书"一词。

由此可知，"文书"不论是本义还是衍生义，不论是抽象的概念还是客观事实，语义上的变化都很大。但尽管如此，这还不是"文书"本义距我们这里要讨论的"文书"的含义很远的主要原因，因为我们这里要讨论的"文书"是一个作为写作学中的术语的"文书"，而非词汇学意义上的文书。由于属于不同的语义系统，同一个词语作为一个普通词语和专业术语虽然有联系，但无论是内涵还是外延都会有很大的不同。

那么，作为文书学中术语的文书的概念是怎样的呢？

要回答这个问题，我们不得不先谈到另一个概念——文件。首先，随着办公现代化的普及，文件的概念似乎越来越热，使用频率越来越高，这时的"文件"这一概念一般指电子文件。当其指电子文件时，它包括的范围相当广泛，包括一切在数字设备及环境中生成的、以数码形式存储于磁带、磁盘、光盘等载体中，依赖计算机等数字设备进行阅读、处理并可在通信网络上传输的文件，它既是指计算机文件（file）的一种，同时也是文件（records）的一种。前者一般多指排列有序的文件，如文件夹、卷宗或档案；后者多指有记录、记载功能的文件如文字记录或录音、录像、唱片等。这时的文件有非常鲜明的特点，例如数字化信息形态，对设备及标准的依赖性，载体的非直读性，物理结构与逻辑结构关系不一致性，信息与载体分离性，信息的共享性与不安全性，易更改性，等等。这类电子文件的种类丰富，主要有文本文件即文字处理软件生成的文字、图表，命令文件即程序，图像文件即通过专用的程序或视频设备获得，图形文件如用CAD制图等，数据文件即以数据库形式存在的文件，声音文件即用音频设备录入后生成的文件，多媒体文件即由文本、声音、图像合成的文件。

其次，"文件"一词有时也指非电子文档，这时它大致相当于英文中"document"一词。和汉语中"文件"相对应的单词"document"，其意思是名词"文档""公文""证件"或动词"引证""用文件证明"，相比于电子文件，这个单词所表达的文件的概念要缩小很多，它多指公文、证件等带有证明性质的文件，这从它的动词的意义可以进一步看出。这时的"文件"一词强调的既不是排列有序，也不是记录功能，而是具有证明功能。相比于电子文档，上述英文中的"document"与我们这里要讨论的文书的概念已十分接近，当今的热词"文件"和稍显落寞的作为写作学中的概念"文书"是两个大致相当的概念。

众所周知，写作就是将我们的思维结果用文字记录下来的过程。虽然都是对思维结果的记录，但写作大致分为两种类型：一类写作是以创造美、供别人欣赏美为主要目的的写作，其产生的文本是为了让别人阅读之后产生审美愉悦；还有一类写作，写作的目的是让别人明白什么道理、产生什么行动、获得什么认识。前者我们通常叫文学写作或艺术创作，其结果形式是文学作品，后者我们通常叫一般文章的写作，其结果形式是一般文章。一般文章的写作包括像记叙文写作、议论文写作、说明文写作、应用文书的写作（公务文书及其他应用文书写作），其结果形式包括记叙文（也有观点认为是文学写作）、议论文、说明文和应用文书。很显然，应用文书首先是不同于文学作品的一类文字材料；其次它是不同于前三类文章的一类文字材料，这一类应用文书可以简称为文书。

那么，给文书下个定义就是：文书是人们在处理各类事务的过程中形成的具有特定的现实效用和惯用体式的书面信息记录。所谓现实效用，是指实际的、实实在在的用途，意即人们在阅读文书后会有所知晓或产生行动。如一个会议通知，人们阅文之后就会知晓会议召开的基本情况或去参加会议；一个扩建职工宿舍的请示，阅文之后就会知晓职工宿舍扩建的原因等并产生批复这个行动；一个关于授予××模范共产党员称号的通报，阅文之后会知晓××被授予模范共产党员称号一事并向其学习；一个参加业务研讨的邀请函，阅文之后会知晓业务研讨内容并决定是否去参加；一个工程承包协议，阅文之后会知晓该协议内容并决定是否要签署此承包工程协议。总之，只要是出于直接应用的目的，是以产生实际行动或信息传递为目的，而不是只供人欣赏、产生愉悦情绪的书面信息记录，都是文书。

所谓的惯用体式，指常用的、基本固定的外观形式和内部结构安排。如书信的格式、公文格式、合同格式等。值得注意的是，这里的体式与文体学中的体式并不完全相等，文体学中的体式是指文体的表现方式、表现手法，"对赋、比、兴的多元选择和复杂组合，构成不同文体的表现方式"。① 从赋、比、兴就可以看出，其所指是表现手法。

了解了文书的内涵，下面再了解一下文书的外延，看一看文书大家族的组成。

文书从形成者和使用范围首先分为公务文书（广义）和私人文书。公务文书又包括通用文书和专用文书两大类，其中通用文书又分为法定文书和非法定文书，法定文书即党政机关公文共 15 种，是由《党政机关公文处理工作条例》（2012 年 7 月 1 日）中规定的；非法定文书包括计划、总结、简报、大事记、会议记录等各行各业均可使用的文书。专用文书指只在某个行业中使用的文书，如司法文书、财务文书等。具体见下图：

$$
文书\begin{cases}
公务文书\begin{cases}
通用文书\begin{cases}法定文书：党政机关公文 \\ 非法定文书：计划、总结等\end{cases} \\
专用文书——工程、司法、外交、经济、财务等
\end{cases} \\
私人文书——请柬、家信、契约、遗书等
\end{cases}
$$

图一　文书分类

从图一可以看出：公务文书是与私人文书相对的一类应用文书，是应用文书大家族中的精华，而我们这里要研究的通用文书是公务文书中的一类，它又包括法定文书和非法定文书。

再回到我们前面讨论的"文件"与"文书"的关系问题。可以说，二者都是指以应用或实用为目的的文书，只不过文书是它的传统名称，而文件是近来新兴起的名称。并且，从实用写作学的表达惯例上看，广义的文件或文书一般指公文文书，不包括私人文书；狭义的文件或文书专指法定文书（简称公文）。因此可以说，广义的文件＝文书＝公务文书，狭义的文件＝文书＝法定文书（简称"公文"）。

---

① 郭英德：《中国古代文体学论稿》，北京大学出版社 2005 年版，第 14 页。

文书是社会发展到一定阶段的产物，试想，有文字之前是不会有文书的，文字使文书产生成为可能，没有文字就不会有文书。社会组织需求以及人的社会性需求是文书产生的另一个条件，因为社会组织形成和个人社会性表达需求的产生使文书的产生有了必要性，如果没有社会组织或个人对文书的需要，文书也不会产生。由此可见，文字是文书产生的必要条件，而社会组织个人需求是文书产生的充分条件，二者缺一不可。

甲骨文是我国迄今为止发现的最早的文字，甲骨文书也是最早的文书，是书写在龟甲或兽骨上的文书，以商朝时为最多，这种文书多记录战争、田猎、占卜、祭祀等活动。商周时期特别是春秋以后，有些重要的记载和规定刻写在金属或石头上，这就出现了金石文书，刻写在金属器皿上的也称为铭文，刻写在石头上的也称为石鼓文。这类文书从内容上看也是记录征伐、田猎、占卜、祭祀等活动，例如图三记录的即是武王伐纣一战；历史上曾发现记录秦襄公伐戎救周有功而受封于西岐，以及游猎行乐的盛况的石鼓文书。再后来又出现了写在竹简和木牍上的文书、写在丝帛上的文书，直到纸张的产生，出现了以纸为介质的纸质文书。这些文书虽然由于所凭借的书写方式不同，有刻铸、书写、印刷，物质载体也不同，表现出不同的外观形式，但从内容上来看，它们是有着共同的特点的，即都是对客观发生事物的记录，具有历史的记录性和证明性，是以真实地记录历史为目的，是有实用价值的。虽然这些文书还没有特定的现实效用和固定的写作模式，但这已经是早期的文书毋庸置疑。因此可以认为，目前可见的文书产生于3000多年前，公文是文书中产生最早的一类。

前面说到，文书是对应用文书的简称，但今天，应用文书或应用文使用频率却更高。应用文书作为应用意义的文体概念创始于"欧苏"，已有近千年的历史。欧阳修《免进五代史状》（1060年）说："自忝窃于科名，不忍忘其素习，时有妄作，皆应用文字。"这里"应用文字"指科举应试文章，可获取功名，含有"应用"之意。他的《辞副枢密与两府书》（1064年）又说：修"少本无于远志，早迫逮亲之禄，学为应用之文"。苏轼《答刘巨济书》继承了欧阳修的思想："仆老拙百无堪，向在科场时，不得已作应用文。"于是，应用文的文体概念诞生。清代刘熙载的《艺概·文概》："辞命体，推之可为一切应用之文。应用文有上行，有平行，有下行，重其辞乃所以重其实也。"这里的"应用文"很显然是指公务文书。其后的徐望之在《尺牍通论》中说："有用于周应人事者，若书札、公牍、杂记、序跋、箴铭、颂赞、哀祭等类，我名之曰："应用之文'。"而这里所说的"应用文"则主要是指私人事务文书。

这里有一点需要提示，严格意义上说，并非所有的实用写作，其成果形式都是应用文书，因为，应用文书作为一类文体，需要具备一定的基本条件，而某些带有一定实用写作目的的写作，其成果形式是不具备或者说不完全具备这些条件的。从这个角度上看，确切的说法应该是：人类的早期只有实用写作而并无严格意义上的应用文书。魏晋六朝时，公文成熟，对公文的研究也有一定的成绩，如曹丕的《典论·论文》、陆机的《文赋》、李充的《翰林论》、任昉的《文章缘起》、刘勰的《文心雕龙》。

图二　刻写在龟甲和兽骨上的文书

利簋铭文/武王伐纣的牧野之战，主要是兵车大战。图为周朝记有牧野之战经过的利簋及其铭文

图三　刻写在金属器皿上的文书

二、写作技法的准确定位

（一）在比较中认识写作技法

所谓技法（Techniques），从字面上来说是指解决实际问题的技术和方法，是对技术与方法的简化称谓，一般用于艺术创作方面，如绘画技法、演唱技法。写作中的技法主要是指在写作过程中，为了产生某一个写作结果，写作者对表达行为进行控制的技术或方法。

技法在英文中有技巧、手法、技术、技能的意思，我们这里所谓的技法，与技巧、技艺意思也很接近，因为都有"技"这个语素，所以它们都有技术之意，但并不完全相同。首先，技巧多是指在不断反复的过程中使某个动作行为达到一种十分熟练的程度，正所谓熟能生巧；而且，一旦某个动作行为成为技巧，则即使是一心二用时，也可以准确地完成这个动作行为，例如车辆驾驶等，技巧强调的是熟练程度。技法多指具有规律性的操作技术和方法，侧重于强调技术和方法的规律性运用，这是二者的第一点区别。其次，既然技巧是经过反复实践才能形成，所以技巧是不可以通过他人讲授而获得，它也是不能讲授的。而技法则不同，因为它是一种操作规律，所以完全可以经由他人讲授而掌握，这是二者的第二点不同。此外，既然技巧与技法都属于操作层面的概念，二者也是有一定关系的，一种技法如果反复使用，长时间之后就会上升为技巧，因此，技巧是技法的高级形式。技法与技艺也有区别，技艺一般多指技术和工艺，语义重点是非常熟练的带有表演性质的动作或手艺，强调的是具有艺术表演性质的技术，比如泥塑技艺、剪纸技艺，与技法强调的规律性的技术和方法是不同的。

知道了什么是技法，由此可知所谓的写作技法，就是指规律性的写作技术和方法。既然是写作技术和方法，还有一个与之十分相似的概念——写作艺术，这二者又有什么不同呢？

写作艺术多指自由的创造活动，这种创造很少受到约束或限制，是在一种没有固定模式或固定技术路线的情况下的写作方式，其产生的成果多是文学作品。这种活动常常是在突然到来的灵感支配下进行，然后创造出个性化的作品供人欣赏。虽然在文学作品创作的过程中也有技法问题，或者说文学作品的创作也有技法存在，但写作技法仍然不可以认为等同于写作艺术，因为这二者是处于不同层面的两个概念。写作技法，例如小小说的写作技法，一般是供初学者使用的基本写作方法，它是学习者学习创作的途径或捷径，学习的目的是"入格"；而写作艺术虽然也是属于写作技术，也有方法的意思，但一般指"入格"之后的"破格"，是对规律、套路的突破。或者说，创造性的写作技法才可以称为写作艺术，它是在写作技法之上的高级的写作方法，是创造性的写作行为。

（二）从写作活动中认识写作技法

我们还可以通过考察写作过程来认识写作技法。

狭义的写作是信息交流与传播的过程，是一种通过书面语言宣泄情感、表达思想而后形成文章的过程。从这一全过程来看，可以分为前写作行为即写作者为了写作所做的自我建构和素材积累的行为，如学习、阅读、观察；写作行为即写作过程中具体实施的行为，如构思、下笔、修改等；后写作行为即写作之后的行为，如编辑、翻译等。写作作为人类的一种精神劳动行为，特征明显。从行为发出者角度看，写作是一种生命的表达，是写作主体按照自我对客观事物的认识或对美的主观感受进行控制性的表达；从写作行为发生的动因角度看，写作行为是受情感动力或意志力驱动和控制的，从行为的产生直到完成，这主要包括写作兴趣、写作意志和写作决心；从写作行为的结果看，写作行为一定要产生结果即文章，写作行为在内部思维的控制下、通过语言生成文章。既然写作行为最终都要产生结果，在这个过程中就存在着技法问题，这也是理解写作技法的一个角度。

写作是人类的一种有意识、有目的、有意图的创作活动，这种活动的目的通常有两种主要类型，一种是以创造美、表现美为目的，是一种情感的表达；另一种是以信息传递、信息交流为目的，是一种思想的表达。前者试图让读者获得情感体验，后者试图让读者获得重要信息；前者为了动之以情，后者为了晓之以理；前者不关乎读者的具体行为，后者常常使读者产生具体行为。这两种写作中，前者是文学写作，后者是实用写作亦即应用写作。由此可见，应用写作是一种以实用为目的，以作用于读者思想或使之产生某种行为为主要意图，运用思维操作技术和书面语言符号系统进行创造性表达的过程。在这两种写作中，都存在着写作技法问题。

郭小珺认为，写作技法是写作学科中操作层面的概念，是一个有别于写作体制、写作规则、写作要求的概念，它是"直接作用于写作实践的动态的操作及其程序要领"。① 这个表述直指写作技法的本质。也就是说，从本质来看，写作技法是一种具有操作性质的、对写作实践有直接指导作用的程序和要领。抑或，从另一个角度去理解，如果把所谓的"程序和要领"理解为知识类型中的一种，写作技法主要指程序性的知识，陈述性的知识则不属于写作技法。

写作技法是写作学的研究对象。在文章写作系统中，存在着文章学、写作学和写作教学三个层次。我国当代文章学产生于 20 世纪 80 年代，与它同时产生的还有写作学，二者均属于成熟较晚的学科。不仅如此，由于文章学与写作学关系非常密切，在范围上又交叉较多，写作学中除基础写作学、文学写作学外，有文章写作学；而文章学中除文章基础学、文章阅读学外，也有文章写作学，于是业内不少人把文章学与写作学混为一谈。事实上，二者是有明显区别的。写作学研究的主要对象是写作这一主体行为，而文章学研究的对象是写作这一主体行为产生的结果即文章，二者虽有交集——文章写作学，但二者绝不是包含与被包含的关系。在写作主体的行为中，写作技法是写作学的主要研究对象，因此我们可以认为，"写作"大致相当于写作技法的同义语，是与写作技法最为接近的概念。本著作所研究的通用文书写作技法，其上位概念是应用文书写作技法或应用写作。因此，考察应用写作的当下境遇，也就是考察写作技法的境遇，对认识写作技法研究的必要性将很有意义。

三、应用写作的现实处境

（一）不尴不尬的现实处境

据史料记载，远在黄帝时期，我国就产生了职官等公职人员和征讨、选举、会议、祭祀等公务活动，与此同时最早的文字也已经产生，上述公务活动向应用写作的产生提出要求，使应用写作很有必要，而文字的产生又为应用写作的产生提供了必要条件，使应用写作成为可能，自此，应用写作产生的条件具备。② 由此也可以看出，应用写作作为一种客观事物，其产生和存在的时间已很久远，很长的一段时间里人们利用应用写作处理公私事务，但在很长一段时间里它并没有成为人们的一种自觉，人们并没有意识到自己所进行的是应用写作行为。在我国，直到 20 世纪 80 年代初，以应用写作为研究对象的应用写作学才作为一门学

---

① 郭小琲：《应用写作技法研究刍议》，《集宁师专学报》2000 年第 3 期，第 85—88 页。
② 丁海斌：《档案学的哲学与历史学原论》，辽宁大学出版社 2011 年版，第 152—155 页。

科被正式提出，从这个角度看，应用写作学是一门古老而新兴的学科，说其古老，是因为应用写作的产生是十分久远的事情；说其新兴，是因为应用写作学作为一门学科的提法，是最近几十年的事情。

如前所述，应用写作历经几千年的发展历史，时至今日，其处境是怎样的呢？应用写作是因使用需求而产生，此后一直伴随着人类社会而存在，虽经各种变化，但其工具性的主体性质从未改变，成为人类文化的一个不可或缺的组成部分。我国应用写作的现实处境如果用一个词来形容那就是不尴不尬，这又是怎么讲呢？对于应用写作，人们都知道它很重要，生活中的方方面面，工作中的各行各业，都离不开它，例如，为了提高工作水平要写工作总结，年终要写述职报告，领导一个团队要写工作计划，开展某项工作前写可行性报告；朋友间发生了借贷关系要写借条，给父母办寿宴要发请柬，有事诉诸法律要写诉状，房屋买卖要签订合同。但是，它又一直没能取得应有的地位，与文学写作相比，它被视为雕虫小技，是登不了大雅之堂的。这从以下几个方面可以看出。

应用写作长期有实无名，或曰名不副实。应用写作从其产生和发展过程看，始终与人类文化的产生和发展相依相伴，它与文字同时产生，此后在各社会历史发展阶段与各种社会制度下的各种社会文化相互依存、相互作用，特别是与制度文化关系密切，不同的社会制度，会产生不同的政治文化制度，就会引起应用写作发展过程中的变化。其实，不仅仅是历史发展阶段，社会发展的特殊历史时期，应用写作也会呈现出特殊性。不仅如此，应用写作在管理国家事务、推动社会发展、促进人类交流上都有不可替代的作用。虽然应用写作早已有之且始终与社会发展相依相伴，作为一种文化在促进社会发展进步中功不可没，但其并未向其他意识形态领域中的文化现象一样受到重视，从未进入主流话语系统。直到目前，关于"应用写作"的概念，其内涵和外延都还不清晰。提起文学写作，无论是小说创作、散文创作、诗歌创作，即使是普通人，也会有非常清楚的认识，不论是对于小说、散文、诗歌等写作对象还是写作活动本身；但如果提到应用写作，就是专门从事这项研究的人也很难给出一个确定的定义，因为这里有太多的东西尚无定论。

首先，是关于"应用文"概念的问题。应用写作的写作对象是应用文，应用文是一类什么样的文体，它的含义如何，它包括哪些种类，它的外延如何界定，关于这些问题的研究很不深入，目前尚无定论。关于"应用文"的概念，首先存在着其与"实用文"有无区别的问题，对这个问题，有主张二者为同一概念的，有主张二者要严格区分的。前一种主张如《写作学简明词典》（武少文、邵璧华）"应用文"条目这样说："也称实用文。人们在生活、学习、工作和公务活动中常用的有一定惯用格式的文体总称。"《应用写作》（李景隆、任鹰）："按其性质和功用的不同，可将文章划分为两种类型，一种是欣赏型文章，一种是实用性文章。前者主要指各类文艺作品，如小说、诗歌、散文、戏剧等等，文艺作品的写作通常被称为文艺创作；实用性文章则是指人们在工作、科研、生活、学习中广泛应用的，为解决实际问题而撰写的文章，主要包括用于工作的公务文书，用于科研的学术文章，用于生活的日常应用文以及用于学习的读书笔记等。"后一种主张如《现代实用写作学》（裴显生）："应用文，作为人们处理公私事务常用的文体，包括机关应用文和私人应用文两类。而实用文则除包括上述文种外，还包括其他一些习惯上不称之为应用文的新闻文体、学术文体、史传方志文体等，其范围要比应用文宽泛得多。我们讲的实用文，是与艺术文（或美术文、文学体）相对应的所有文种。"针对这种现象，还有学者提出二者不必区分，认为凡是非文艺类的作品都应称为应用文，而不必要再使用其他概念相标举，如何馗的《应用文是艺术之末品吗》一文中说："在文字写作当中，就其大者而言，我认为可分为两大类：一类是以运用形象思维为主的文艺写作；另一类是以运用逻辑思维为主的应用写作。在逻辑思维基础上，凡应用于社会生产生活、教学科研、业务经营、各种管理、政治活动和人际交往等而写作的文字，都应涵盖在应用文之内。那种把学术论文、科技文等置于应用文之外，把应用文局限在狭小范围的主张和做法，都是不正确的。"

其次，关于"应用写作"这一概念。"应用写作"与"应用文写作"应该说是有区别的，"应用写作"侧重于指普遍的有关应用写作的问题，指应用写作的宏观的、一般性规律，如应用写作的特点、主旨、立意、布局、谋篇、语言、修辞等；"应用文写作"侧重于指具体应用文种的写作问题，强调是微观的、具体的文种的写作规律，如各文体和文体知识如概念、适用范围、行文对象、写作格式、写作方法、注意事项等。现实中，将二者混为一谈的现象十分普遍，首先体现在出版物的名称上，不论是这方面的教材还是这方面的专著，统统忽视二者区别。在这些出版物中，名之曰"应用文写作"者多，也算名实相副，因为现在的著述或教材确以逐一论述说明每个文种的知识为主的居多；但也有著作虽其中内容是一个文种一个文种的各种文种知识为主，但却名之曰"应用写作"，很显然是未意识到二者的不同从而未能将二者区分开来。再从目前的有关课程来看，大学普遍开设有应用文写作方面的课程，作为公共课或通识课，由有中文背景的公共课教师承担，课程名称多冠之以"应用文写作"，教学中教师多数也是带领学生一个文种一个文种地学习，但是这未免让人感觉有本末倒置之感。应用文本身不是一个外延十分精确的概念，它包罗万象，随着时代的进步，各个新的文种层出不穷，让人应接不暇，在课堂中不可能一一进行学习。因此，培养应用写作能力是最根本的，具有一定的写作水平，就可以以不变应万变，不论出现何种新的文种，基本能力有，就不愁不会写。所以，应用写作能力的培养应是教学的核心，是主要培养目标。再从另一个角度看，一个只有中文背景的教师如果让其教授学生司法文书的写作，这多少有点强人所难，而如果教授写作的普遍知识、培养基本写作能力则是中文背景教师的强项，从这一点看，应用写作类课程的学习重点也应该是应用写作的普遍规律，而不是守株待兔式的文种学习。课程内容偏离课程实质，尽管与课程名称相匹配，但可以看出教育者同样也忽视了应用写作与应用文写作的区别，从而造成课程名称、教学内容与教学目标的偏离。

应用写作至今未形成自己的学科体系。在我国，应用写作学作为一门学科的提出，是在 20 世纪 80 年代初。应用写作学是以应用写作为主要研究对象的一门学科，它与文章学、写作学关系密切。广义的应用写作学包括的范围非常广，古代应用文体产生的历史、应用文体的文种演变、应用文体的社会功能、应用写作的写作理论、应用写作的写作技巧、应用写作的写作过程、应用写作与一般写作的区别与联系、应用写作者的基本素质等都包括在内；其中应用写作的写作理论及写作技巧是核心内容。一个学科是否成熟，要看其是否具有完整的学科体系，是否有坚强的理论支撑这一学科。一个学科的学科理论体系应包括"史""论""法"三部分，所谓"史"，是指学科的源起及发展历史；"论"是指历代关于学科内容的评论；"法"指技法、方法。① 目前，关于应用写作的技法、方法的理论研究，对于"史"和"论"的研究都很不够。看一看现有的应用写作方面的著作，无论是教材还是专著，内容多以文种的写作为主，只是从例文中归纳总结出来所谓写作方法，不具备一般理论的概括性和普遍性的特点，很难说触及应用写作的本质和规律。而关于应用写作的史的研究还很贫乏，大多集中在某些特定的

---

① 黄斌：《应用见雅乃为文 写作有学方为范》，《广西师范大学学报》2011 年第 4 期，第 155 页。

历史时期如甲骨、民国、"文革"时期公文写作的文种、用途的介绍，而对于应用写作文种的历史演变、某一时期应用写作的特点、应用写作的发展轨迹特别是应用写作与社会特点和历史文化的因果关系等研究几无所见，使应用写作长期处于无源之水、无本之木的状态。关于应用写作文论的研究则主要集中在《尚书》《文心雕龙》上，《文心雕龙》虽被公认为一部文学理论专著，是中国古代写作观念和写作理论的集大成者，包括有关于公文的写作理念，但研究者只是对其以文体论角度关注，其他如关于公文的流变、文体特征、行文规范等方面内容并未进行深入研究。① 与文学浩繁的文论研究相比，应用写作文论研究显得过于单薄和贫乏。因此可以说，在应用写作研究领域，辽远而空旷，土质肥沃而荒凉，到处都是待开垦的处女地。

（三）当下处境的文化推绎

1. 中国人的价值观具有审美观照的意味，自古尚曲不尚直，与文学创作相比，应用写作本身不会被看重。

与世界其他民族相比，中国人喜欢艺术地看待世界，喜欢艺术地看待世界的一切事物，与其他喜欢逻辑地观照世界民族很不同的，也正是如此，我们古代文史科学十分发达而技术类科学却不先进。例如，世界上的文字本为一源——图画，后来也都经历了由具象的图画向抽象地表意变化的过程，但再到后来，有些文字丢掉了表意这一传统，要么消失，要么转变为表音文字，只有汉字始终沿着这一传统发展，始终未变。汉字中的象形、指事、会意、形声四种主要的造字方法统统保留了其图画的味道，可见中国人对图画的偏爱。因此，也只有汉字后来形成了书法艺术和玺印艺术，这更是中国人对文字进行审美观照的体现。

从文章发生学的角度看，历史上的很长一段时间并没有应用写作与文学写作之分，当初的写作都是以实用为目的，如前面所述文书的产生过程，只是到了后来才有了应用写作与文学写作区别，这大概是到了魏晋南北朝时期，开始按照行为方式和社会功能进行区分。而就社会功能而论，相比于文学写作，应用写作虽也可产生美文，但毕竟与直接目的就是让人产生审美享受的文学作品有所不同，创作美并不是它的主要目的，所以，这样的写作行为及其产生的作品在中国文化中不受重视是必然的结果。郭英德认为："历代《文选》类总集在文体排列

---

① 杨倩：《〈文心雕龙〉的公文写作理论及其价值》，《档案学通讯》2013 年第 3 期，第 38—40 页。

的体例上，大都将与'诗'关系密切的'有韵之文'置于各种文体序列之首，其次是官府应用文体，紧随其后的是文人日常应用文体或'纯文学'文体中的衍生文体，伤悼文体序列则一般置于一部总集文体排序之末。"① 这里的"有韵之文"是借用刘勰的《文心雕龙》的表达方式，和"无韵之笔"相对，前者多指文学作品，后者多指应用文体。这一排序清楚表明，在刘勰笔下的所谓的"有韵之文"的文学作品，其地位要高于所谓的"无韵之笔"实用文章，虽然历史上也产生过许多以实用为目的的名篇，如李斯的《谏逐客书》、李密《陈情表》等，但它们的地位远不及文学作品，被湮没在浩瀚的文学类作品之中。

再从作品的角度看，由于习惯于进行审美观照，尚曲不尚直，也就有了雅俗之别，具有审美特征的为雅，不具有审美特征的则被认为是俗。中国是一个诗的国度，中国的文化典籍中文学作品占比最大，经、史、子、集中"集"的篇数最多，就是教育也要实行诗教。自古以来，人们就以诗词文赋为写作的最高典范，长期以来以能否写诗作赋作为是否有文化的标准，诗词文赋是大雅，就是小说也曾被称为"引车卖浆者流""街谈巷议之语"，是消遣之物，为文人所不齿，更不用说与诗距离最为遥远的应用写作了，被认定为俗自是必然。

这种民族文化心理发展到今天，就是应用写作与文学创作相比的不被看重，在文学创作的强大力量挤压下，应用写作只能在夹缝中生存。

2.中国传统的思维方式是直觉体悟，而不是理性思考，与西方思维方式相比，写作者自身不看重应用写作。

所谓直觉体悟就是一种整体感知，它强调是一种整体认识。与西方的思维方式不同，中国人传统的思维方式是"从主体意向出发对实践经验和内心体悟加以总结、归纳。中国人喜欢从具体再到一般，从分说到总结，注重直观经验，习惯于直觉体悟"②。也就是说，从推理方法上来看，中国人喜欢从具体到一般的归纳法，与西方人的从一般到具体的演绎法方向相反。这种思维方式上的特点，体现在写作上除了句式结构松散、只靠前后语义来连接外，整体来看就是重叙事、轻说理，即使是叙事也往往不是直截了当，而是崇尚曲折隐晦、含蓄迂回。而应用写作在这一点上与此恰恰相反。

① 郭英德：《中国古代文体学论稿》，北京大学出版社2005年版，第4页。
② 夜阑：《中西方思维方式差异对我国大学英语写作的启示》，《黑龙江高教研究》2016年第1期，第77—79页。

前面谈到，应用写作是以说理为主的写作。如前所述，应用写作都有着现实的目的，而这一现实目的能否实现，直接由行文中逻辑是否严密决定。通常，应用写作会采用提出问题、分析问题、解决问题的结构方式，而从问题的提出到对问题的分析再到提出解决问题的方案，其间每一步都离不开推理，推理方式多为三段论式，是从一般原理推出特殊结论的推理方法，即推理的方式是与中国人传统思维方式恰恰相反的演绎推理。在应用写作中，严密的逻辑是必不可少的，相比于艺术创作，它不以成段成篇的叙述描写为主要任务，即使有叙述和描写，也是为后面的说理进行铺垫，只作概括的交代即可，叙述和描写不是重点，无须突出，无须刻意而为之。这样的一种写作方式，并不是中国人骨子里喜欢的写作方式，不到万不得已，应该不是他们一定要去完成的写作，除非这是必须，因为他们并不擅长。

再从写作主体角度看，应用写作主体大多相当于古代的士人阶层。士人阶层是中国古代社会特有的社会阶层，它们出现在春秋战国之际，一部分出卖知识的破落贵族兴办私学，于是话语的建构权发生转移，不仅仅是统治者，平民通过私学掌握了文化，同时也掌握了话语的建构能力。但是，这是一个一心想进入统治社会，一方面是出于对自己处境的不满，另一方面也是为实现自己的理想，于是他们开始了自我话语的建构。你能说出别人不会说的话，你能写出别人不能写的句子，你就是有文化的人，你就可以进入主流社会，甚至登堂入室，步入仕途。由于这种文化心理的积淀，应用写作的写作主体多以出奇出新为目标追求，但恰恰是在这一点上，从事应用写作是不容易做到的。由于应用写作过程基本是一种程式化的表达过程，写作者要进行创新很难。应用写作的思维方式是提出问题、分析问题、解决问题的"三段式"的思维方式；写作者只是群体的代表，不可以进行完全个性化的表达，灵活自由地表达主题、处理材料、安排结构等只是一种奢望，要进行变通的、独特的表达实属不易。因此，这种程式化、程序化的写作，不能满足写作者们发挥自身写作才华的心理需求，写作者们也就放弃对应用写作孜孜以求的追求，只是把它作为一个任务去完成，而常常会另辟蹊径，把自己的写作才华展露于文学创作之中。

由于写作主体普遍具有这样的一种文化心理，今天的应用写作处于这样的境地也就不足为奇了。

3. 儒家思想影响下形成的民族性格特点，与应用写作表达方式的特点相反。

首先，儒家传统让我们始终要牢记谨言慎行，遇事要三思，说话要委婉，直言会招灾，平淡会埋没，而应用写作的特点恰恰与此相反。应用写作的表达方式不追求委婉，而以直接最为常见。应用写作都是有着十分明确的社会功能，要解决现实的问题，因此其表达方式以有利于现实功能的实现为最佳，这种表达方式首先就应当是平铺直叙的，是直言不讳的，其效果应当是明白晓畅的，那种委婉曲折的表达是没有用武之地的。因为，任何的委婉的表达，带来的要么是理解上的不准确，要么是时效性的不突出，而最终都会表现为现实功能实现受阻，这都不是应用写作的应有之义。此外，应用写作表达方式追求的是平实，不是生动；是平淡，不是华丽，这与中国人长期在儒家文化濡染下形成的文质兼备、文质彬彬不相吻合。

　　其次，儒家的"自强不息"的人生追求，刚健、有为、进取的入世思想，激励人们勇于进取，积极有为，为实现自己的远大目标而奋斗，但同时也容易形成争强好胜、不甘平淡的性格特点，而在这一点上，恰恰是在应用写作中应当避免的个性特点。一般情况下，语言表达与人的性格特点直接相关，正所谓文如其人。但是，应用写作中的语言表达是一种集体的表达，虽然落实于笔端时是由写作者一个人完成，但此时的写作者只相当于一个代言人，在一定的范围之内有表达的自由，但也同时受到集体意志许多限制，任何的争强好胜都有可能影响到表达效果。应用写作中的表达一定是目标明确的表达，是忠实真诚的表达，是甘于平实的表达，是不允许写作者以自我为中心甚至逞能自大的表达的。

　　民族性格中的这样的一些特点，应用写作在我们这个人人想大有作为、大显身手的国度里无疑会遭到冷落，被人嫌弃也就是很自然的事情了。

　　综上所述，在今天的中国社会中，提起应用写作，人人都会认为很重要，但应用写作却被全社会所冷落，长时间坐冷板凳，没有获得应有的社会地位，这种反差的形成，与中国传统文化心理脱不了干系。今天既然找到了原因，就应当积极给予干预，做出调适。

第二节　研究价值与研究方法

　　不温不火、不尴不尬是目前应用写作以至整个写作学最大的特点。从应用写作学目前学科归属来看，主张语言学的有之，主张文艺学的有之，主张文章学的有之；另外，期刊业如火如荼、各类期刊遍地开花的今天，至今没有一本关于应用写作的权威性核心期刊，这些都足以证明应用写作的边缘化的境遇。写作学就是关于写作技法的学科，写作技法是写作学的核心内容，写作学要获得应有的地位，改变多年的冷遇状态，开展技法研究很有必要。那么通用文书写作技法研究现状如何？应该怎样研究？

一、写作技法研究概况

20 世纪 80 年代到 90 年代曾出现一股技法研究的热潮，写作技法研究受到学界重视，从个人感悟式、汇编式、片段式的写作技法研究到宏观式的写作理论体系建构，取得了很大成就，但在这一研究过程中也存在着一些问题。关于这一点，赵可新在《新时期写作技法发展》一文作了总结，指出主要问题包括：技法与技巧不分，缺少对古代流传下来技法的梳理，文学流派与技法不分。不仅如此，在最后，其还着重指出要重视实用文体写作技法的研究。[①] 20 年前，写作技法研究尚处于起步阶段，赵可新就慧眼独具，一针见血地指出在写作技法研究中，大多集中于文学写作技法研究，实用文体写作技法如同一个被遗弃的孩子。如今，20 年的时间过去了，写作技法的研究又是怎样的状态呢？

对于这个问题，我们不得不说，目前关于写作技法研究仍未达到让人满意的程度，特别是关于应用写作技法的研究。但同时，让人稍感欣慰的是，当前关于写作技法的研究虽然不多，但仍有人在做，并且取得了一定的成绩。例如《写作技法研究》（吴素娥等，2014 年，南开大学出版社）分述了写作技法示例举要篇、写作技法综合艺术篇、写作理论探讨及文艺批评鉴赏篇三部分，在对各种经典写作技法示例举要的同时，还对古今中外大量的名家名篇写作技法的综合运用进行评析。虽然这个成果仍然只是针对文学作品的写作技法进行研究，但在一片沉寂的写作技法研究领域算得上一颗璀璨的明珠。相比之下，对于应用写作技法的研究，则要逊色得多。那么目前关于应用写作技法研究的现状是怎样的呢？

如前所述，在某一个文章系统中，常常存在着文章学、写作学和写作教学三个层次。在应用文书系统中，学者们的研究分布总体来看是关于应用写作教学研究多如牛毛，其次是关于应用写作活动的研究，关于应用文体的文章学研究少之

---

① 赵可新：《新时期写作技法发展》，《广播电视大学学报（哲学社会科学版）》1999 年第 2 期，第 36—39 页。

又少，这也是目前应用文书系统研究不能深入、普遍大同小异的主要原因。就笔者目前所见，虽然对应用写作活动的研究有人在做，但这些研究多建立在一般案例的归纳概括，顶多上升到所谓的写作模式，真正深入写作普遍规律的研究还十分匮乏。

就笔者所见，仅有的几个题为"应用写作学"或冠以"技法研究"的研究成果，同样是以大量的应用文文章浅显的知识充斥其内容，真正关于操作技法与写作规律的内容甚少。以业内认可度很高的《新编应用写作学》① 为例，该研究认为作为写作学的分支，应用写作学研究的是应用写作的特点、规律和技法，这个对应用写作学的定位之准确难能可贵，但其后面的内容仍多是应用文一般性知识的具体说明，真正涉及写作技法的内容并不多。另一有代表性的成果是《走向应用：公务文书写作技法研究》②，可惜的是作者在基础知识篇中涉及写作的语言要求、主题、写作者的素养要求后，后面同样进入了对一般公文知识的说明，如公文的格式、印刷要求、行文规则，直到分论部分才涉及写作结构模式和技法。尽管如此，这仍是目前所见唯一一个可以称得上写作技法研究的成果。

由此可知，虽然 20 余年过去，但应用文体写作技法研究的境况仍未发生改变。那么，是不是对于应用写作来说，写作技法不像文学中写作技法那么重要呢？恰恰相反，相比于文学写作，写作技法对于应用写作更加重要，因为写作技法是一种程序化的写作方法，而程式化、程序化恰恰是应用写作区别于文学创作的一大特点。下面进行具体分析。

从写作目的上来看，应用写作是一个实用性写作过程。应用写作的直接目的或首要目的是解决实际问题，实现写作意图是必须、唯一的写作目的，这是应用写作一大特点，因此在内容上要由写作意图一以贯之，从材料的取舍到内容的组织都要务求真实地反映客观实际，在此基础上要有利于实现写作意图，最终达到解决实际问题的效果。在形式上也要以有利写作意图实现为目标安排结构，层次要清晰，表达语言要规范，外观格式要标准。由于对写作意图的实现和解决实际问题的刚性要求，在应用写作过程中程式性的特点十分明显。③ 从写作者角度来看，应用写作中写作者主要运用的是一种定向的思维模式。文学是写作者个人对

① 丁晓昌等著：《新编应用写作学》，南京师范大学出版社 2013 年版。
② 刘洪英：《走向应用：公务文书写作技法研究》，北京交通大学出版社 2018 年版。
③ 莫险峰：《浅议现代应用写的特点》，《赤子》2014 年第 2 期，第 70—71 页。

生活的认识和感悟，是写作者的个性化的表达。应用写作大多数情况是群体意识的体现，是一个组织集体意志的表达过程，写作者只是其中的一个代表，他只是一个执笔人、代言人。在这个过程中，写作者需要遵从方方面面的既有规律或规定完成写作。首先，要吃透领导的行文意图；其次要有充分的读者意识，按照一定的逻辑安排内容，为受文者领会行文意图提供方便；最后，还要用一种明白晓畅的语言表达出来。上述的每一个目标的实现，都限制写作者不能完全自由地表达，要按照一个基本固定的思维定式来完成。① 再从写作客体来看，应用文一般是有固定格式要求的文种，虽然这只是一个外观形式，但对于应用文种来说关系着它的严肃性和权威性，这就如同工作人员的工作装一样，整洁一致，定会令人肃然起敬，否则，就会失去几分威严，外观形式上的问题，关涉着力度和效力。相比之下的文学写作，没有哪一个文学样式对外观有如此严格的要求，即使像小说创作，短篇、中篇、长篇有字数上的要求，但也只是个宽泛规定，并没有达到不遵守这个规定就直接影响小说效果的程度。因此，每个文种相对固定的格式，这也是应用写作程式性的一个表现。

由上，我们有理由相信，相比于文学写作，写作技法对应用写作更加重要，没有技法，应用写作几乎难以入门，而入门之后的登堂入室，更离不开熟练的写作技法的运用。但目前，应用写作技法研究却遭到冷遇，这里的问题是很值得学界深思的。

二、通用文书写作技法研究价值

1.可以为应用写作学学科体系构建提供丰富的材料

中国现代写作学是在"五四"时期的白话文运动中，通过对中国传统写作理论中的主体论和章法论的否定，在引入西方的文法、语法、文体学、修辞学的基础上建立起来的。中国古代写作理论中最具代表性的是特点是对写作主体以及对写作主体的修养的看重，文气论关于文气的形成理论就是一个很好的例子。"文以气为主，气之清浊有体，不可力强而致。譬诸音乐，曲度虽均，节奏同检，至于引气不齐，巧拙有素，虽在父兄，不能以移子弟。"这里的"引气"指吹奏时行腔运气。在陈述了文气有不同类型之后，说明除了先天所禀之气的不同，正如

---

① 施逸丰：《应用写作思维特点及教学方法漫谈》，《才智》2018 年第 8 期，第 16—17 页。

音乐中由于"引气不齐",由于表现气的方法不同,也会形成不同的文章风貌,即不同的文气。[①] 这就是说,文气是为文者生命力、精神气质贯注在文中所呈现出来的风貌,人的天然之气不能完全决定文章的文气,从天然之气到文章风貌并不是必然,为文者是可以大有作为的,写作者除了做好个人平日"养气",在行文展开时可以做到贯通文气。中国古代写作理论的另一个特点对于章法的重视。中国古代写作理论重视文章展开的章法,无论什么文体,诗词文赋也好,奏启表书也罢,都讲究起、承、转、合式章法结构。直到 20 世纪 20 年代,以写作过程为重点的现代写作体系才初步建立。

应用写作作为写作体系中的组成部分,正如前文所述,历经多年的发展,时至今日,其处境如果用一个词来形容那就是不尴不尬。因为,与文学写作相比,应用写作常常被视为雕虫小技,是登不了大雅之堂的,这其中的原因与学科理论体系不健全有直接关系。开展通用文书写作技法研究,无疑会丰富应用写作学学科理论,促进应用写作学学科尽快走向成熟。

2. 可以为通用文书写作学习提供一条便捷的途径

长年的应用文书写作教学给我最深的一点感受是,应用文书写作一听就会,一写就错。之所以会产生这样的问题,与应用文书写作活动本身的特点有一定的关系,更与目前应用文书写作的发展与研究有一定的关系。当前,应用文书及应用文书写作理论的匮乏已成为业界不争的事实,应用文书写作作为一个学科其理论体系尚未建立,能够用于指导写作实践的理论更是匮乏,可以想见,没有理论指导的行动会是多么无力和无助。在这种情况下,一些学者试图绕过理论建设,以案例为基础,总结写作经验,归纳出自认为正确的知识,以此作为写作指导。这种做法的一种很典型的表现就是,各种各样、五花八门的著作、教材中,无一例外地被例文占领,例文成了其内容的主体,占据大部分篇幅,而真正的能对写作有指导意义的理论阐述却是寥寥几句,形成了以例文学习作为唯一途径的文书写作指导。但是,这种做法存在不少问题。

首先是例文典型与否的问题。试想,如果被拿来供学习者模仿的例文本身不典型,不具有代表性,模仿这样的例文写出来的应用文书,即使模仿得再到位,又有多大的意义?更何况这种模仿本身,除了外观形式,想要通过模仿写出

---

① 王承斌:《〈文心雕龙〉散论》,国家图书馆出版社 2010 年版,第 32 页。

像样的文书内容几乎是做不到的，因为写作是一种复杂的精神劳动过程，其本身并不等于模仿。更有甚者，由于目前写作实践中，应用文书的写作水平参差不齐，存在各种各样问题的应用文书并不少见，而有些著作竟拿来这样的应用文书作例文却浑然不知，以此为模仿对象学习应用文书的写作，其结果可想而知。最后，这里还有一个更重要的问题，即使我们假设例文模仿是学习应用文书写作的一条途径，这种通过一个又一个例文的模仿的学习，学习者的学习效率如何保障？

由此可知，通用文书写作技法研究是当下的一项迫切任务，这对学习通用文书的写作意义深远。

三、通用文书写作技法研究的方法

1. 古代写作理论的转化

目前，学界公认曹丕的《典论·论文》是应用文理论的开山之作，是中国古代应用文写作理论研究的鼻祖，更有其后南朝齐梁刘勰的《文心雕龙》可称为集大成者，其构架起了古代应用文写作理论基本体系。曹丕在《典论·论文》不仅首先提出"盖文章经国之大业，不朽之盛事"观点强调文章的功用，还谈到奏、议、书、论、铭、诔6种应用文体，开应用文体研究之先河。其"四科八体说"的文体论至晋陆机时发展为"十体说"，文体论研究进一步得以发展。姜恩庆认为，曹丕《典论·论文》"开应用文写作理论研究之滥觞"，认为其中如"奏议宜雅，书论宜理，铭诔尚实，诗赋欲丽"第一次概括出各个文体的特点。[①] 姜恩庆的这一观点十分准确。"奏""议"是两种上行应用文，而"雅"的意思是正，这与现代公文中对上行文写作规范的要求已十分接近；"书""论"是指书信和评论类文章，这两类文章应当以理见长，这与现代应用文中信函等的写作要求也十分相近；而"铭""诔"又是记述逝者事迹的文章，当然应当崇尚真实。从这里可以看出，我国古代应用写作理论研究成果十分丰富，应该是今天开展研究的一笔宝贵财富。

另一古代应用文写作宝贵财富是刘勰的《文心雕龙》。当代学者、西华大学的王万洪先生曾表态支持《文心雕龙》是一部写作学著作，并强调："要进行当

---

① 姜恩庆：《论典论论文对应用写作写作理论研究的意义》，《应用写作》2018年第1期，第10—13页。

代写作学理论建构，必须要从以《文心雕龙》为代表的古代写作学理论中去吸收养分，做到回归渊薮，古为今用，才能创新发展"，"实事求是地研究《文心雕龙》，研究其写作理论体系与具体的写作理论，是当代写作学人必须要做的工作"。

2. 先进写作理论的指导

中国现代写作学自建立之后，经历了 50 年代受苏联影响而形成的"八大块"文本主义写作理论，该写作理论主要是关于绪论、材料、主题、结构、表达、语言、修改和文风 8 个方面的理论。20 世纪 70 年代末到 80 年代初，针对"八大块"写作理论偏重知识的不足，又出现了"文体技法"论、写作过程论、写作主体论、写作文化论等，写作理论不断从宏观到微观，从写作行为表面到写作行为过程，从写作本体研究向写作思维、写作心理、写作美学等研究发展。这种发展既有横向的拓展，也有纵向的深化；既得益于本学科或相近学科的理论的发展，也受益于其他学科的新理论的产生。目前刘锡庆的"双重转化"理论，朱伯石的"三级飞跃"理论，以及后来的知行递变论、"双非"过程论、写作分形论、非构思写作过程论等，都是较为先进的或仍有价值的写作理论，对研究写作活动有指导意义。对通用文书写作技法的研究，就是要向其上位学科、临近学科要理论，在先进理论指导下开展纵深研究。我们有理由相信，在上位学科理论、临近学科理论得到大发展的前提下进行，研究工作的开展完全具备了深厚理论基础，在如此丰富的理论指导下进行的研究，一定会有很大的发现，取得可喜的成果。

3. 当代写作实践的总结

写作技法是操作层面的概念，对写作技法的研究要以大量的写作实践为前提，基于实践的大量的写作经验总结是形成写作技法的必由之路。但这种实践的总结不应仅仅是对"怎么写"的简单概括，更应当是对普遍意义和指导作用的程序和方法的总结，并且这种程序和方法应当是能够得到写作理论的支撑和认可的。没有理论的经验是不成熟的经验，以这样的经验为基础总结出的写作技法也将是没有任何指导意义的技法。我国"古代应用文写作理论大多数都是来源于文人墨客的创作实践。古代应用文写作理论大多数都是散见于历代的文学家的作品中，从对个体的评价再到对整体的认知，最后升华为理论"，这是荆照会以《文心雕龙》为研究对象得出的结论。①

任何理论的形成都离不开实践经验的总结。通用文书写作发展至今，已经积累了无数的写作经验，以法定文书写作为例，随着社会的发展，管理的规范，法定文书的写作在实践中不断完善。例如关于"意见"这一文种的行文方向，《国务院办公厅关于实施〈国家行政机关公文处理办法〉涉及的几个具体问题的处理意见》认为意见作为上行文，经过十余年写作实践，意见的使用范围扩大，相应地，其行文方向也应变化。基于这样的实践经验，至 2012 年《党政机关公文处理工作条例》颁布，意见的行文方向就由单一的上行改为上行、下行和平行三种。

4.近年研究成果的吸收

自 20 世纪 80 年代以来，对公文的研究形成一定的规模，"1980—2016 年文书学相关文献标题中包含'公文写作'一词的期刊论文就有 1679 篇、博士硕士学位论文 224 篇、出版著作 1713 种"②。再如，关于批转、转发、印发性通知标题的拟写方法，一直以来是一个认识上比较混乱的问题，主要集中在"批转"或"转发""印发"前的"关于"两字的有无上。经过多年的研究，发现一般性的规律：即发文单位全称＋"批转"（转发、印发）＋被批转（被转发、被印发）文件的标题＋通知这一标题模式。③

① 荆照会：《中国古代应用文写作理论的形成分析》，《中国农村教育》2020 年第 4 期，第 82—83 页。

② 杨霞：《1980 年以来文书学理论研究述评》，《档案学通讯》2017 年第 4 期，第 27—31 页。

③ 王瑞玲：《批转、转发、印发性通知标题拟写方法新探》，《档案管理》2012 年第 4 期，第 71—74 页。

第二章 总 论

第一节 发文意图的灵魂引领

现代写作学理论告诉我们：处于写作行为核心地位的因素是主题，写作者的主题意识或主题感觉对写作行为有制约作用。马正平认为："写作是一个目的性很强的系统"，"主题就是其中的一种目的性范畴"，"主题是一个抽象的意识，是一个非具体的概念"，写作意图、写作目的等也可认为是主题。① 通用文书以准确传达信息为目的，以实现发文意图为目的，因此其所要传达的信息、所要实现的发文意图就是主题。换句话说，对于通用文书来说，发文意图就是主题。

既然在通用文书写作中发文意图就是主题，发文意图对写作行为就有制约和引导作用，这里我们将在通用文书撰写过程中的发文意图称为灵魂，将其作用概括为灵魂引领，是一种比喻的说法，但这种表述一点也不过分，而且再恰当不过。因为首先，发文意图在行文过程中并不真正现身，它是一种无形的存在，但它又无时无刻不对行文的方向进行规定和引导，唯其如此，才能最终达到行文的目的。并且，发文意图在行文过程中不仅无影无踪，其还会产生变体，以不同的形式存在，在行文过程当中，它会化身为写作意图；而当文本生成之后，它又固定为文本意图。

注意：由于本书是站在通用文书撰写的角度，重点讨论的是通用文书下笔行文问题，所以后文将此视为狭义的写作，将包括撰写之前和之后部分的写作视为广义的写作；将下笔行文的撰写者称为写作者，而将包括撰写者在内的写作活动的所有参与者称为写作主体。

---

① 马正平：《高等写作学引论》，中国人民大学出版社 2011 年版，第 140—141 页。

一、发文意图的产生

从写作学角度来看，写作可以分为文学写作和应用写作，通用文书写作是应用写作中的一部分。如果把写作作为一个活动过程去对待，上述两种写作活动过程虽有共性的一面，但也有很大的不同，其中首先就是写作起点的不同。文学写作活动起源于写作者个人的写作动机的产生，所谓写作动机，就是"写作主体受到客体世界的实体或事实的刺激，会产生描述客体的念头，也可能会产生借描述客体来说理或抒情的念头"，这种"念头"或者说"冲动"就是写作动机。① 与此不同，应用写作的写作活动，其起点并非起源于写作者个人的写作动机，写作者的灵感乍现并非其写作的起点，因为其写作活动以"遵命型"写作、"奉意型"写作为主，很少是"自主型"写作。这种写作要么是遵从上级的指令进行写作，要么是遵从上级的安排进行写作；上级要么是对文章所涉及的问题、所要达到的目的有所交代，要么是将设计的思路、搭建的框架完整交付。不论哪种情况，文章的写作起点都不是源于写作者个人对客观事物的感觉，写作者的写作动机并不能直接导致写作活动的开始，并不必然产生写作活动，进入写作过程。如此，通用文书写作是怎样开始的？通用文书的写作起源于发文意图，那么什么是发文意图？发文意图与写作意图、文本意图是什么关系？要回答这个问题，首先要从通用文书的写作主体特点谈起。

1. 通用文书的多重写作主体

现代写作学将写作过程看作写作主体、写作客体、写作载体和写作受体相互影响、相互制约、相互促进的循环过程。在上述"四体"中，写作主体是写作活动的主导；写作客体大致相当于写作材料，是"与特定的写作主体建立了对应关系、进入了写作主体的视野被写作主体所认知、体验、反映、描摹、评价和表现的特定对象"。② 写作活动作为人类的一种精神劳动，写作主体与写作客体相互依存、相互建构，有写作主体才有写作客体的存在，有写作客体才有写作主体的存在，这是目前学界关于写作主体与写作客体的共识，是就一般写作活动而论的。

对于通用文书写作来说，其写作客体就是写作材料，包括原始材料或经过加

① 王洪所：《浅谈写作意识及其特征》，《滁州师专学报》2003 年第 3 期，第 8—14 页。
② 熊华勇：《写作客体与写作材料的区别》，《写作》2017 年第 11 期，第 3—6 页。

工的材料，这一点与一般写作并无明显区别。但通用文书的写作主体，却与一般写作主体有着明显的不同，其除了具有个体性和社会性这两个写作主体的一般特点之外，还具有多重性的特点。所谓多重性，指通用文书的写作主体常常不是一个，而是多个。

在阐述这一问题之前，有一点需要提前指出。目前关于应用写作（包括通用文书写作）的写作主体问题，有一种观点认为，在写作过程系统化、主体多元化、手段现代化背景下，在文本作者这一生成主体基础上，应当把传统的读者也纳入写作行为过程中，视为"实现主体"。[1] 这种将写作主体扩大到文本生成之后所谓双元，并非我们这里讨论的多重主体问题，这一观点是否恰当姑且不论，单就这一问题与我们重点论述的通用文书写作之关系来看，也不应包括在内，因为它已超出了文本写作的范围。

下面，我们讨论在通用文书文本生成过程中的多重写作主体问题。

通用文书写作与文学写作不同，虽然写作过程的执笔人同样是一个个体，但文学写作中个体是完全独立的个体，其写作是完全自由的个人思想情感的表达。通用文书写作中的个体只是群体的一个代表，其背后常常是机关、企事业单位等组织，个体并不是自我思想的表达，而是集体意志的体现。具体说来，通用文书的写作主体包括机关单位、领导者个人、写作者，如果将领导者个人作为机关单位的代表，写作主体至少也包括领导者和写作者。那么，在这样的多重主体之下，又是怎样产生发文意图的？

2.发文意图的产生过程

机关单位通常是通用文书的法定作者，它虽然不直接参与通用文书的行文过程，但通用文书的写作活动却常常是由机关单位发起。从某种意义上说，通用文书是一种管理工具，机关单位在自己管理的过程中，常常要利用文书行使自己的管理权力。因此，机关单位在其管理过程中，为了开展工作，完成管理任务，会不断产生制发文书的需求，而这个需求的产生可理解为发文动机的产生。对于通用文书写作来说，机关单位制发文书的需求产生之时，就是发文动机的产生之时，同时就是文书写作活动的开始之时。

机关单位制发文书的需要产生之后，代表机关单位直接表达文书制发需求的

---

① 刘波：《应用写作系统行为过程与"双元主体"理念》，《应用写作》2012年第6期，第6—9页。

是机关单位的领导者，这时，机关单位的发文需求已转化为机关单位的发文意图，发文动机已转化为写作立意，由代表机关单位的领导将这个发文意图或写作立意传授给未来撰写者，这个过程被称为"授受意图"。

所谓"授受意图"，就是领导者向未来的撰写者布置写作任务、未来的撰写者接受写作任务的过程。在这个过程中，领导者重点要讲明的是制发文书的缘由、制发文书要实现何种目的、写作过程的具体要求等。这是未来的撰写者接受写作任务的过程，更是沟通协调的过程，在这个过程中，未来的撰写者要吃透领导讲话的精神，牢记写作的各项要求。

从上述过程可以看出，通用文书写作第一步可以称为产生发文动机，这是由机关单位完成的；第二步将动机转化为制发意图，发文之意确立，这是由机关领导完成的；第三步授受意图，是由领导者和未来的撰写者共同完成的。从此时开始，机关单位、领导者个人和未来撰写者都参与了文书的写作活动的发动过程，虽然具体落实文书撰写工作的是写作者个人，但文书写作工作从一开始就不是由一个人来完成的，从产生动机到确立文意到撰写成文是集体完成的过程。

至此，作为通用文书的执笔者，其写作过程可以正式开始，而在这个过程中，发文意图业已明朗，写作者在写作过程中要始终遵循，不可背离。发文意图先于写作过程而出现，先有主题，在主题确立之后完成写作，这样的写作过程完全是一个"主题先行"的写作过程。

二、发文意图的作用

通用文书写作的主体并非写作者个人，而是机关单位、领导者个人和写作者组成的多重写作主体，通用文书的写作过程是一个集体写作过程。在写作活动中，通用文书的多重写作主体承担着不同角色，存在分工不同，但他们之间的不同还不仅如此，地位不同才是更大的不同，而这又并非只由其行政职务决定，而是由其在写作过程中所处的写作环节、所承担的任务决定的。诚然，机关单位或领导者作为写作任务的组织者和安排者，对整个发文过程有领导、指挥、组织、协调、检查、验收的责任，始终处于主导地位，当然重要。但是，当写作进入动笔行文时，除非领导者个人亲力亲为，这时写作就变为一个非常个性化的过程，写作者在这个过程中是处于一种能动自主的过程，机关单位或领导者只靠行政权力或工作责任是很难控制整个过程的。

在前文谈到，在通用文书写作活动发动的过程中，机关单位和领导者个人在整个写作环节中处于起点的位置，写作活动由他们发起，写作动机由他们产生，写作目标由他们确立，无论是从写作活动的源起来看还是从在写作活动中所处阶段的重要程度来看，与执笔行文的写作者相比，他们同样处于重要位置，应起主导作用。但正如上文所讲，机关单位或领导者常常处于具体撰写过程之外，这时唯一能够对写作者的写作活动进行统率、规范或控制的因素就是发文意图，即由机关单位的发文动机转化而来的发文意图或发文立意。

在这里需要强调的一点是，前面谈到的在机关单位产生发文动机后，机关领导者将其转化的发文意图，也可以将此过程理解为发文立意，但这里的所谓立意并非一般写作中的立意。写作学中通常认为，立意即主题或主题提炼。马正平：立意就是主题提炼，"即经过作者的写作思维对事物进行深化认识而得出的深刻主题"。尽管后面他谈道"立意也是一种主题，但不是所有的主题的确立都能叫作立意"，[①] 看到了立意与主题提炼之间的包含与被包含的关系，但都与我们这里所说的立意不是一个概念，我们这里所立之意并非主题，而是意图、旨归之意，立意就是明确发文意图，确定发文要实现的目的。

发文意图一旦产生，其在通用文书行文过程有灵魂引领的作用，可以毫不夸张地说，在写作者行文撰写的过程中，发文意图虽无影无踪，但又无处不在，它无时无刻不在规范着写作过程，引领着每一个字符的跳动。写作者敲出的每一个文字，都应如影随形，唯其如此才能到达彼岸，实现发文目的。下面就让我们来讨论发文意图在行文过程中是如何发挥作用的。

1. 发文意图的作用

从字面上来讲，意图即希望达到的某种目的或打算，目的和打算就是意图。发文意图也可以称为制文意图、制发意图，指制发某个文件、形成某个文书所要达到的目的。如前所述，通用文书的写作者的写作活动始于发文意图，而这个发文意图并不是属于写作者个人所有，亦非写作者个人要达到的目的，而是属于通用文书的法定作者或法定作者的代表。

通用文书的法定作者一般是依法成立并能以自己名义行使权力和承担义务的组织（有时也可能是个人，如党政机关公文中的"令"这个文种常常是个人签署，其法定作者是个人。虽然如此，但这时的个人并非签署者本人，而是职务意

---

① 马正平：《高等写作学引论》，中国人民大学出版社 2011 年版，第 255 页。

义上的个人），法定组织在行使自己的权力过程中，常常采用制发文书的方式。可以说，通用文书是重要管理工具，是常用的一种管理手段。由此，任何的通用文书的制发绝不是空穴来风，一定是因为管理工作的需要，为了实现现实的管理目的而制发，而且，更重要的是，任何的通用文书都应有要实现的现实效力。因此，通用文书文本的拟写是重要环节，因为制发者管理目的的实现，现实效力的发挥，都要依靠文本来完成，也只有依靠文本才能完成。另外，任何的通用文书文本，当其呈现在受文者面前时，与其说是一个言语作品，不如说是一种言语行为，正所谓以言行事、见字如面，受文者面对文本，阅读文本内容时，其所感知的应该不仅仅是书面文字，而是与行文者的交流，一种打破时空界限的、非面对面的交流。

所以，一个法定组织一定是为了一定的目的而制发文书，也就是每一次文书的制发一定会有一个现实的目的，而这个现实的目的能否实现，主要由文本来决定，这样，写作者的文本撰写就显得尤其重要了。

正如前文所谈，通用文书的写作主体不只是写作者个人，通用文书写作动机的产生、写作目的的确立也不是由写作者个人决定的，直至文本拟写时写作者才进入工作程序，因此，发文意图要发挥其作用，写作者要写出合格的通用文书文本，要求其必须准确领会发作意图。

2. 发文意图作用的发挥

前面谈到，发文意图一般在文本拟写前由领导者向写作者传授，这是一个双向交流的过程，所以常常被称为"授受意图"。虽然如此，在这个过程中，写作者务必打破被动接受的局面，而使之成为双向的、有效的沟通过程。具体说来如下。

在这一过程中，领导者通常会围绕为什么要拟写、主要写什么、受文者是谁三个问题来谈。这其中，受文对象很好理解，牢记即可。为什么要拟写、写什么则相对复杂，特别是为什么要拟写，它决定着写什么的问题，需要反复沟通。而为什么要写就是写作的目的，也就是发文意图，它需要写作者对其进行深入思考，在领导者表述的同时，还要有自己的思考，深化自己的认识。

首先，要将发文意图作深化理解。前面谈到，发文意图源于机关单位的发文动机，为了使发文动机成为现实，在决定制发文书时，将发文动机凝练、固化为发文意图。但写作者在接受写作任务时，与领导沟通，未必能够深刻理解发文意图，有时因为角度问题，有时因为位置问题，要吃透发文意图并非一时一刻就能完成的。这就要求写作者一定要善思敢问，有效沟通，多问为什么，只有吃透发文意图才能忠实于发文意图，否则盲目下笔，必会失之毫厘，谬以千里。

其次，要将发文意图进行拓展。在布置写作任务时，有时领导可能经过了深思熟虑，其发文意图切中时弊，已是十分成熟的想法，但有时也只是一个初步的想法，这时写作者就要和领导深入探讨，最好能够发生一次头脑风暴，相互启发，相互撞击，集思广益。经过这一过程之后，写作者不仅能够从多方面、多角度理解发文意图，而且还可以开阔思路，为下一步行文做好准备。拓展是将发文意图展开，这时写作者要从理论到实际、从狭义到广义、从眼前到长远、从本单位本部门到全社会来思考这个问题，既要有理论的深度，又要有现实的广度；既要解决眼前问题，又要有利于今后的工作；既考虑经济效益，又要兼顾社会效益。

最后，还要将发文意图进行提炼。所谓提炼，这是一个升华的过程。前面谈到，对于通用文书来说，发文意图相当于主题，因此要经过提炼，要将出自领导大脑的原初的发文意图，在自己的思考之下成为一个更加成熟、更符合客观实际、更易于在行文之后实现的意图。要完成这个过程，写作者除了需要有前期的积累，还要从行文写作的角度进行思考，从考虑发文意图到考虑如何实现发文意图，例如要考虑发文意图与材料收集、结构安排、语言表达等关系的问题。

三、写作意图

1. 什么是写作意图

什么是写作意图？王洪所认为"写作主体受到客体世界实体或事实的刺激，会产生描述客体的念头，也可能会产生描述客体来说理或抒情的念头。这种描述客体或事实、说理、抒情的冲动，我们称之为写作动机；所作的对客体或事实的描述，对道理的解说，对情思的抒发，即是写作的意图"[①]，这里的写作专指文学写作；这里将写作的意图，解释为欲做之事，即描述什么客体或事实，解说什么道理，抒发什么样的情思等，并不是很恰当，和我们这里要探讨的写作意图有一定的距离。但后面作者在解释写作动机和写作意图的区别时，又使写作意

[①]　王洪所：《浅谈写作意识及其特征》，《滁州师专学报》2003 年第 3 期，第 8—14 页。

图回归原义。作者认为写作动机是写作的动力系统，写作意图属于写作的目标系统；动机一旦过去就不能重复，意图是可以调整的；动机是一次性的满足，意图是可以重复满足的；意图可以得力于动机，也可以独立于动机之外。这里将写作意图解释为要实现的目标，与我们要讨论的写作意图十分接近。从字面上来看，作者将意图解释为"欲做之事""目的"或"目标"都没有问题，但如果从写作学角度来解释，则后者更恰当。也正是因为这样，通常写作意图在整个写作过程中有支配、主导的作用。仍然要强调的是，这里对写作意图作用的解释是符合一般写作活动客观情况的，但对写作意图的产生的解释则主要是指文学写作过程中的写作意图，它起源于对外界的感知，对于通用文书写作中的写作意图，却并非如此。那么，通用文书写作中的写作意图从何而来呢？

马正平认为：写作意图就是写作者的主题意识，它是写作者行文中的目标感和方向感的体现；并且他认为主题意识是"注意"这种心理现象在写作活动中的反映，"注意"有选择、维持、纠偏三种功能。[1] 对于通用文书写作来说，发文意图就是其主题，因此所谓的主题意识也就是对发文意图的注意，对发文意图的时时关注就是写作意图明确的体现，写作意图规定、调整着行文方向和目标。由上可知，通用文书写作中的写作意图来源于对发文意图的关注，发文意图在行文活动中化身为写作意图，以写作意图的身份出现。

2. 写作意图的作用

当进入下笔行文阶段，机关单位的发文意图化身为写作者的写作意图，参与到写作过程中，并且在这个过程中，写作意图有导向和标杆的作用，规定着文章的走向和主旨表达，最终实现发文目的。那么，写作意图在行文过程中有怎样的具体作用，怎样发挥作用呢？

首先，写作意图是行文过程中一切行为的出发点，同时也是归宿，它可以为行文定下基调。"主题先行"在文学写作中被认为是拙劣的写作方法，而在通用文书的写作中则必须主题先行，只有在确定了主题之后，写作者才可以依据主题完成文本的写作过程。并且，文学写作，一般靠间接的、艺术的手法表现主旨，而通用文书的写作通常是采用直接表达，直接提出自己的观点，表明自己的写作目的。所以，在通用文书写作中，写作意图是贯穿始终，而且一经形成不得

---

① 马正平：《高等写作学引论》，中国人民大学出版社 2011 年版，第 144 页。

变化。在以文学写作为代表的主动写作活动中，写作意图是可以在写作过程中不断变化，有时甚至违背当初的写作初衷，表现一个完全不同的主题。"主题就可能有进一步的深化，乃至写着写着竟转移，甚至否定了原有的主题。"① 与文学写作等个性化、主动性写作不同，通用文书写作是一种被动型的受命写作，表现什么主题并不是由写作者个人决定，写作者只有表现主题的义务，并无改变主题的权利。写作者不能将自己的写作意志移植到写作过程中，不能完全自由表达个人要表达的内容，必须遵照根据发文意图形成的写作意图进行表达，一以贯之，从一而终。要做到这一点，写作者必须有强烈的主题意识，在前面所说吃透发文意图基础上，对写作意图给予足够的认识和尊重，避免行文中的盲目性和任意性，端正个人的行文态度；此外还要练就驾驭写作诸因素的能力，沿着写作意图规定的方向完成写作任务，充分表达写作主题。

其次，写作意图在行文过程中是一切行为的基本规范，它有矫正的作用。写作意图的作用首先体现在文章主旨的前后贯通上。任何文章的写作都会有一个表达要旨，但这个表达要旨在行文过程中有时会产生变化，当初设定的表达方向可能会产生偏差，这就需要写作者时时进行规范。下笔行文、连缀成篇是一个非常复杂的精神劳动过程，写作者在这个过程中大到从取材到炼意、从运思到谋篇、从行文到定稿，小到字、词、句的选择，每一步都是一个艰苦的劳动过程，都需要写作者全身心地投入其中，顾此失彼、因小失大的情况也会发生，迷失方向、误入歧途的情况也会产生。因此，写作者在行文过程中要保持主旨的前后贯通，就要不断地进行纠偏工作，纠偏的标准就是写作意图。凡是背离或远离了写作意图的写作行为就要进行纠正，使其回到正确的轨道，能调整的进行调整，不能调整的要果断舍弃。

总之，一切以写作意图的准确体现为标准，以实现写作意图为目标。要做到这一点，就要求写作者行文中要有非常明确的主旨意识，对写作意图要时时关注，对写作意图了然于胸，心向往之，一切写作过程中的行为都要以写作意图的实现为旨归。具体说来，要明确写作意图，就需要在主旨的贯通、行文的纠偏两个方面下功夫。

---

① 马正平：《高等写作学引论》，中国人民大学出版社 2011 年版，第 147 页。

四、文本意图

在通用文书写作过程中，文本所表达的主题，其虽然也是写作者对客观事物的反映和提炼，但不是写作者自动自发形成的，是被动确立，源自机关单位的发文意图。前面谈到，写作意图是属于写作主体对文本意义的约束和控制的一种关系范畴。吴怀仁认为，写作意图有多种存在模式，他介绍了写作主体的写作意图"以明确的方式存在着"（明确表现）、"以隐蔽的方式存在"（掩藏）、"间接的方式存在于文本之中"（障眼）、"以不确定的方式存在着"（潜在）。并且认为："写作主体的写作意图有机地融入主体的写作思维活动中，这个思维活动像一条河流一样翻滚向前——意图便是这个漂流的一部分并以自己的方式存在其中。"[1] 在文本中写作意图可以通过文本表达的思想、文本中对事物的评价表现出来，文学写作还可以采用曲笔与迂回、含蓄与寄托的手法来表达，这在通用文书写作中是不可以的。

写作意图既是通用文书写作的出发点也是归宿，在由写作意图规整和调控写作过程之后生成文本，最终会固化到文本中，转化为文本意图，通过文本表现出来。那么什么是文本意图呢？

1. 文本意图

所谓文本意图，指写作者借由本文语言所表达的客观意义或意向。写作者通过文字生成文本的行为可以看作一种言语行为。按照言语行为理论，言语行为的功能可分为以言指事、以言行事、以言成事。[2]以言指事多指通过语言叙说某事，以言行事多指通过语言进行某事，以言成事多指通过语言完成某事。很显然，通用文书写作的言语过程应属于以言行事，即通过语言来实施某事。在实际写作中，言语过程所能表达的意义或意向与写作者想要表达的意义或意向并不必然一致，陆机《文赋》："余每观才士之所作，窃有以得其用心。夫其放言谴辞，良多变矣，妍蚩好恶，可得而言，每自属文，尤见其情。恒患意不称物，文不逮意，盖非知之难，能之难也。"陆机这是在谈论其作《文赋》的创作动机，几句话却道出了写作艰难之一就是"意不称物，文不逮意"，正所谓意不可言传之事。"文不逮意""意不言传"是写作中难事，难就难在写作中语言能传达

---

① 吴怀仁：《谈写作中主体写作意图的表达途径》，《阴山学刊》2004 年第 2 期，第 39—41 页。

② 索振羽：《语用学教程》，北京大学出版社 2000 年版，第 152—157 页。

出写作者的真实意向，也有可能不能传达出写作者的意向。但是，对于通用文书来说，要以文行事，言语就必须准确传达出写作者意向，也就是文本意向必须与发文意向一致，否则将不能进行欲做之事，实现发文目的。[①] 在这里有一点需要强调，这里所谓的言语过程不同于语言，言语是动作过程，词性是动词，有表达过程之意；而语言是静止的事物，词性是名词，指客观事物。因此，上述言语包括文本的所有表达方式。

2. 文本意图的形成

通用文书文本可以通过写作者对文本内容的呈现表达出发文意图或写作意图，形成文本意图，这其中除了直接表述，从手法上来说，还可以通过确定题目、选择和组织材料或对事物的评价等实现。

首先，从题目上。无论什么类型的文章，题目就像文章内容的窗口都很重要。出于不同的目的，为了突出正文的内容，一般文章题目也有各种各样的拟写方法，例如以观点为题，以题材为题，以地点为题，以人物为题，等等。对于通用文书来说，为了突出正文要传达的主要信息，其题目最好能直接概括出信息内容，直接表达出欲做之事。通用文书有一种惯用的标题写作模式，即以发文事由为题，其表达式通常是"关于＋发文事由"。发文事由就是因何而发文，发文欲做之事是什么，也就是发文意图或目的，如果能将发文事由表达清楚，通过题目当然可以很好地传达文本意图，实现文本意图与发文意图、写作意图的统一。但实际写作中，要对发文事由进行准确概括并非易事，这就要求写作者要在吃透吃准发文意图的基础上，还要有一定的概括表达能力，对发文事由既不扩大也不缩小，做出准确的表达。

其次，在材料的选择上。要围绕写作意图来选择材料，凡是能够体现主题、实现写作意图的材料都可以选择使用，而不能表现主题，对写作意图的实现没有帮助的材料则不选。如果理解了通用文书写作的主题就是发文意图或写作意图这个问题，再理解这一点是很容易的，因为基础写作理论关于主题与材料的关系有非常明确的表述：主题统率材料，主题是灵魂，材料是血肉；主题是统帅，材料是士卒。写作意图既然是通用文书写作的主题，那么围绕写作意图选择是当然的，只有围绕写作意图来选材和组材，才可能实现文本意图的准确表达。这个观

---

① ［美］约翰·R. 赛尔：《意向性：论心灵哲学》，刘叶涛、冯立荣译，上海人民出版社 2019 年版，第 7—14 页。

点虽容易理解，但在写作中要做到却并非易事，这里面的主客观因素都有。从客观上来讲，有些材料其所能表达的意义不一定十分明确，或者从不同的视角来看同一则材料，其能够表达的意义也不尽相同甚至很不相同。这就要求写作者选择材料时首先要甄别，要有火眼金睛；在此基础之上还要注意使用的角度问题，要尽量从多方面、多角度去分析一则材料，找到最适宜的使用角度，避免因角度不合适而造成表达意义的偏离。从主观上来看，写作者对发文意图的坚守，对材料与写作意图的关系的判断，以至对材料的组织安排能力都会影响到文本意图的表达，因此，深刻的分析能力、敏锐的洞察能力和组织材料的能力就显得尤为重要了。

对事物的评价本身就是一种带有倾向性的行为。通用文书的发文意图有时是以言行事，但有时并无可行之事，只是对一些思想或做法进行倡导和宣传，对一些苗头或倾向进行规范和教育，在这种情况下采用对事物进行评价的方式表达发文意图和写作意图，形成鲜明的文本意图，就是十分有效的手法。例如对某个见义勇为事件进行评价，高度赞扬的评价本身就形成了文本意图。

综上所述，在通用文书写作中，发文意图在行文时转化为写作者的写作意图，最终写作意图转化为文本意图，以表达意向形式存在于文本之中。被动写作、受命写作这一通用文书写作的特点，使发文意图的形成者、写作意图的确立者与最终的文书的写作者三者分离，而通用文书的写作又具有非常强烈实用目的，所以，要充分发挥发文意图的灵魂引领作用，以写作意图、文本意图规制写作全过程。只有这样，才能实现发文意图、写作意图、文本意图三者最大限度地接近甚至吻合，不偏不倚，最终实现本来的发文目的。

第二节　主体作用的合理发挥

这里所谓的"主体作用"特指写作者的主体作用，并非所有写作主体的主体作用。按照写作学中著名的"四体"理论，构成写作活动和写作行为有四个基本要素：写作主体、写作客体、写作受体和写作载体。写作主体是指进入写作状态的人，涉及谁来写问题；与写作主体相对的写作客体，涉及是写什么的问题；写作受体就是读者，涉及为谁写的问题；写作载体就是文章，涉及怎样写的问题。尽管学界目前对"四体"理论多有诟病，但其还是有着一定的合理因素的，能为我们的论证提供一些话语依据。在上述"四体"中，写作主体是主导因素，我们这里讨论的写作主体的作用问题，就是指在通用文书写作过程中，写作者对其他因素的控制和把握。

对于写作来说，写作过程中写作者发挥主体作用应该是理所应当，没有主体作用的发挥，写作活动几乎无法开展，写作过程肯定无法完成，这似乎是一个无须论证的问题，如果非要拿来进行论证，无异于无病呻吟、不痛而医，这对于通用文书写作也一样。另外，我们的研究对象是写作者的通用文书写作活动，如果没有写作者主体作用的发挥，又何谈对写作活动的研究？虽然如此，尽管通用文书写作离不开写作者主体作用的发挥是毋庸置疑的，但是对于通用文书的写作来说，与文学创作相比，其主体作用的发挥有许多限制性因素，所以写作者主体作用如何合理发挥就是一个必须要谈的问题了，这是通用文书写作的一个关键问题，甚至有人认为这是通用文书写作的命门所在。

一、主体作用及研究现状

与文学写作相比，通用文书写作有其特殊性，其主体性问题也比较复杂，因特殊性造成的写作主体复杂，这是一个问题的两个方面。如前所述，由于通用文书的写作主体有机关单位、机关领导和写作者个人，真正进入狭义的写作过程的写作者是一种被动的、非自由的写作，其在写作过程中能否发挥主体作用、主体作用可以发挥到何种程度就是一个需要研究的问题。因此，研究主体作用合理发挥的问题，绝不是空穴来风，而是要解决通用文书写作中一个实实在在存在着的问题。

要解决这个问题，首先让我们来看一下什么是主体作用。这里所说的主体作用即主体性发挥问题，即人的主观能动性，主观性、自主性、创造性等都可以看作主体性的别称。主体性是人所特有的属性，主体性发挥亦即人的主观能动性的发挥。

文学的主体性指人在文学创作和文学欣赏过程中处于主导地位，文学中的主体性是显而易见的。文学活动中的主体性不仅仅体现在写作过程中，在文学欣赏、人物塑造过程中同样体现着主体性，而"吾手写吾心"就是对文学写作中主体性的很好的描述，它强调的是在文学写作过程中人的主观能动性的发挥。通用文书写作有别于文学写作，最大的不同表现在写作活动的起点上。文学写作缘于作者的灵感乍现，起源于作者自己的创作欲望；而通用文书写作缘于发文机关的制文需要，起源于领导者和写作者间的授受意图。前者是自我的、个人的，而后者是非自我的、集体的。换句话说，通用文书写作者的主观意志并不能决定通用文书写作活动进行与否，写作者完全是被动地接受写作任务后进行写作；或者说通用文书写作活动并不由写作者个人是否产生写作欲望来决定，通用文书写作活动的开始是一种非完全自主的、被动式的开始。

不仅如此，通用文书写作活动的中间过程也是一种非完全自主的、被动的过程。首先，从通用文书写作目的来看，通用文书作为处理公共事务的工具，制发机关是有明确的发文意图的，拟写通用文书首先要符合机关发文意图，实现通过发文以解决问题的目的。单就这一点看来，在写作活动的过程中，通用文书的写作者并不能完全按照自己的所思所想来写，或者说，通用文书的写作者表达出的思想并非自己的所思所想，他并不能完全写己之所欲写，言己之所欲言，并不能完全表达自己的内心世界。其次从写作材料来看，通用文书写作过程中使用的主要材料也并不能像文学写作那样由作者的想象或联想而产生。通用文书写作所使用的材料主要有两种——事实材料和理论材料，事实材料通常是实际发生了的事物或现象，理论材料通常是被实践证明了的科学理论或很客观存在的法规制度。再从通用文书的构思过程看，通用文书写作常常有程式化的思维模式，写作过程中结构安排基本是模式化了的。[①] 因此，在这样一个被动的、非完全自主的写作过程之下拟写完成的通用文书，其所呈现出的内容当然并非写作者个人的思想观点。此外，再加上通用文书写作还有若干行文规则的要求，要采用合适的行文方式和行文格式，这些行文要求和格式要素也势必成为通用文书写作中必须要考虑的因素，对通用文书内容的表达形成限制。

那么，这是不是说通用文书写作中就不存在写作者主体性的问题了呢？是不是说通用文书的写作者在拟写过程中只能疲于应付、无须主体性发挥呢？回答当然是否定的。因为说到底，通用文书的写作过程还是由具体的人来完成的，因而也就不可避免地存在主观能动性即主体性的发挥问题。通用文书写作过程不仅要有主体性的发挥，而且很多时候是必须有主体性的发挥，只不过这种主体性的发挥是受到制约的，用"戴着镣铐跳舞"来形容再恰当不过。如此看来，问题的关键并不是有无主体性，而是主体性应如何发挥。也就是说，既然是要"跳

---

① 孙晓梅：《通用文书程式化思维建构探究》，《求实》2010 年第 1 期，第 251—252 页。

舞"，既然是个"舞者"，就要尽情地"跳"，尽情地"舞"，尽量要使"舞姿"优美起来。

可是，令人遗憾的是，相对于文学主体性研究，学界对通用文书主体性作用发挥的研究还很不够。王羽馨认为"关于公文的主体性的研究很少"，"真正从理论上谈及（公文）主体性的文章很少"。① 在这"很少"的对公文主体性研究的文章中，李金泽的《公文写作的双主体特征》似乎道出了公文写作过程的实质，认为"公文的写作主体既是集体的社会组织，又是个体化的个人，公文具有双主体的特征"，但其也仍是只涉及主体特征，并未深入主体作用发挥问题。② 而更加让人遗憾的是，相比于公文主体性作用的研究，对于整体的通用文书写作过程中写作者主体性如何发挥问题的研究，囿于笔者视野，目前尚未见到，应该说是通用文书写作研究的一个空白。

鉴于此，笔者在多年通用文书写作教学和写作实践的基础上，开展通用文书写作中写作者主体性如何发挥问题研究，以期对此问题做一发端性的探索。本文提出的通用文书写作者主体作用的合理发挥，意指通用文书写作者既要创造性发挥主体作用，同时又不可突破限制性因素任意发挥。下面让我们首先认识一下限制性因素有哪些。

二、主体作用发挥的限制因素

1. 个人身份的屏蔽

在通用文书行文过程中，写作者的身份是代言者，写作者要始终屏蔽个人身份，这就造成写作中主体作用发挥的限制。从写作技法的角度看，写作过程是意化和物化的过程，最早发现这一规律的是"双重转化理论"：在写作过程中，首先是现实生活、客观事物在写作主体头脑中转化为一种观点、情感；其次写作主体再将这种观点、情感转化为书面语言。第一次转化是一个立意的过程，形成写作意图；第二次转化是语言表达的过程，形成言语作品。这是 20 世纪末关于写作过程的最基本的理论，虽然后来不断有新的理论产生，但基本未脱离这个理论的框架。仔细分析会发现，这个"物—意—文"的过程，如果是发生在文学写作中，一般是从头到尾是由写作者个人独立完成；而如果发生在通用文书的写作过

---

① 王羽馨：《公文主体性与文学主体性的比较》，《文史资料》2017 年第 35 期，第 206—207 页。

② 李金泽：《公文写作的双主体特征》，《档案与建设》2008 年第 7 期，第 21—22 页。

程，由物到意的过程并非由写作者来完成，至少不是写作者独立完成，这个过程是有人代劳的。从前面我们对通用文书写作的发动过程已经知道，通用文书的立意即发文意图、写作意图的形成者并非写作者本人，而是集体智慧的结晶，写作者介入写作过程是之后的事情了。这样，写作者在通用文书形成的过程中，充其量只是一个代言者的身份，代机关单位立言，代领导者立言。

既然身份只是个代言者，通用文书的写作者就只能言他人之所想言，言他人之所能言，这个言的范围和程度就受到很大的限制，而像"吾手写吾心"就会大打折扣，写作者的人格自由也不是绝对的自由了，个人身份要暂时移除。这个限制性因素的存在，要求写作者在进行主体作用发挥时首先要有清晰的角色定位，要立足于正确的角色位置考虑主体作用发挥问题。

2. 个人意志的弱化

个人意志是指个体有意识、有目的、有计划地调节和支配自己行为的心理过程。前面谈到，写作活动的双重转化过程中由意到文的转化主要是由写作者来完成，这个过程主要要解决的是写作主体（写作者）与写作载体的关系，怎么写是写作主体考虑的重点。应该说这是一个非常个人化的过程，写作者对这个过程有完全的支配权利，但这只是就一般的写作过程而论。就通用文书写作而言，这个个人化的转化过程中仍然存在诸多限制性因素限制着主体作用的发挥，其中最主要的就是个人意志的弱化。

所谓个人意志弱化并不等于个人意志的完全消除，而是不可太强。前面谈到的所谓载体即文章，形式因素不仅仅包括文章的格式，还包括文本的基本结构——外在结构和内在结构。外在结构包括体制即文体外在的形状、面貌、构架，还包括语体即文体的语言系统、语言修辞和语言风格两个方面；内在结构包括体式即文体的表现方式，包括体性即文体的表现对象和审美精神两个方面。① 在这个因素中，写作者对其中哪一个做出处理都不可过分强调个人意志，而要在机关单位意志面前示弱，服从于集体意志。例如对于语体问题的处理。虽然说语体是适应不同的交际功能、不同题旨情境需要而形成的运用语言特点的体系，不同的文本语境要求选择和运用不同的语词、语法、语调，形成自身的语言系统和风格，但即使是文本语境相同的情况下也可以有不同的选择，写作

---

① 郭英德:《中国古代文体学论稿》，北京大学出版社 2005 年版，第 4—5 页。

者在做出选择时就不要一味强调个人意志，不能以个人好恶作为决策的标准。

3.个性表达的回避

个性表达涉及写作风格问题。我们这里所说的个性是指写作者自己的个性，这在通用文书写作中是要回避免的，但机关单位或法定作者的表达是可以有个性的，也就是自己的风格写作者个性表达的回避会直接限制主体作用的发挥。

表达问题是一个非常复杂的问题，但同时也是一个非常个性化的问题，对于同一个内容，不同的人有不同的表达方式，这里有语言习惯问题，还涉及审美趣味问题。例如对于句子的选择，有人习惯于长句，表达周密；有人则习惯于短句，表达明快。有人喜欢语势紧凑的句组，语言节奏感强；有人喜欢语势松散的句组，语言从容舒缓。有人爱好整句表达，会产生整齐之美；有人爱好散句表达，会产生变化之美。类似于这种表达特点，长期稳定下来就会形成一种风格，就会成为一个人的表达个性。通用文书写作者在写作过程中，由于要尽量回避个人的表达个性，服从于写作主体集体的表达特点，这对于写作者主体作用的发挥形成限制。

表达问题除了包括语言等写作活动的微观方面，还包括主旨确立、谋篇布局等写作过程的宏观方面，几乎涵盖写作活动的全部。但不管怎样，写作者在写作过程中都不可试图以自己的个性化表达博得他人的青睐，要避免以突显自己的表达个性为目的的表达。

三、主体作用合理发挥例析

下面分别从材料处理和实现写作意图两个方面举例来谈一谈主体作用的合理发挥。

1.材料处理：客观还要真实

通用文书写作材料一般有两种：理论材料和事实材料。理论材料包括大到各种科学理论、政策方针、法律法规，小到生活哲理、政策文件、规章制度等，因为是经过实践检验或科学论证的，通常在使用时只需按照表达的需要进行取舍即可。相对于理论材料，事实材料则要复杂得多，在处理这类材料时，离不开写作者主体性的发挥。

所谓事实材料，是指客观存在的事物或现象，客观存在性是其基本属性。通用文书在写作的过程中常常要使用事实材料，例如在通用文书的开篇通常要交代开展某项工作（或发文）的依据，这时一般从事实依据写起，如"目前……"这样的表达句式即是，这个"事实依据"要使用的就是事实材料。再比如文中要对某一观点进行说明，通常也会以客观事实为依据进行分析和论证，这时也会用到事实材料。如前面所说，事实材料的基本特点是客观存在，那么在使用事实材料时，是不是只要材料是实际存在的或是客观发生了的，就可以拿来直接使用呢？我们认为，这是不可以的。因为，通用文书写作在使用事实材料时，要使用的应该是真实可信的材料，只有事实材料真实可信，以事实材料为依据说明开展某项工作的理由才充分真实，以事实材料为依据对某个观点进行的分析才能让人信服。那么，既然是客观材料，既然是客观存在着的，还能是不真实的吗？这里有一个客观性与真实性的关系的问题，涉及客观性与真实性这两个概念。

尽管平时我们经常将"客观"与"真实"这两个词语连用，因而认为"客观性"就是"客观真实性"，但严格意义上说，"客观"不等于"真实"，或者说"客观性"不等于"真实性"，这两个概念既有区别又有联系。按照传统的哲学观点，客观性即指事物的客观存在，一个事物只要是客观存在的，其就具有了客观性；而真实性是指人对事物的主观认识，如果人对事物的认识与实际情况相符，认识了事物的本质和规律而不是表象，这个认识就具有了真实性，反之，则就是不真实或虚假的认识。这就是说，反映或存在于我们头脑中的客观事物，只有代表了事物的本质和规律时才具有真实性，客观的存在并不等于真实的认识，并不是所有客观的存在都会在我们的头脑中形成真实的认识。

通用文书是管理的工具，制发通用文书是为了处理复杂公共事务，所以通用文书的效力必须得到保证，否则就失去了发文的意义。要保证通用文书的效力，写作中所使用的材料的真实性是必不可少的条件，因为写作材料如果是虚假的或不真实的，无论是客观条件所致还是主观故意，要么逻辑禁不住推敲，要么观点站不住脚，都会直接损害通用文书本身的可信度，也大大削弱通用文书的效力。所以，通用文书写作中保证事实材料的真实可信是十分重要的。那么，如何才能保证事实材料的真实呢？

要保证事实材料的真实，离不开写作者主体性的发挥，客观材料只是原始性材料或素材，其要成为通用文书写作的可用材料，需要写作者对其形成正确的理解和认识，而写作者的正确理解和认识就是发现客观材料的本质和规律，而不是仅仅看到表象。如前所述，真实性取决于人对客观存在的认识，只有主观认识与客观实际情况相符合才能获得真实性的材料。

在写作过程中，面对纷繁复杂的客观材料，写作者首先要进行材料的处理，包括筛选和取舍，包括形成观点和认识，这个过程，不论有意还是无意，都离不开写作者意识的加入，这个过程及这个过程所产生的结果直接决定于写作者个人的主观参与。写作者在处理事实材料时，当然首先要保证所使用的事实材料是客观存在的，不可以夸张或想象，更不可以捏造或虚构，但也不能只要是客观存在材料，就不加选择地信手拈来，直接使用。这个过程之后，写作者要充分发挥其主体性，正确地认识事实材料，通过对事实材料调查、分析、论证乃至实践，形成对事实材料的正确理解和认识，抓住事实材料的本质，进而运用到文章中。这个过程，写作者主体性的发挥十分重要，没有主体性的发挥而完成这个过程是不可想象的，在这个过程中，写作者的世界观、人生观、学识修养等都会参与其中，共同决定着认识结果。因此，真实性事实材料的产生离不开写作者主体性的发挥。

此外，按照传统的哲学观点，对客观事物真实性的认识也不是一成不变的，在一段时间认为是真实的认识，随着科技的发展和社会的进步也会变为不真实。因此，从这一点来看，在处理事实材料时也需要写作者主体性的发挥，要与时俱进。

总之，虽然通用文书写作是一个相对被动的、模式化的过程，但从处理材料的角度，需要通用文书写作者发挥其主体性，必须有写作者主体性的参与才能完成这一过程。因此，处理材料离不开写作者主体性的发挥，写作者发挥主体性在处理材料方面有广阔的空间，可以大有作为。

2. 实现意图：必要还要可行

发文意图即制发某个通用文书要做的事情，要达到的目的，要实现的目标。通用文书是开展工作的凭借，是行使管理职能的工具，任何单位都不会毫无目的地为制发通用文书而制发通用文书，都会有明确的发文意图。从发文单位来说，只有实现发文意图，才能发挥通用文书的管理作用，行使其管理职能，发文意图能否实现直接关系到通用文书制发成功与否；从受文单位来说，一份通用文书中明确的发文意图是通用文书运转、开展工作的指南。因此，通用文书写作中发文意图的实现十分重要。

制发通用文书是为了行使管理职能，要么是某项工作需要相关机关或单位配合，要么是某项工作需要与相关机关或单位商洽；要么是要求相关机关或单位完成某项工作，要么是向相关机关或单位请示事项。这些情况多是以说服对方、使对方接受某个请求或某项工作为目的，因此行文时，一定要将这项工作必要性或这个事项的重要意义论证充分。但是，如果仅仅止步于重要性或重要意义是远远不够的，还应充分论证开展某项工作或这个事项的可行性，使受文单位认识到开展这项工作是完全可行的，是具备相应的条件的。这就是说，不仅要说明开展某项工作的必要性，还要说明和论证开展某项工作的可行性，只有将二者充分地、完整地结合起来论证，才能有充足的逻辑力量，才能够说服他人展开工作，从而实现自己的发文意图。

事实上，一则材料常常"远看成岭侧成峰"，逻辑上的必要性和可行性也不是毫无关联或者可以截然分开，因此，通用文书写作者在写作过程中也要积极发挥主体性，以积极活跃的思维做出逻辑分析，疏通思路，精心安排论证层次。请看下面一则《请示》的正文。

关于引进×××同志为实践指导教师的请示

×× 市人事局：

×××系北京××大学 2006 年财务管理本科毕业生，2006 年 8 月至 2007 年 7 月参加了由市委教工委、市委组织部、团市委、市教委、市人事局等单位共同发起的"首都大学生基层志愿服务团"活动，服务于我院所在的 ×× 区，服务期间表现良好。根据我院所报《2008 年人才需求统计》，你局只批给我院非北京生源指标 15 个，均为硕士，但由于我院地处远郊，对实践指导教师有特殊需求，故需引进本科生 ××× 充实到实践指导教师岗位。具体理由如下：

1. 我院成立于 2002 年，是由中等职业升格为高等职业学校。按照国家规定，高等职业学校的生师比应在 16：1 以下，这个数字比中等职业学校要小，所以目前我院整体教师数量不足，急需引进人才补充至我院教师队伍中来。

2. 我院财金系师资整体不足，特别是实践指导教师队伍正处在刚刚组建中。根据我院在高等教育中所处的层次及我院给予实践指导教师的待遇，实践指导教师师资的选择范围被限定本科学生范围之内，且我院地处××区，地理位置没有优势，故需从本科生源学生中选择。

3. 该生自 2007 年 9 月至今一直在我院工作，其间各方面表现优秀，得到各部门及相关人员的认可。

鉴于以上情况，经我院党政联席会讨论通过，拟引进×××同志到财金系实践指导教师岗位。

如无不妥，请批准。

上文中，第一段有两个层次：第一层侧重说明引进该名学生的可行性，第二层侧重说明引进该名学生的必要性。后面的三点"具体理由"则既有对必要性的阐述，又有对可行性的说明：第 1 点"整体教师数量不足""急需引进人才"；第 2 点"实践指导教师队伍正处在刚刚组建中""需在本科生中选择"的说明侧重阐述必要性；第 3 点对该名学生一年来的工作表现优秀的说明侧重阐述可行性。从必要性到可行性，阐述得十分充分，逻辑力量强，使人信服，此通用文书作为请示，制发的意图是请求上级批准，得到上级的批准即为发文意图的实现，当然也就顺理成章了。

按照逻辑学观点，证明一个事物正确与否不外乎两条途径，一是通过实践证明，二是通过逻辑来证明。实践证明费时费力，需要诸多客观条件，因此，很多时候需要采用逻辑论证的方式来证明。通用文书写作中，多数情况下，实现发文意图的过程就是进行严密的说明和逻辑论证的过程，就是论证开展某项工作的必要性和可行性的过程。试想，要使某人做某个事情，只有让其觉得是很有意义的，他才会愿意去做；如果这件事是毫无意义，当然人家也就觉得没必要去做了。所以，必要性是前提，论证时当然首先要充分论证必要性，没有必要性的工作，可行性从无谈起；但只有必要性而没有可行性也是不可以的，因为条件具备，开展某项工作是可能的，如果条件不具备，开展某项工作再有意义也是不可能的。因此，只有当可行性也被充分说明和论证后，写作意图才可能实现。

既然既要论证必要性，还要论证可行性，就需要写作者积极发挥主体性作用，找出材料之间的逻辑联系，如果只是消极地罗列材料而不进行科学的分析，或者只是被动地堆砌材料而不进行严谨的说明，论证过程缺少逻辑力量，不能让人信服，通用文书的写作意图的实现几乎是不可能的。

总之，写作者主体性发挥，在形成论证逻辑、安排层次、实现发文意图上同样有广阔的空间，可以大有作为。可以说，通用文书写作意图的实现离不开写作者活跃的思维活动的参与和主体性的充分发挥。

综上所述，与文学写作或个人写作相比，通用文书写作的主体虽然有其特殊性，但同样有写作者主体性发挥问题的存在，在材料处理和实现写作意图方面因为有真实性与客观性的不同、可行性与必要性之别，所以都离不开写作者主体作用的发挥。没有写作者主体作用的发挥，通用文书写作无法达到最佳效果，通用文书的效力也会大大削弱。但是，通用文书写作者主体作用的发挥又是一种受限制的发挥，只有在限制范围内发挥主体作用，才是一种合理发挥。

第三节　行文展开的文气坚守

"文气坚守"即"守气"，原文"缀虑裁篇，务盈守气"，"缀虑裁篇"即运思为文，两句的意思是说运思为文时要务守充盈之气。虽然这里的"气"指为文者之志气，但按照《风骨》篇的原意理解，写作者的这种志气是形成文章之义气所必须，故在这里借用此词来形容行文展开时文气要前后贯通，从开篇到文尾之义。

文气论是中国古典文论的基本范畴，一直以来，对文气的研究多集中在文学批评方面，从写作学的角度对文气进行研究，特别是对写作活动中文气的形成与贯通技法的研究，就目前所见还很少。由宏观到微观对写作活动开展研究是写作学研究的进步，而文气问题隶属于行文展开，属于"中观"问题，因此对写作活动中的文气问题进行探讨对于写作学的整体研究来说也很有意义。通用文书展开问题主要是文气贯通问题，前面谈到，通用文书写作中写作者主体作用的发挥虽然在一定范围内会受到限制，但合理发挥也是可能的，而且也是必须的。通用文书写作行文的过程，写作者发挥主体作用形成文气并坚守，力戒中断、一气呵成十分重要。由此，对通用文书行文过程中的文气形成技法进行研究，无论从义气论研究的丰富、写作学科的发展还是通用文书写作技法本身来看，都是十分必要而且切实可行的。那么什么是文气？文气是怎样形成的？通用文书写作中文气该怎样坚守？

一、文气论的基本内涵

文气指文章的气势和文脉，它包括文章的内在逻辑力量的强大和外在表现形式的协调。文气实质上是对文章从内容到形式两方面做到统一的美学要求。在中国文论史上，正式对文气作出论述的是曹丕："文以气为主，气之清浊有体，不可力强而致。"（《典论·论文》）其意为由于为文者自然之气的不同，其文章的体性也会不同，不可强求而为。

谈到文气，有一个与之相关的概念必须要谈，这就是"风骨"。风骨在六朝时为人们广泛使用，刘勰《文心雕龙》有《风骨》篇，"刘勰所说的'风骨'，主要是指作家的精神活力贯注于作品中，而呈现出的一种生机和活力"。① 就这一篇中风骨与气的关系，范文澜认为"本篇以风为名，而篇中多言气"，"盖气指其未动，风指其已动"，这就十分明确地指出了风骨与气的关系。② 除了风骨，"气"也含有"力"之意，正所谓"力气"或"气力"，二者联系密切。王充"人之精乃气也；气乃力也"，也表达了这个观点。由上可知，所谓文气，实指存在于文章之中的如风一样的流动之势，如骨一般的凝集之感，它是为文者精神力量在作品中融入的结果。

马正平认为："'文气'，包含两个方面的意义。一个方面，也是它最主要的一个内容，应该是其内在的那种逻辑力量；另一方面，即'气'的外在的表现形式，才是所谓自然音节、语气的问题。"③ 与前面对文气表述不同的是，马正平认为文气还有一个表现形式问题存在，文气与音节、语气是有联系的，或者说音节、语气是文气的应有之义。其实，除前面提到桐城派提出了"因声求气"，早在六朝以后，随着对诗韵律研究的兴起，人们发现，声律与文气关系密切，声律和谐，文气自然顺畅。关于这一点，罗根泽先生认为曹丕的文气有作者之气与文本之气之分，并且指出曹丕的"文以气为主"之"气"指文本之气，而"气之清浊有体"之"气"是作者之"气"；"文气是最自然的音律，音律是最具体的文气"。④ 对于声律的重视，一改从前对文气研究只重视作者之气的做法，使研究者目光逐渐转向文本。上文中马正平所指实正是文本之气，文本之气有内容和形式两个层面，其形式层面就是音节、语气等声律因素。

综上，所谓文气，不仅指作者之气，也包括文本之气；不仅指文本内容的强大气势，也指形式上的和谐统一。本人这里所论行文展开中的文气特指文本之

---

① 王承斌：《〈文心雕龙〉散论》，国家图书馆出版社2010年版，第27—28页。
② 王承斌：《〈文心雕龙〉散论》，国家图书馆出版社2010年版，第29页。
③ 马正平：《高等写作学引论》，中国人民大学出版社2011年版，第310页。
④ 夏静：《声气与文气》，《甘肃社会科学》2020年第5期，第22—28页。

气，内容的和形式上的文本之气。

2．文气形成过程

马正平先生认为，在写作活动中，"从构思到行文中间还要经过一些中介环节。刘锡庆先生的贡献就是初步发现了这些中介环节，即在构思完成之后，首先是'得其机遇'，然后是'贯通文气'，前者是进入行文状态，后者是确立表达基调"①。在这里，马正平先生举出刘锡庆的话语想要论述的观点是，从构思并不必然进入行文，但不小心也把"贯通文气"的前后环节透露给了我们。他后面的话语证明了我们的猜测："他（指刘锡庆）认为写作行文阶段要抓住这样几个环节'得其机遇''贯通文气''选词造语'"②。这是马正平先生在说明刘锡庆先生的"双重转化"理论对"外化"的行文阶段写作规律十分重视时所说，这就更进一步明确，"得其机遇""贯通文气"和"选词造语"是行文时的三项任务。而前面只谈前两项，这只是环节切分的问题或角度问题，让我们姑且做这样的理解。不管怎样，下面理解是确定的，即在构思完成之后的所谓"得其机遇"是进入行文状态，是文气形成的准备；所谓"贯通文气"指确立表达的主题基调，是形成文气之内核；而选词造句是行文措辞的韵律和谐，是形成文气所必须的表现形式。虽然刘锡庆的关于写作过程的观点从"构思"两字的反复出现来看，还只是停留在"双重转化论"阶段，是属于目前已被"证伪"的构思主义的写作观和过程论，但其对文气在写作行文过程中形成过程的表述还是有理论价值的，起码其将写作过程中虚幻无形的文气产生的环节做了清晰的描述。

（1）得其机遇

这里所谓的"机遇"就是写作灵感，得其机遇是对灵感产生的一种表述方式。灵感对形成文气十分重要。古代文论家很早就发现了灵感问题，并指出抓住灵感进行文章写作，对于形成文章气韵、气势十分重要。第一个发现灵感问题的是陆机："若夫应感之会，通塞之纪，来不可遏，去不可止。藏若景灭，行犹响起。"唐代李德裕《文章论》："文之为物，自然灵气，恍惚而来，不思而至。杼轴得之，淡而无味。"马正平认为：所谓"机遇"或"灵感"，并不是什么"天机"难测、"神灵"奥秘的东西，而是人所具有的一种复杂的心理功能、心理现

---

①　马正平：《高等写作学引论》，中国人民大学出版社2011年版，第209页。

②　马正平：《高等写作学引论》，中国人民大学出版社2011年版，第309—310页。

象，是人脑在高度亢奋情况下信息纷呈并相互沟通造成的那种最佳的"思维势态"。①

（2）贯通文气

贯通文气首先包括打开思路、理清思路两个方面。《文心雕龙·神思》："是以临篇缀虑，必有二患：理郁者苦贫，辞溺者伤乱。然则博见为馈贫之粮，贯一为拯乱之药，博而能一，亦有助乎心力矣。"② 其意是说成文构思时有两个担心：文理不通苦于知识贫乏，沉溺言辞苦于文理混乱，"贯一"可以拯救理乱，同时有助于发挥、创造力。这里的"理乱"就是没有思路，打不开思路，而"贯一"就是打开思路并理清思路，也就是可以文气贯通。

打开思路和理清思路之后，并不能认为就是形成文气，更不能说文气前后贯通，因为还有一个"义脉"或"文脉"的形成问题。"义脉不流，则偏枯文体"③，这是多么形象的说明，强调了形成义脉的重要性。如果义脉不畅，对于文章来说，就像人体中风偏瘫，可见思路的畅通并非真正的通畅，只有思路和义脉皆通，才是真正的通，也只有这时，所谓的文气才能真正贯通。义脉的形成就要"去留随心，修短在手，齐其步骤，总辔而已"④，作者要把握文章脉络，总览全文。

（3）选词造语

上面谈到的义脉如果说是文气的内核，它还需要适当的形式进行表达，内核与形式的有机统一才能生成动力，形成文气，贯通文气，正如刘勰所谓"宫商为声气"。行文中的选词造语就是文气形成的外在形式，其对情感思想、义脉要进行恰当的表达。"文气来自内结构，即文章的思想内容决定了文气，这是文气产生的内因；第二，文气又来自外结构，即借文章的表达技巧、语言的音韵声律来辅助文气，这是文气产生的外因。"⑤ 也正是因为内容和形式两方面的协调配合才可以形成文气，因此文气是对文章的一种美学要求。

选词造语就是行文中要创造声音之美、语言之美。整齐是美，参差是美；急促是美，舒缓是美；抑扬是美，顿挫是美，但这样的美只是单纯语言或语音之

---

① 马正平：《高等写作学引论》，中国人民大学出版社 2011 年版，第 310 页。
② 刘勰撰，王志彬译：《文心雕龙》，中华书局 2017 年版，第 158－160 页。
③ 刘勰撰，王志彬译：《文心雕龙》，中华书局 2017 年版，第 244 页。
④ 刘勰撰，王志彬译：《文心雕龙》，中华书局 2017 年版，第 244 页。
⑤ 洪珉：《文气的实质》，《殷都学刊》1985 年第 2 期，第 29－35 页。

美，如果与思想、情感、义脉相和，形成和谐之美，就会文气贯通，达到最高之美。选词造语第一个方面是要从人称、说话者角度确定话语关系，其次还要确定表达的口气，还要确定语言节奏，最后还要确定语言风格。所谓"选词造语"，这是中国写作学继桐城派大师刘大櫆、姚鼐的"音节/文气"论行文措辞理论之后的现代阐释。——抓住了行文中的文气控制、写作状态的达成和选词造语的控制等环节。①

二、行文展开要坚守文气

行文过程是一个将内部语言即基本语义转化为外部语言的过程，是一个语境化扩展的过程。内部语言和外部语言是当代心理语言学专家列夫·维果茨基在他的《语言与思维》一书中提出，后经当代神经心理学家亚历山大·鲁利亚进一步研究，建立起来的句子生成理论模型中的概念。句子生成理论模型认为，一个句子的生成必须经历言语表述动机—语义初迹—内部语言—外部语言四个过程，其中内部语言是指具备初步语法关系的语义流，外部语言就是现实的语句。内部语言解决写什么的问题，外部语言解决怎么写的问题，行文过程的实质就是内部语言转化为外部语言的过程，就是将内部语言即基本语义向功能性语义展开的过程。

行文过程中的这种展开的方法包括秩序化行文，如原因分析、功能分析的方式；准确化行文，如语法上限制；修饰化行文如排比，强化语义。其中秩序化行文关涉文章的内容呈现方式，准确化和修饰化关涉文章语言形式，下面将其对应到文气形成的内容因素和形式因素，具体来谈行文展开时文气的形成与坚守的问题。

1. 内容要有逻辑力量

文气的重要内涵是内容的逻辑力量。如前所述，行文展开可以运用外部语言使基本语义秩序化，这种秩序化的结果是使内容的呈现前后之间形成逻辑关系，紧密联结。事物之间的逻辑关系各种各样，其中因果关系、体用关系是最普遍、最基本的关系，行文时无论是句与句之间还是段与段之间都可以通过这种逻辑关系勾连起来。因此，文章内容的逻辑化展开既是行文的一般要求，也使文气

---

① 马正平：《高等写作学引论》，中国人民大学出版社 2011 年版，第 309—310 页。

的形成具备了基本条件。例如下面这个语段。

近年来，我国电力需求持续增长，电力设施满负荷运行，电力安全形势总体平稳，但是，盗窃、破坏电力设施的违法犯罪行为以及人为损坏电力设施的情况仍时有发生，严重危害电力系统的安全可靠运行，同时造成了重大经济损失。电力工业是国民经济的重要基础产业，电力设施安全是电能生产、输送、供应的载体，是重要的社会公用设施，电力设施安全保护是保障供用电安全和维护社会公共安全的重要内容。为了加强电力设施保护工作，切实保障电力安全，经国务院同意，现就加强电力设施保护工作的有关事项通知如下。（《国务院办公厅关于加强电力设施保护工作的通知》有改动）

上面这个语段共有三个层次，从发文原因（现状或背景）到电力安全的重要性（功能）再到发文目的，形成这样逻辑关系：因为有盗窃、破坏电力设施情况发生，而电力设施又对供用电安全和社会公共安全很重要，所以为了加强保护制发此通知，基本属于原因说明性展开。这段文字的基本语义就是，要加强电力设施的保护，通过这样的秩序化的外部语言表达了出来，这样一种环环相扣的逻辑关系，不但使理由表述无懈可击，令人信服，而且形成一种强大的气势，句句向前推进，不可阻挡。这就是所谓的文气，这就是逻辑力量形成的文气。刘勰《文心雕龙·论说》："论者，伦也。"说理性的表达就是要注重次序，要有条有理，纲目清晰，这就是前面所谓的秩序化行文。陆机在《文赋》中也有"论精微而朗畅"句，也是说说理要精当且文气通畅，同样表达了说理与文气的关系，说理就要文气畅通。

还可以通过从现状到措施、由问题到措施、由任务到措施构成因果逻辑关系，其基本语义是，因为有这样的现状，所以要采用这样的措施，这实际上还是一种前因后果关系。请看下面一例。

一、总体要求

（一）指导思想——

（二）基本原则——

（三）发展目标——

二、重点任务

(1) 加强林木种质资源保护——

(2) 强化林木良种基地建设——

(3) 完善生产供应体系——

(4) 促进特色种苗产业发展——

(5) 提高种苗质量与市场监管水平——

(6) 强化科技支撑——

(7) 加大品种审定、推广与保护力度——

(8) 健全社会化服务体系——

三、政策措施

(1) 完善林木良种补贴政策——

(2) 建立林木种子贮备制度——

(3) 加大资金投入——

(4) 完善种苗产业发展优惠政策——

四、保障措施

(1) 加强组织领导——

(2) 完善法律法规——

(3) 创新发展机制——

（《国务院办公厅关于加强林木种苗工作的意见》有改动）

这是一篇指导性意见的全文纲目。四个部分从总体要求、重点任务到政策措施和保障措施之间形成一种因果关系，以此为纲进行行文展开。从整篇文章内容秩序化来看，逻辑的力量就更为重要，文章在内部结构上构成因果关系，就会使文章的内容不但可以紧密联系，而且产生无限的张力，让人感觉要么气势磅礴，滚滚向前；要么娓娓道来，丝丝入扣，大有前后贯通，一气呵成之感，那种虽看不见、摸不着但却可以强烈感知的文气也就在这里生出。

试想，一个语段或一篇文章如果内容是散漫的，主旨是不突出的，句意是无序的，其文之气何来，即使有片段的文气，也会是滞涩不畅，很难达到贯通。请看下面语段。

近些年，宠物行业飞速发展，我国养宠物的家庭的比例不断攀升，宠物行业欣欣向荣，大型的连锁宠物医院，宠物店层出不穷，宠物主人的关注焦点也仅是宠物的身体健康，宠物的安全饮食和宠物的良好行为也成为养宠者不得不考虑的方面。我院于 2010 年设立了宠物医学专业，旨在培养专门从事宠物饲养、宠物诊疗、宠物护理、宠物美容和宠物驯导等岗位高素质技术技能型人才。

这个语段要表达的基本语义是我院建立宠物医学专业很有必要，其想通过宠物行业对人才的需求很大来说明，但未能注意语句间的前后逻辑关系，行文不畅，文气不通。若如下面表述，则一气呵成，文气豁然可感。

我国宠物行业飞速发展，养宠家庭比例不断攀升，特别是近些年，宠物主人不仅关注宠物的身体健康，宠物的安全饮食和良好行为习惯也成为养宠者关注的焦点，大型的连锁宠物医院、宠物商店层出不穷，宠物服务行业欣欣向荣。我院于 2010 年设立了宠物医学专业，旨在培养专门从事宠物饲养、宠物诊疗、宠物护理、宠物美容和宠物驯导等岗位高素质技术技能型人才。

因"飞速发展"，所以"比例攀升"；因"不仅关注健康"而且关注"安全行为习惯"，所以"医院、宠物商店层出不穷"，所以"服务行业欣欣向荣"，所以"设立宠物医学专业"。前后句之间都以前因后果关系相连接，环环相扣，一气呵成。

与文学作品需要形象化展开不同，通用文书行文时主要是一种逻辑化展开，逻辑化问题是通用文书行文展开的首要问题，所以通用文书行文展开的过程中，形成文气是应该的，而坚守文气也是必须要完成的一个任务，通常可以通过原因分析、背景（历史）分析、功能分析、措施分析等展开内容，只要内容上逻辑力量强大，就会具有强大的底气，就会形成文气。

2. 表现形式要讲究

文气是内容和形式两方面的统一的结果，形式因素不可小觑。在一篇文章之中，材料、内容上除了有上述的逻辑关系，还在思想、情感、色彩、情调上构成关系，这种关系的前后保持、实现贯通只靠语义有时是做不到的，而语音、语调、韵律、句式这些语言表达的形式这时就有用武之地，或可大有作为。前面的内容的逻辑关系，使文章主旨明确，不枝不蔓，前后统一，表达坚定，但对于文中是否有情感流动、色彩是否协调、情调是否一致却无从顾及，因此，要形成文气前后贯通之势，就要从表达形式上入手。

具体到写作活动中，贯通文气的技法主要是文章基调的前后一致。文章基调包括情感基调和言语基调。情感基调是作者行文时对行文的感情态度、语言色彩、节奏的体验和把握。从语言学角度来看，话语基调是指在交际情境中讲话者与受话者之间的关系和讲话者的交际意图。转换到写作活动，文章基调可以理解为为了实现写作意图，行文中构成的在情境语境中的功能基调，它由内容和口吻两个方面形成，内容方面就是指思想感情；而口吻又包括词汇、语法、语音、语调等。前面所说的功能基调，通常与表达者在社会文化中的地位、职业，相互了解的程度、情感态度相关。我们在这里所谈的文章情感基调主要是情感上的功能基调，它除了有积极与消极之分，还与情感态度、语音变化、音量的大小、词汇的选择密切相关。虽然通用文书在行文展开时不以情感性的表达为主，或者很少用到情感性表达，但情感态度要明确；虽然不讲究语言音韵之美，但要讲究语言强大的气势，而这些，实际上也正是形成文气的途径。因此通用文书在行文展开过程中，文章感情基调要固定，对字词句要讲究，只有这样才能坚守住应有的文气。

（1）态度感情

"文章开笔是写作行文措辞中生成的'第一句'话，写好第一句话是体现文章情感态度、情感基调的最好办法。对它的要求是要能通过开笔这句话体现未来行文语言的情感、节奏、色彩，为行文提供语言生成的动力。未来行文要在这个基本情感基调之内进行、变化、展开。"[①] 这里的"进行""展开"其实就是为文章生成提供动力，使文章能够顺势而下，连缀成篇。

通用文书写作以逻辑思维方式为主，其基本语义通常要外显，要转化成一个主题句放在句首，将行文意图明确分述表达。通用文书写作就是为实现写作意图，放于句首的第一句话都是对意图的展开，因而能够以此产生行文的推动之力，形成文气，贯通到底。请看下例。

为了深入贯彻党的十八大和全国科技创新大会精神，大力实施科教兴国战略和人才强国战略，国务院决定，对我国科学技术进步、经济社会发展、国防现代化建设作出突出贡献的科学技术人员和组织给予奖励。（《国务院关于 2012 年度国家科学技术奖励的决定》）

---

① 马正平：《高等写作学引论》，中国人民大学出版社 2011 年版，第 315 页。

这是一篇"决定"的开篇第一句话,这个长句所定的文章基调是要给予做出突出贡献人员以奖励,一句引出下文:具体给予何人什么奖励,直到文章结束,一以贯之。其对行文有总领、推动作用,对文脉有牵头、导出的作用,而对文气有形成、贯通作用。

(2)字句音节

刘大櫆有"因声求气说":"盖音节者,神气之迹也;字句者,音节之矩也。神气不可见,于章节见之;章节不可准,以字句准之。"在论证了神与气的关系,提出"神为气之主"观点后,他进一步提出"求气"可"因声"的观点。请看下例。

> "呜呼曼卿!生而为英,死而为灵。其同乎万物生死,而复归于无物者,暂聚之形;不与万物共尽,而卓然其不朽者,后世之名。此自古圣贤,莫不皆然,而著在简册者,昭如日星。"(欧阳修《祭石曼卿文》)

这虽然是一篇祭文中的一段,不是通用文书,但也属以实用为目的的文章,因此以此为例说明字句章节在文气表达上的作用。此段文字荡气回肠,气运始终。从字句上看,首先是押韵:英、灵、形、名、星,而且是句句押与隔句押交替出现,前后语言律动形成;其次是四字整句与散句交替出现,语气跳跃又前后关联,这样的字句音节,自然会使文气生成。

从语句角度看,排比、回环、反复等句子都在语气形成上有回环往复,不断强调的作用;有整有散,整散相间的语句又可以增强韵律,都可以使文气形成和贯通。看下面一例。

> 大会强调,面对人民的信任和重托,面对新的历史条件和考验,全党必须增强忧患意识,谦虚谨慎,戒骄戒躁,始终保持清醒的头脑;必须增强创新意识,坚持真理,修正错误,始终保持奋发有为的精神状态;必须增强宗旨意识,相信群众,依靠群众,始终把人民放在心中最高位置;必须增强使命意识,求真务实,艰苦奋斗,始终保持共产党人的政治本色。(《中国共产党第十八次全国人民代表大会关于十七届中央委员会报告的决议》(2012年11月14日中国共产党第十八次全国人民代表大会通过)

这个语段是由四个排比句组成,"必须增强忧患意识""必须增强创新意识""必须增强宗旨意识""必须增强使命意识"分别引领出两个四字语并形成整句，后面再跟一个散句，而这四个散句都以"始终"一词引领。这样的一种句式组合，除了写作主旨在不断重复中让人如言在耳，还形成一种层层推进、越来越强、不可阻挡的气势，这种气势就是文气，文气就是在这种气势中形成。

（3）语言色彩

语言色彩大致相当于语言风格、语言特点。以词为例，一个词语，除了有基本语义，还会有功能语义；或者说除了有理性词义，还有在特定语境中附着在理性词义上的意义。一般来说，语言色彩包括感情色彩如褒贬、好恶，语体色彩如口语、书面语之分，形象色彩如"蛇行""跪求"等词语。情感色彩、语体色彩、形象色彩可以构成一篇文章语言表达整体风貌或风格。至于语言风格与文气的关系，前人多有论述，这里不再分析。另外关于情感色彩前面已有论述，关于语体色彩后面内容将有所涉及，这里均不重点论述，现只就语言形象色彩对文气形成的作用举出一例来说明。

> 好个友邦人士！日本帝国主义的兵队强占了辽吉，炮轰机关，他们不惊诧；阻断铁路，追炸客车，捕禁官吏，枪毙人民，他们不惊诧。中国国民党治下的连年内战，空前水灾，卖儿救穷，砍头示众，秘密杀戮，电刑逼供，他们也不惊诧。在学生的请愿中有一点纷扰，他们就惊诧了！（鲁迅《友邦惊诧论》）

这个语段中的"炮轰""追炸""枪毙""电刑"等词语都具有形象色彩，这样的一种富于色彩的语言无疑成就了这段文字慷慨与义愤的表达，再加上文中整齐的四字语和"不惊诧"的重复，形成一种短而急的语气，读来慷慨激昂，气冲霄汉，文气在这时自然而然形成。

通常情况下，要体会一篇文章的文气，非高声朗读不可，只有在不断的诵读、涵泳中才能感受到文气的存在，这也可以看作体会他人文章中文气、学习他人文章形成文气方法的一个途径。

前面谈到，通用文书在行文中，文气形成、文气贯通是主要任务，而形成文气实为一种美学要求。通用文书写作是以写作意图的实现为主要行文目的，这虽然不像文学写作因为本身就是以审美为主要目的，对其表现形式本身就有很高的审美要求，但通用文书要做到对文气的坚守，对行文过程的表现形式也要有追求，虽然它不是直接的审美追求。这个追求主要表现在文章开篇情感基调的准确定位，行文中从词语到句子、从语义到语音、从韵脚格律到修辞手法都要恰当安排，只有这样，才能使文章既有严密的内在逻辑，又有突出的语言风貌，文气当然也就应运而生。文气问题表面上看是文章形式上的问题，是表现手法的问题，但文气直接关系到文章主旨的表达，关系到表达的效果，所以在通用文书写作中务必给予足够的重视。没有文气的文章不是好文章。

最后，让我们再回到曹丕的论述。在说明"文以气为主，气之清浊有体，不可力强而致"之后，它举例说明"譬诸音乐，曲度虽均，节奏同检，至于引气不齐，巧拙有素，虽在父兄，不能以移子弟"，这里的"引气"指吹奏时行腔运气。在陈述了气有不同类型之后，说明除了先天所禀之气的不同，正如音乐中由于"引气不齐"，由于表现气的方法不同，也会形成不同的文章风貌，即不同的文气。[①] 这就是说，文气是为文者生命力、精神气质贯注在文中所呈现出来的风貌，天然之气不能完全决定文章的文气，从天然之气到文章风貌并不是必然，为文者是可以大有作为的。也正是因为这样，才给我们在行文展开时贯通文气以希望，否则写作者除了做好个人平日"养气"，在写作之时面对"文气"只能束手或望洋兴叹了。

第四节　语言模式的恰当选择

语言表达模式问题涉及语体问题，我们这里的语言模式就是指语体。所谓语体，是指在不同的语言环境中为达到不同的表达效果的各种语言体式，也可以理解为对具有共同特点的语言的总称。语体属于文章的外在结构形式，表现在语言系统、语言修辞和语言风格方面，是可以通过观察、分析而直观把握的。

一、语体与实用语体

1. 语体

西方语言学认为，语体是语言的变体，指的是"纯概念"词语之上附着的感情、愿望、意气等，其对语体的研究主要是从语言功能及语言的使用情境两方面进行。汉语语境中的语体概念由于受到中国古代文论的影响，与西方语言学中的语体概念不同，大致相当于"语文体式""语言风格"等概念，语体研究的范围

---

① 王永赋：《〈文心雕龙〉散论》，国家图书馆出版社 2010 年版，第 32 页。

通常包括语句、修辞、风格以及使用情境。① "现代语言学认为，语体是适应不同交际功能、不同题旨情境需要而形成的运用语言特点的体系。"② 所谓的"运用语言特点的体系"就是语言系统、语言修辞和语言风格。

按照 20 世纪 80 年代王德春、陈瑞端的《语体学》，语体按适用领域分为谈话语体和书卷语体（注意：不是书面语体），而书卷语体又可以分为艺术语体和实用语体，实用语体包括政论语体、科学语体、事务语体、报道语体等。在语言的运用上，交际的目的不同，领域不同，要求选用不同的文体；而目的和文体的不同，对语言运用的要求、表达手段的选择又有不同，所以语体也会不同。文体是以文体集合与语体形成对应关系，通用文书作为应用文体的一类文体的集合，其所对应的语体无疑是实用语体。人们研究语体的根本目的是为生成或理解言语作品找到语言表达模式，因为语体是个集合概念，或者说与语体对应的文体是个集合概念，所以相比于单个文种语言研究，语体研究要高效得多。

每一种文体都会有一套自成一体的语言系统，而这个不同的语言系统就形成了不同文体的语言表象，成为这个文体的语言标示。若语言与文体的关系是语言"不得（适宜）体"，与文体不相称，即使是"名章秀句"，则"如人眉目娟好而颠倒位置"，也是不可以的。③ 不仅不同文体要有不同的语言系统，反过来也一样，同一个语句，尽管其基本语义相同，但在不同的文体中，由于语言系统不同，也会有不一样的语义。例如"花开了"三个字，如果出现在科学论文中，其所指应是植物的一种生命现象，但如果出现在小说中，其所指有可能包括许多意义：女孩长成大姑娘、人物心情愉悦等。花开花落有其基本语义，就是指的那样一种生命过程，但在不同的文体中，它会被赋予不同的功能语义，这是修辞学的问题。

语体与修辞间的关系十分密切，"语体学研究基本上可以看作修辞学（尤其是传统修辞学）的一个分支学科"④。但需要说明的是，语体中所谓的修辞并不是我们所说的"修辞格"，这是两个概念。修辞包括的范围要大得多，大致相当于我们今天的语言表达的所有，修辞的过程就是口语表达或书面表达的过程，这

---

① 孔建源、泓峻：《汉语语境中"语体"概念的起源及其内涵分析》，《福建师范大学学报》2018 年第 6 期，第 22—29、169 页。

② 郭英德：《中国古代文体学论稿》，北京大学出版社 2005 年版，第 9 页。

③ 郭英德：《中国古代文体学论稿》，北京大学出版社 2005 年版，第 9 页。

④ 施春宏：《语体何以作为语法》，《当代修辞学》2019 年第 6 期，第 1—20 页。

就是在西方教育中为什么把口语表达如演说等或写作课程命名为修辞学的原因。具体到语体中的修辞，包括语音问题如音韵、节奏的使用，语义问题如用典、象征、双关的使用，句法问题如对仗句、排比句、并列句、递进句等。

不同的语言系统、不同的语言修辞势必形成不同的语言风格。"恰当场合的恰当的词"就是风格，"所有的文体都展现风格"。曹丕《典论·论文》："夫文本同而末异。盖奏议宜雅，书论宜理，铭诔尚实，诗赋欲丽。"这里的"雅""理""实""丽"就是指语言风格，分别对应于"奏议""书论""铭诔""诗赋"4体8类文章。曹丕这里称之为"本"的是4体8类文章的写作原则，是基本相同的；与"本"相对"末"，是4体8类文章表现出来的面貌，应该是不同的。这种"本""末"之说，只是强调了原本同祖同源的文章，表现出来的风格各不相同，称风格为"末"并没有轻视风格的意思，这里的"本""末"关系应理解成"根"与"苗"的关系，相同的根却长出了不同的苗。

2.实用语体

首先需要说明的是，我们在这里所秉持的语体观是修辞语体观（与之相对的是语法语体观），对语体主要是从表达效果和风格特征上进行考察。语体以及语体分类是一个比较复杂的问题，从不同的角度对语体进行分类可以有各种划分方法，即使是同一个角度也会出现不同的分类结果，例如陈望道先生的《修辞学发凡》就有8种分类。因为这并非我们要讨论的重点，所以我们绕过这个问题，直接进入我们的问题——实用语体，我们将通过把实用语体与艺术语体对比的方式认识实用语体的特点。

实用语体与艺术语体的区别。不同语体间的差异主要是在表现形式和表达方式上，对立的语体间在表达方式上有很大的不同。同为书卷语体（注意：不是书面语体。书卷语体包括书面书卷语体和口头书卷语体如演讲、报告等）的实用语体与艺术语体就是两种对立的语体，它们的主要区别如下。

（1）从思维类型上来说，实用语体以使用逻辑思维为主，艺术语体以使用形象思维为主；

（2）从语言特点上来说，实用语体以抽象性语言为主，艺术语体以形象性语言为主；

（3）从表达方法上来说，实用语体以论述式表达方法为主，艺术语体以表现性（描写性）表达方法为主；

（4）从语言功能上来说，实用语体以明确、简洁为主，艺术语体以形象、生动为主。

请看下面例子。

例1　"……特别是在×年抗洪抢险中，他随部队坚守荆州长江大堤，带病顽强拼搏，先后四次晕倒在大堤上，被送进医院抢救醒来后，又拔掉输液的针管上堤战斗，直到献出年轻的生命……"（《签署授予××军区某部战士李向群"新时期英雄战士"荣誉称号的命令》）

例2　"……李向群仿佛没听见似的，扛起沙包就走。此时，他并不知道，无情的病魔正向自己袭来，只是凭着意志和毅力坚持着。一包、两包……一步、两步，10分钟，20分钟，就在大娘回家续水的时候，李向群一头扎在大堤上，吐出的鲜血浸红了头下的泥土，手里还抓着肩上滑下的沙袋……留在人间最后的姿势，仿佛一尊血肉雕塑。……"（《20岁的生命礼赞——追记新时期的好战士李向群》）

两例就同一个内容进行表述，例1采用的是实用语体，例2采用的是文艺语体。很明显，例1语言没有例2形象，且例1语言不带有描写性，而例2使用了大量描写；例1的语言效果是准确、简洁，而例2的语言效果是形象、生动。

从前面内容可知，通用文书包括法定文书和非法定文书，其语体都是属于书卷语体是无须说明的，因为无论如何也不可能是误话语体；而它们又是应用文体中的一部分，所以其在语体上属于实用语体也应该是毋庸置疑的；至于再往下划分，例如通用文书中的哪一类又对应实用语体的哪一类，这种过细的划分和对应我们认为是完全没有必要的，因为文体与语体之间的对应关系原本就不是绝对的一一对应，粗线条划分反而更符合实际情况。

实用语体的一些特点在通用文书中明显地表现着，成为通用文书在文本形成过程中所必须关注和掌握的特点，或者说，通用文书在文本形成的过程中要运用的语言模式就是实用语体语言模式。下面就实用语体语言模式的3个突出特点具体论述通用文书在文本生成过程中语言的恰当运用问题。

二、实用语体的语言模式

（一）语言简明

语言简明是对实用语体的基本要求，简明是简洁明了或简洁明确，明了或明确就是语义要准确明晰；简洁是对表达方式的要求，要用最少的语言表达最丰富的内容。简洁以明确为前提，不明确的语言谈不上简洁，简洁是在明晰基础上对语言更高层次的要求。下面是通用文书做到语言简明的有效方法。

1. 从表达过程入手

语言表达问题是如何将内部语言向外部语言转化、从基本语义向功能语义转化的问题，从表面上看这是语言的问题，内里却是思维的问题，是思维向语言转化的问题。从语言表达本体来看，它是一个选择和控制的过程，选择语句，控制语句；选择合适的语句意义，控制合适的语句顺序，最终实现语句意义与思维意义的最大限度的一致，实现外部语言与内部语言最大限度的吻合。

从写作主体来看，我们在写作的过程中，对于在头脑中生成的基本语义用什么语句去表达，是要进行选择和控制的，选择和控制的标准就是我们头脑中对语句的"应然"的认识，就是我们对心目中最佳表达应有的样子的认识。行文中写作主体要对语句选择与控制，而选择和控制的目标是实现最大的表现力或最强的表达效果。表现力的大小、表达效果的强弱主要由两方面决定，一是语感方面，二是美感方面，这两个方面都属于写作主体自身的素质和修养。

语感就是语言感觉。马正平认为："语感就是语言的清通明晰感"，"一般来说，语感就是具有这种一说就清、一说就顺、一说就通、一说就懂的功能。正是凭借着这种功能，人们的言语交际才有可能进行得顺当、迅捷。"[1] 美感是升级版的语言感觉，是在运用语感解决了基本语句表达问题之后，在语言表达晓畅通顺的基础上，能够使语言产生审美意义的一种语言感觉。美感问题与我们要讨论语言的准确表达关系不大，因为它并不关乎准确与否的问题。

简明要既明白又简洁。从上可知，表达明白的首要意义是传达的意义准确，要确定。从行文的过程来看，要达到准确，首先要求写作者对客观事物反映要准确，其次要求写作者对基本语义的转换要准确。对客观事物的反映准确，在

---

[1]　马正平：《高等写作学引论》，中国人民大学出版社 2011 年版，第 330 页。

头脑中形成的基本语义就相对准确，这个基本语义或内部语言越清晰，就越有可能找到清晰的外部语言将其传达出来，内部语言的清晰是外部语言清晰的先决条件。因此，当我们开始写作时，头脑中对想写什么，例如要说明什么、陈述什么、抒发什么、论证什么一定要尽量明确，形成大致的轮廓，确定大致的范围和框架。简洁的问题就是找到合适的外部语言的问题，前面说过，这主要是靠一个人的语感。写作者语感强烈，就可以很容易地形成通顺、清楚的表达语句，否则将会是一个艰难的过程，这就要求写作者平时要加强自己的语感培养，成为一个语言感受力强的人。

2.善于利用模糊语言

模糊语言是人类语言的组成部分，模糊语言的运用能力是一个人语言表达能力的重要指标之一。对模糊语言的研究始于 1970 年，我国对模糊语言的研究稍晚。语义层面的模糊语言其定义是："语言中的词语含有一种不特定的语义所指"①。"不确定"是模糊语言的主要特点，这种"不确定"表现为，模糊性词语表达的概念常常没有明确的边缘，从客观上来说概念的外延是不清晰。虽然如此，模糊语言也有自己的优势，其最大的优势就是弹性表达，因为不像精确语言那样语义确定，所以它的语义在一定范围内是可以缩放的，这样便是增加了语言表达上的弹性。而在一些语言表达的情境中，这种留有余地、可以回旋的表达方式还是很有必要的。无论在书面表达还是口头表达中，很多时候是需要有一定灵活性的表达，这样做的初衷有时可能是当前的表达客观上就无法精确，还有一种可能是主观上有意回避精确表达以免造成后续问题。例如我们有时会利用形式逻辑中的"负概念"进行表达，金属正概念，当要表达除金属之外的其他物质时，因为到底包括哪些物质无法明确，这时可以用"非金属"这一负概念去表达，这就是一种模糊表达。具体说来，使用这些表示负概念的词语来表达常常出于两个原因，要么是包括的范围太大不胜枚举，要么是不必一一枚举，采用负概念反而是一个稳妥的表达方法。而从表达效果上来看，这样的模糊表达方式不仅解决了难以表达的难题，而且还使表达反而显得更加客观和准确。再如，《党政机关公文处理工作条例》"请示应当一文一事。不得在报告等非请示性公文中夹

---

① 张乔、冯红雯：《汉语中的模糊语言和话语的敏感性》，《当代语言学》2013 年第 1 期，第 45－61 页。

带请示事项"① 一句中,"非请示性公文"也是"请示性公文"的负概念,这同样也是一种模糊性表达方式,但虽然模糊,并不等于不准确,恰恰相反,这种有一定弹性的表达反而增加了语言的准确性。

模糊语言即模糊性语言,与精确语言相对,是一种不作明确表达的语言。谈到这里,我们会觉得和上述对实用语体语言简明的要求矛盾,实则不然,在这里我们之所以要拿出这个问题来谈,就是因为模糊语言的使用不但不与语言简明矛盾,反而是做到简明的一个途径。试想,表示程度时用"原则同意",表达时间上的不确定时用"近期",如果与"同意"或"坚决同意"相比,"原则同意"不明确;与具体时间相比,"近期""长期"是不明确的,这样的语言虽然模糊语言,但反而会显得更加准确客观。因此,模糊语言使用恰当,可以使表达周密而严谨,可以成为一种有分寸感的语言表达,只要符合客观实际,当然是一种准确的表达,一种简明的表达。因为,从严格意义上说,精确并不等于准确,模糊也不等于不准确。

精确只是就语言表达本身而言,例如我们经常说精确到小数点后几位,这只是针对这个数字语言本身而言;而准确则不然,它不仅指语言本身,更多指语言与语言所表达对象之间的一种关系,二者间的关系越近就越准确,反之则是不准确。再从词义上看,精确更接近于严密;而准确更接近于恰当。例如我们可以说某某的表达准确,这是说某某的表达很到位、很恰当,但一般不说某某的表达很精确。在通用文书写作中,我们万不可囿于对语言简洁明了的要求就一味追求语言的精准表达,如果这样,只会与我们希望达到的目标背道而驰。

(二)修辞消极

1. 积极修辞与消极修辞

修辞是指为了表达特定的思想内容,适用于具体题旨情境而采取的运用语言的方法、技巧或规律。前面谈到,1935 年出版的陈望道先生的《修辞学发凡》是我国现代修辞学的开山之作,此后由林裕文(笔名)的《词汇、语法、修辞》对修辞学的研究对象进行阐述:"修辞学——不只研究语言的某一个组成部分,某一个方面,它的对象包括语言的所有组成部分。"后面还具体表述了修辞学要对用词和词汇,句子的结构、表达效果和语法结构、语音、篇章结构、风格

---

① 张保忠:《党下机关公文处理工作条例释义与实务全书》,人民出版社 2012 年版,第 223 页。

和语体等进行研究。① 这里的修辞不等于我们说的修辞格，而是指对言辞进行修饰以达到更好的表达效果。从这个意义上来说，语言修辞有积极修辞与消极修辞之分，人们通常所说的修辞多为积极修辞，是指表达者为了更好地表达自己的思想情感，对语言文字本身加以发展和改造；或者指为了表达特定的内容，适应具体题旨和情境而采取的语言超常规的方法、技巧和规律。在表达过程中，在词语、结构、篇章等多层次都存在积极修辞现象，"超常规"是积极修辞的本质内涵。消极修辞是一个与积极修辞相对的概念，既然积极修辞的本质是"超常规"，消极修辞的本质一定是"常规"，因此消极修辞可以表述为：为了表达特定的内容，适应具体题旨和情境而采取的语言常规的方法、技巧和规律。这种"超常规"与"常规"的不同，表现在功能和目标上，积极修辞以生动、形象为追求目标，而消极修辞以明白、通顺为追求目标。请看下面两例。

例1　"丙辰中秋，欢饮达旦，大醉，作此篇，兼怀子由。"（苏轼《水调歌头·明月几时有》）

例2　"明月几时有，把酒问青天。不知天上宫阙，今夕是何年。我欲乘风归去，又恐琼楼玉宇，高处不胜寒。起舞弄清影，何似在人间。"（同上）

例1和例2虽均出自苏轼《水调歌头·明月几时有》，例1作为这首词的小序，其词句完全是一种常规的表达，是消极修辞；例2中的"问青天""乘风归去""弄清影"则采用了超常规的表达方法，有夸张、有想象，是积极修辞。从表达效果上看，消极修辞表意明确、通畅，积极修辞生动、形象引人深思。

2.消极修辞的表达效果

虽然早在1932年出版的《修辞学发凡》中，陈望道先生将修辞分为积极修辞和消极修辞两大分野，消极修辞与积极修辞相对，但后来学界热衷于积极修辞，只有积极修辞成了研究的热点，消极修辞似乎被人们遗忘，直到21世纪初人们又开始关注消极修辞，并发现它与语言学的关系。其实，在《修辞学发凡》中，关于消极修辞的表达效果就是非常明确的表述："消极修辞所当遵守的最高标准是：内容方面意义明确、伦次通顺，形式方面语句平匀、安排稳密。"魏晖

---

① 宗廷虎：《胡裕树继承、发扬陈望道修辞学思想的出色贡献》，《湖南科技大学学报（社会科学版）》2020年第2期，第148—155页。

在此基础上，提出的消极修辞观包括无为观、平实观、简约观、规范观。认为无为就是在语言表达中"摒弃妄自作为、肆意妄为"，平实就是"依顺序、相衔接、有照应地展开，语句平匀，言语朴实无华"，简约就是"用最少的笔墨去表达"，规范就是"真实、充实、有益、明晰、连贯、得体、畅达、生动、平易、简洁"十个方面。[①] 他对消极修辞的几个方面的说明虽然多有重复，但概括了消极修辞的基本规范，或者说概括出了消极修辞的表达效果。

3. 实用语体与消极修辞

语体从本质上说也是一种修辞手段。美国语言学家乔姆斯基说："同义的句子间之差异，可以称为是文体的差异。"[②] 他所谓的文体的差异，就是语体的差异。意思是说因为语体不同，意义相同的句子，"纯概念"相同的句子或语法意义相同的句子，会产生语义上的差异。这种差异产生的原因就是因为不同的文体在表达时使用不同的语言系统，由于语体不同，人们在使用同一个句子时通常会在上面附加上不同的感情、意气或意愿等，于是就会产生不同于语法意义的意义。从这个角度来说，语体问题也就是修辞问题。不同的文体使用特点不同语体，因身处不同的语言系统中，即使语法意义相同的句子也可以产生出不同的语境意义，原因就是对基本语句的修饰不同，修饰问题就是属于修辞范畴，因此语体问题就是修辞问题。

既然语体问题就是修辞问题，基于我们前面对实用语体与消极修辞的认识，我们完全可以认为，在实用语体中，更多地适合消极修辞的使用；或者说，运用消极修辞更能增强实用语体的语体感。但这里我们要强调一点，这并不是说实用语体中只能运用消极修辞，积极修辞绝对不允许出现，我们只是强调以消极修辞为主，或消极修辞的表达效果更与实用语体的语体特点相吻合。事实上，在实用写作中，常常是在以一类修辞为主的前提下，两类修辞都有运用。例如在一些公文写作中，也常常会出现一些修辞格，而且由于这些修辞格的使用，不但没有削弱语体特点影响表达，反而增强了语言的表达效果。请看下面一例。

在新的历史条件下夺取中国特色社会主义新胜利，要牢牢把握以下基本

[①] 魏晖：《试说消极修辞观》，《当代修辞学》2019年第6期，第21—27页。

[②] 郭英德：《中国古代文体学论稿》，北京大学出版社2005年版，第11页。

要求：必须坚持人民民主地位，必须坚持解放和发展生产力，必须坚持推进改革开放，必须坚持社会主义公平正义，必须坚持走共同发展道路，必须坚持促进社会和谐，必须坚持和平发展，必须坚持党的领导。《中国共产党第十八次全国人民代表大会关于十七届中央委员会报告的决议》（2012 年 11 月 14 日中国共产党第十八次全国人民代表大会通过）

"决议"是法定公文中的一种，但上文中却用了以"必须坚持"开头的八个句子组成排比句，修辞格是积极修辞手法的标识，这个积极修辞增强语言气势，形成句句铿锵、逐句强化的效果。

综上，通用文书从语言模式上来说是实用语体模式，在修辞上以消极修辞为主，因此通用文书写作中，语言表达中要多多使用消极修辞，以消极修辞为主要言语方式，要加强消极修辞的积极作用，从而实现文体与语体相配。当然，积极修辞在通用文书写作中也有作用，经常使用的修辞格有比喻、对偶、排比、引用等，运用恰当同样可以增强语言的表达效果。

（三）风格平实

1. 语言风格的概念

胡裕树认为："语言风格是指由于交际环境、交际目的的不同，选用一些适应于该情境和目的的语言手段所形成的某种气氛和格调。"风格作为日常用语，通常指"一种整体面貌、作风、风貌、形态，是各种特点的综合体现"，语言学意义上的风格指由语言运用所形成的"整体格调和言语气氛"。[①] 从这里可以看出，风格是语言的一种整体性特点，它不关注语词语句、语音词调的具体的特征和使用，而关注其整体特征和表现形态展现之后形成的整体风貌。另外，风格也不关注语词语句、语音语调的特点展现或使用的一般规律，而关注其在使用之后形成的独特风貌，关注这种独特风貌形成的特殊性方法。基于这种对风格的认识，一般来说，风格具有如下特点。

第一，风格与表现方法相关联。语言风格的形成机制是语言的特点或表现方法，不同的文章，其语言特点不同，语言表达方式或语体不同，就会形成不同的语言风格。同样，相同的语言意义采用不同的表达方法进行表达，也会形成不同

---

① 祝克懿：《语言风格研究的理论理论渊源与功能衍化路径》，《当代修辞学》2021 年第 1 期，第 59—71 页。

的语言风格。甚至因为语体本身也与语言特点密切相关，有时语言风格与语体风格很难完全区分。例如实用语体的语言风格是平实，这也可以看作实用语体的特点。从这个意义上来看，风格并不是来去无踪，虚无缥缈，它要以语言为依托，依靠文章表现方法而形成，也正是因为这样，才会因语言特点不同、表现方法不同形成不同的风格特点。如此，一个语句在基本语言意义基础上，由于风格的存在，就形成一种新的意蕴，也可以称之为风格意义或语体意义。

第二，风格具有模式意义。模式就是类型、范式，语言风格有类型或范式的意义，它一般不是指某一篇文章或某几篇文章的面貌特点，而常常是指一类文章所具有的共同的面貌特点。这种类型通常按文体或语体划分，与文体、语体相关，或者在文体或语体之下再进行仔细划分，如散文风格、小说风格、说明文风格、演讲稿风格；有时按写作者划分，与写作者的个性气质、审美趣味相关，例如对于文学艺术作品，通常有作家群的概念，这个概念就是因有特点相同的作家而产生；有时按写作时间及历史背景划分，与时代特点、文章发展阶段相关，例如魏晋风骨的形成。但不管怎样划分，最终风格都会通过语言表现出来。

2. 通用文书的语言风格

通常来说，语言风格是通过对语言表达手段的选择来实现的。人们在表达同一个意义或传达同一个信息时，对语言材料和表达方法可以做出不同的选择，例如在材料方面，既可以选择这则材料来表达，也可以选择另一条材料来表达；而在表达方法上至少可以对语词进行选择，对语词排列顺序（其实就是语法关系）进行选择，语词和语词的排列顺序问题就是表现方法问题。语言材料和表现方法构成了语言表达手段，而正是这种对不同语言表达手段的选择形成了不同的语言风格。也正是这个原因，风格与文体有关，因为不同文体有不同的表达意图和目的，根据表达意图或目的选择的语言材料也会不同，选择的表现方法也会不同，因而自然会形成不相同的风格。从这个角度上来看，风格不关乎思想或意义，因为思想和意义相同也可以有不同的风格，风格只关乎情感和态度。我国古代文论中所谓的风格多为文学作品风格，而将一般文章（应用文书）排除在外，但这并不意味着一般文章没有语言风格问题存在。

叶蜚声说："风格的实质是差别，而差别必须通过比较才能加以分析，做出描写。"① 通用文书在形成的过程中逐渐形成一套自己的语言表达手段，语言风格特点明显，下面通过与文学艺术作品风格的比较分析描述。

首先，从词语上比较。张礼先生曾归纳了下面一些现代汉语中的词，他认为因为这些词主要出自文学作品中，是文艺语体词，这些词包括"心扉""巾帼""鸟瞰""冰释""夺目""华灯""驰骋""呜咽""肃杀"等。② 感谢张礼先生列出如此之多的文艺语体词，这些词语的一个共同特点是带有描写性或使用了指代、比喻、比拟、夸张等修辞手法："心扉"用了比喻，"巾帼"用了指代，"鸟瞰"用了比喻，"冰释"用了比喻，夺目用了"夸张"，"华灯"用了描写，"驰骋"用了描写，"呜咽"用了象声，"肃杀"用了描写。下面我们为上述词语分别找到一个通用语词中的同义词或近义词与之对应，通过比较归纳其风格的不同。请看下表。

文艺语体词	心扉	巾帼	鸟瞰	冰释	夺目	华灯	驰骋	呜咽	肃杀
通用语词	内心	女性	俯视	化解	吸引人	路灯	奔跑	抽泣	萧条

通过比较后发现，当我们把文艺语体的词语替换成同义或近义的通用语词时，语言风格也发生变化：如果说文艺语体风格是绚丽，通用语词风格是朴素；文艺语体是生动，通用语词风格是平淡；文艺语体词是形象，通用语词风格是平实。所以，通用语词的选择可以形成与文艺语体相对的平实朴素的语言风格，反过来我们也可以看出，为了实现平实朴素的语言风格，在词语上要多选择通用语词。

其次，从词语的顺序上比较。词语的顺序问题就是句式、句型等句子的结构问题。请看下面语句比较。

例1 我们那地方，过去极少有产科医生。一般人家生孩子，都是请老娘。什么人家请哪位老娘，差不多都是固定的。一家宅门的大少奶奶、二少奶奶、三少奶奶，生的少爷、小姐，差不多都是一个老娘接生的。老娘要穿房入户，生人怎么行？（汪曾祺《故里三陈·陈小手》）

例2 过去我们那地方极少有产科医生，一般人家生孩子都是请老娘。什么人家请哪位老娘差不多是固定的，一家宅门的大少奶奶、二少奶奶、三

① 祝克懿：《语言风格研究的理论理论渊源与功能衍化路径》，《当代修辞学》2021年第1期，第59—71页。

② 张礼：《文艺语体词与语言风格》，《修辞学习》2005年第6期，第28—30页。

少奶奶生的少爷、小姐，差不多都是一个老娘接生的，老娘要穿房入户生人是不行的。（汪曾祺《故里三陈·陈小手》）

上面例1是小说原文中的句子，例2是根据例1按普通语言习惯改写的，但只有第一句词语顺序发生改变、最后一句句型发生了改变。虽然如此，我们还是发现，改过之后，汪曾祺小说唠家常式的语言风格、调侃式的语言风格，修改之后已荡然无存，完全变成一种平淡叙事性的风格，这特别表现在第一句上。由此我们可以看出，词语顺序的改变确实会引起语言风格的改变，反过来，不同的语言风格的实现，与语句选择有关联。并且，上述词语顺序的改变，整个语段的风格由活泼谐趣变为平实朴素，由一种文艺语体风格变为一种实用语体风格。

综上，通用文书是以传达信息、实现发文意图为目的，语言风格是平实的、朴素的，在围绕主旨选择材料后，在选择语言表达手段时，语词要以通用语词为主，句子结构要以符合现代汉语语法规范的标准语句为主，只有这种，才能使其风格得以实现。

第三章　法定文书写作技法（一）

第一节　通知写作技法

通知是法定文书中使用频率最高的公文。《党政机关公文处理工作条例》关于通知的定义是："适用于发布、传达要求下级机关执行和有关单位周知或者执行的事项，批转、转发公文。"①

从适用范围来看，通知适用于发布、传达周知事项和执行事项，适用于批转、转发公文；从行文方向来看，通知既可以向下级单位行文，也可以向相关单位即平级或不相隶属单位行文，但不可以向上级单位行文。

根据适用范围，通知大致可以分为事项性通知和转文性通知。事项性通知也可以称作一般性通知，其内容多涉及工作事项，如一个会议、一项任务、一个指示、一个安排等；转文性通知包括批转性通知、转发性通知和印发性通知。批转性通知用于把来自下级、平级或不相隶属单位的文件批转给相关单位周知或执行；转发性通知用于把来自上级单位的文件转发给相关单位周知或执行；印发性通知则用于把本单位新制定的章程办法、规章制度等下发，以表明态度，提出要求，引起相关单位重视。

实际工作中，通知的使用要复杂得多，在写作上也有技法讲究。

一、通知写作的一般技法

1. 标题

完整的通知标题由发文单位全称、发文事由和文种名称组成，例如：××学院关于做好 2019 年大学生征兵工作的通知。在这个标题中，发文单位全称为

---

① 张保忠：《党政机关公文处理工作条例释义与实务全书》，人民出版社 2012 年版，第 92 页。

"××学院"，发文事由是由"关于"一词引出的"做好 2019 年大学生征兵工作"，文种名称即"通知"，在文种名称前要加"的"字。在标题写作中，相对于发文单位全称和文种名称，介词"关于"后面的发文事由部分既是重点，又是难点。一个通知的标题，除了告知受文对象发文单位是谁和文种是什么，更重要的是告知受文对象要通知的主要内容是什么，需要完成什么事情，而事由就承担着这样的任务。所以，对于受文对象来说，事由是其主要要获取的信息，事由的信息含量要准确而丰富。如此，事由的重要不言而喻，但同时事由又是写作上的难点。首先，所谓的发文事由就是发文意图，就是要求相关单位要知晓或完成的工作，需要用一句话将制发通知的意图概括出来。例如上例中，制发通知的意图是要求下级部门近期做好 2019 年大学生征兵工作，所以将这一意图概括为"做好 2019 年大学生征兵工作"作为事由。

写作中对发文意图概括的语句最好是一个动宾结构，且在介词"关于"后紧跟一个具有概括性的动词，以突出欲做之事项。例如"××关于划拨××乡沙改土地中一部分给××厂使用的通知"这一标题，"关于"后使用了"划拨"这一动词（和其后面动词"给"形成连动关系）组成的动宾结构用以概括制发通知的意图，相比于"××关于从××乡沙改土地中划拨一部分土地给××厂使用的通知"，后者事由虽也概括了制发通知的意图，但因动词"划拨"被"从××乡沙改土地中"隔离，使其远离"关于"两字而后置，对欲做事项突出得不明显。再如"××关于选拔部分高校毕业生到国家机关工作的通知"这一标题，与"××关于从高校选拔部分毕业生到国家机关工作的通知"比较，几乎同样的制发意图的概括，只是因为动词位置前后不同，表达效果不同，对欲做事项突出程度很不一样。但这里要说明的是，有时由于涉及的事项问题本身很难在"关于"后选择恰当的动词组成动宾结构来概括发文意图，这时也可使用其他结构。例如"××委员会关于印章失窃的通知"，"失窃"虽为动词，但属于不及物动词，如置于"关于"后面则会造成语法错误，违背现代汉语语言表达习惯，这时万万不可削足适履非要表述为"失窃印章"，而要以保证语言表达正确为第一要务。

在概括发文意图时，首先要准确概括出要下级知晓或完成的工作，要不偏不倚，不要以发文缘由、发文目的等为发文事由。例如：××市人民政府拟写一通知，拟根据《政府工作报告》的精神，联系目前的工作实际，针对普遍存在的会议数量多、名目杂、与会人员过多、经费支出大而实际效果差的问题，从适应改革开放形势发展的需要、进一步提高行政效率的角度，提出有效控制会议数量、提高会议效率的措施与要求。这个通知的发文目的是提出有效控制会议数量、提高会议效率的措施与要求，要求下级单位完成的工作是"控制会议数量，提高会议效率"，"控制会议数量，提高会议效率"才是发文意图，是要求相关单位切实完成的工作本身，可以作为发文事由。如前面的"适应改革开放形势发展的需要、进一步提高行政效率"只是目的，而且是比较虚化的目的，并非要求相关单位要完成的工作，如果以此作为事由，是属于概括程度过高情况，会造成受文对象无所适从。

其次，对发文意图既要准确概括，又不要过于具体，否则造成语言不简洁、标题过长或与正文内容重复。例如"××林业局关于保持水土封山育林禁止在林区滥砍滥伐各类树种的通知"这一标题，其事由对发文意图的概括首先不准确，"水土保持""封山育林"不是要下级完成的具体工作本身，而是工作的目标或目的，所以不应作为事由；而"各类树种"又过于具体，不如"树木"一词概括程度高，即使确实需要指出树木种类，也只能在正文中写出，没必要出现在标题上。所以这个标题从整体来看，不简洁，且容易引起歧义。

但实际写作中，有时会出现确实无法高度概括的情况。如《国务院关于中国证券监督管理委员会列入国务院直属事业单位序列的通知》，这一通知的正文为："根据中国证券监督管理委员会的职责、任务和开展工作的需要，国务院决定该委员会为国务院直属事业单位。"标题与正文信息量大致相等，相对于短短几句的正文，标题确实显得过长，但因无法再进行概括，也只能如此。

另外，对于涉及比较复杂的工作内容，发文意图不容易用一个句子来概括，需要几个语句时，要保持语句在语义和韵律上的匀称，且语句间不要使用任何标点符号。

2. 正文

通知的正文首先要写的是前言，这是一段概括性的语句，可以从以下几个层次着手来写。一是制发通知或开展某项工作事实依据。事实依据指实际工作中存在的现象、出现的问题。写作中要对现象或问题进行典型概括，以此来说明此通知制发或某项工作开展的必要性。这里要说明的是，这种概括不同于详细的叙述和描写，不需要对细节进行交代，只要作出概要说明即可。二是制发通知或开展某项工作的理论依据。理论依据指有关的方针政策、法律法规、上级指示、会议决议等，也可以是科学知识、学术理论等。写作中要据实引用，充分说明，以此来论证制发此通知或开展某项工作的可行性。必要性和可行性得以说明和论证之后，还要写出制发某个通知或开展某项工作的目的，这是前言的第三个层次。写作目的要由远及近、由间接到直接来写。通常，我们开展一项工作，其目的会有多个，有的是直接目的，有的是长远目的；有的是此项工作完成后要直接实现的目的或目标，有的则是在这个目的或目标实现之后要实现的下一个目的或目标。写作中，通常采用由远及近、由间接到直接的逻辑顺序排列。例如，某单位要修建单身职工宿舍，直接目的是解决单身职工住宿紧张问题，除此之外还有节约单身职工交通时间，减少公司运营成本，提高工作效率。这些目的中，按由远及近排列应该是：减少公司运营成本，提高工作效率，减少单身职工交通时间，切实解决单身职工的住宿问题。这里需要说明的是，制发通知或开展某项工作的目的通常不能独立成句，由"为了"引出的只是目的复句的一个分句，语句再长也只是半句话，不能独立存在，其后面必须有为了这个目的要做的事情出现才能组成一个完整的语句，而且相比于前面的目的，为了实现这个目的要做的事情才是语义重点，所以，在目的之后，要明确表述出要做的事情是什么。例如在"为了……"之后，"现决定召开……""现决定开展……活动"这样的语句一定要出现。

主体部分是通知正文的第二部分，在写作时，主要是如何展开、如何安排层次关系的问题，既要内容充实，又要层次清晰，主要可采用如下技法。

一是注意采用撮要的形式对通知事项作出概括，且撮要句的提炼要准确精当，句法严整，语义匀称，音律和谐。请看下面材料。

××市人民政府召开第十次全体会议，就切实精简会议、严肃会风问题进行了专门研究。会议召开后，××市人民政府拟制发通知，要求各相关单位和部门认真贯彻此次会议精神，切实做好精简会议、严肃会风工作。根据会议记录，此次会议形成的决议有四项。1. 市政府各部门要按照减少开会、减少陪会的原则，控制会议次数及规模。不以开会次数论工作成绩大小，不以会议规模、规格、时间论会议质量高低。可开可不开的会坚决不开；对必须召开的会议，也要从严控制规模、缩短时间、节约经费，尽可能就近召开。能够一次会议解决问题的，不得重复开会；能够由部门召开的会议，不得要求以市政府的名义召开。2. 会议召开前必须做好充分准备，明确主题，以部署工作为主，确保会议质量，讲求实效。力戒泛泛而谈，言之无物，不能解决实际问题。每次会议都要确定主讲人，主题报告须经集体讨论审定。原则上，不要请多位领导到会，尽量减少领导陪会。会议材料要少而精。各部门要加强会后的检查督促工作，狠抓会议精神的贯彻落实。3. 市政府召开的各种会议，必须按通知要求指定与会人员按时参加，不得无故缺席或迟到早退。与会人员要集中精力开会；会场内不得开"小会"，要严格执行会议保密纪律。会议讨论决定事项以正式文件或会议纪要为准，未规定传达的问题，不得扩散；会议文件要妥善保存；召开各种会议都不得发纪念品；不得组团观光旅游。4. 市政府各部门执行会议纪律、严肃会风情况由市政府办公室、市直机关工委、市监察局、市人事局检查督促，每季度通报一次。

在拟写这一通知时，由于材料多而杂，主体部分内容要精心安排。一是要找出逻辑关系，理清层次；二是要总结提炼出撮要句，提纲挈领；三是组织好语言，美化语言。如果像下面平面铺开，不区分逻辑关系，会造成内容混乱之感，语言上的美感更谈不上。

1. 会议必须精简。……

2. 严格控制会议，把住开会的关口。……

3. 压缩会议规模，减少陪会人员。……

4. 提倡开短会、小会、联合会。……

5. 改革开会方法。……

6. 妥善保管会议文件。

这样的写法虽然会议内容全部涵盖，但由于逻辑不清，缺少层次，内容显得混乱无序，不利于文件的执行。经过对材料逻辑关系的分析，提炼出主要内容，并以撮要句概括如下。

1. 精简会议数量。……（有关会议的，侧重于数量）

2. 保证会议质量。……（有关会议的，侧重于陪会人员）

3. 严肃会议纪律。……（有关会议的，侧重于审批程序）

4. 确保会议落实。

概括起来，上面材料无非涉及会议数量或规模、会议质量、会议纪律和会议精神的落实这四个方面的内容，因此可以用高度概括的、具有提要性质的语句将其概括出来形成每一项的撮要句，或放在句首，或作为小标题，提纲挈领，主体部分的内容一目了然。

二是要注意层次间的逻辑关系。事务或事物之间存在的逻辑关系有多种，客观方面的比如空间顺序，或从上到下或从下到上，或从左到右或从右到左，或从里到外或从外到里；比如时间顺序，或从古到今或从今到古，或从前到后或从后到前，或从远及近或从近及远。主观方面的比如人们认识规律、思维顺序等，或从主到次或从次到主，或从重到轻或从轻到重。写作中，一定要尊重事务或事物之间的逻辑关系，同时兼顾读者的认识和接受规律安排写作顺序。请看下面材料。

> 某县县长办公会议作出以下决定：要求全县干部群众战阴雨，抓好秋播工作，要在立冬前基本播完，工商财贸部门要保证农具、肥料、种子的供应和资金发放，每亩下碳铵不少于70斤，磷肥不得少于50斤，要整好地，开好沟渠，各级领导要亲自抓，充分发挥承包责任制的优越性。

如果将这个会议决定写成通知下发给各乡镇、各部门落实，写作时要处理好逻辑关系。对于秋播工作，其客观顺序是准备种子化肥、整地、播种施肥；对于一项工作任务，人们的认识规律是谁是主体、什么时间完成、质量要求是什么等。上述材料包括的几方面内容涉及有完成时间、具体要求、工作主体等，在安排写作顺序时要综合考虑，既要照顾到客观事物的顺序，又要考虑工作任务的接受顺序。

1.加强领导。各乡镇一名领导专抓，深入第一线帮助解决秋播中的具体问题。

2.时间要求。力争在立冬前基本播完。

3.质量要求。要选用适合本地土壤气候的良种，要开好沟渠。除了要整好地，施足底肥外，每亩下碳铵不少于70斤，磷肥不得少于50斤。

4.部门配合。工交财贸部门要大力支援秋播，要保证农具、肥料、种子的供应和资金支持。

上述写作顺序从领导到落实、从工作主体到配合部门、从时间要求到质量要求兼顾，而在质量要求里又注意到了工作顺序。

二、通知写作的特殊技法

在通知中，转文性通知的写法比较特殊，而转文性通知中的批转、转发和印发性通知从标题到正文在写法上又不完全相同，所以在写作中有一些特殊技法的讲究。

批转、转发、印发性通知，由于其主要是被批转、被转发、被印发文件的载体，是批转、转发、印发文件的工具，所以是通知中比较独特但使用频次比较高的一类。可是，在这一类通知标题的写法上，长期以来，由于认识上的不一致，存在着处置随意、不规范、不严谨的现象，主要表现在三个方面：一是标题中发文单位全称或规范化简称后，"批转""转发"或"印发"两字前的"关于"的有无；二是被批转、被转发、被印发的文件的文种名称是否保留，即是否要出现在标题中"通知"两字的前面；三是被批转或被转发、被印发文件名称上是否应当有书名号或其他标点符号。之所以会有上述三个问题的出现，笔者认为是长期以来人们只是停留于党政机关公文标题写作本身的规定性这一角度来处理这些问题，如果我们跳出党政机关公文标题写作的要求而从语言、语法和法律常识的角度来对待，就可以拨开迷雾见天日，这些问题就可以迎刃而解。

1."关于"的取舍

完整的党政机关公文标题是由发文单位全称、事由和文种组成，事由是由"关于"引出的一个介词短语，表达式为"关于……"。一般情况下，充当介词短语宾语的是一个动宾短语，例如：××县人民政府关于召开节能减排会议的通知，其中"召开节能减排会议"这一动宾短语就是介词"关于"的宾语。批转、转发、印发性通知作为党政机关公文通知中的一个种类，其标题也具有上述特点，由发文单位全称、事由（关于……）和文种"通知"组成，只是其"事由"的组成在"关于"后紧跟着的是"批转……""转发……"或"印发……"三个固定"动词"与其宾语组成的动宾短语，而作宾语的是被批转或被转发、被印发的文件名称（标题）。但是，由于用来充当动宾短语的宾语的被批转或被转发、被印发的文件名称（标题）中也很有可能出现"关于"两字，所以，为避免与后面的"关于"重复，常常将"批转""转发""印发"前的"关于"两字省去。可是，由于不了解省与不省的原因和依据，有些写作者误以为只要是"批转""转发"或"印发"性通知，其标题中发文单位后的"关于"都要省；对此问题有一定研究者也只是凭经验知道"印发"前不省而"批转""转发"前可以省；有些则坚持不省或根本不知可以省，这类通知标题写作上的这种不规范现象在较高级别机关表现不明显，但基层机关表现十分突出，究其原因是省与不省、对什么情况下省什么情况下不省了解，只知其然，不知其所以然。请看下面两例：

　　××区人民政府办公室转发××工商分局《2011年促进区域经济发展实施办法》的通知

　　××区人民政府关于转发《××市人民政府关于进一步完善错时上下班措施的通告》的通知

同一家政府机关，同是转发性通知，前面一例在"转发"前没有"关于"两字，后面一例在"转发"前有"关于"两字，应该有的没有，不应该有的反而有。

如果从行文规范的角度考虑，作为党政机关公文，其标题中应该有"关于"两字；之所以有时省，不是这类通知标题写作本身规定性有什么特别之处，而只不过是从语言表达的角度出发，使其达到更好的语言表达效果而已。

从语言表达的角度来说，一个词语在近距离内重复出现，会使语言表达有啰唆之嫌，让人感觉语言干瘪无味，这是写作中应力求避免的，党政机关公文写作也不例外。批转、转发、印发性通知发文单位全称后"关于"省略与否决定于其后面紧跟着的文字中"关于"是否还要出现，如果还要出现，就应当将其省略；如果不会出现，就可以不省，这完全是从语言表达效果上来考虑的，并不是党政机关公文标题的组成在批转、转发、印发性通知上有什么特殊要求。由于印发性通知多用来发布本单位制定或本单位参与制定的法律、规章、制度、计划、意见、方案等非法定公文，其标题中常常不带有"关于"，所以"印发"两字前面的"关于"或者说印发性通知发文单位全称后"关于"两字常常保留，但如果被印发文件标题中有"关于"两字，"印发"前的"关于"也是可以省略的。同样，由于被批转、被转发的文件多为党政机关公文，"关于"两字常常会出现在用作动词"批转"或"转发"宾语的被批转或被转发的文件的名称或标题中，所以，为避免重复，批转、转发性通知标题中发文单位全称后的"关于"就常常省略。当然，如果被批转或被转发的文件名称或标题中没有"关于"两字，即批转、转发性通知标题中发文单位全称后"关于"后不会再出现"关于"两字，这个"关于"也要保留。上述两例中，第一例中被转发的文件名称"2011年促进区域经济发展实施办法"中没有"关于"两字，"转发"前的"关于"应该保留；第二例中被转发的文件名称"北京市人民政府关于进一步完善错时上下班措施的通告"中有"关于"两字，"转发"前的"关于"应该省去，而这家政府机关做的恰恰相反。

2. 文种名称的省否

如上所述，批转、转发、印发性通知标题中的事由是由"'关于'＋'批转（或转发、印发）'＋被批转（或转发、印发）的文件的名称（或标题）"组成，为避免一个标题的末尾发生两个或两个以上文种名称连续出现现象，为使语言表达更简洁，被批转或被转发、被印发文件的名称（或标题）中文种名称有时是可以省略的，但这又不能一概而论。请看下面两例：

国务院批转××部等部门关于严厉打击制售假劣医药商品违法活动的通知

××公司批转××公司第一分公司关于安全质量检查方案的通知

很显然，上述两个批转性通知的标题都十分规范，表达效果也很好；但第一个批转性通知的标题中，被批转文件的文种名称没有保留，而第二个同样也是批转性通知，其标题中被批转文件的文种名称"方案"一词保留了下来。在写作实践中，由于对这一点不了解，或对去留问题把握不准，处置时主观随意，就出现了要么不论什么情况下，都将被批转或被转发、被印发文件标题完整拿来放在"批转"或"转发""印发"两字后，造成语言表达的不简洁甚至出现语病。请看下面几例：

××区人民政府办公室转发区档案局《关于进一步加强城市面貌记录工作的意见》的通知

××区人民政府关于转发《××市人民政府关于进一步完善错时上下班措施的通告》的通知

××区人民政府关于转发市残联、市卫生局等六部门关于印发《××市残疾人"人人享有康复服务"审评实施细则（试行）》文件的通知

上面三例均来自一家政府的政务公开网站。第 1 例中的"意见"、第 2 例中的"通告"、第 3 例中的"细则"作为被转发或印发的文件的文种名称，均被保留了下来；事实上，从语言表达的角度看，第 1 例中的"意见"、第 2 例中的"通告"

通用文书写作技法研究

是可以省略的。应当省而不去省，很显然就会造成语言上的不简洁。

关于这个问题，还有一种观点认为只要被批转或被转发、被印发的文件不是"通知"，只要不出现"……的通知的通知"这样的语句，其文种名称就不可以省。还有人认为应该以层次为标准，只要不是层层转发，不出现两个以上文种名称就可以不省。稍有经验的人也会认为，与批转、转发性通知不同，印发性通知标题中，被印发文件的文种名称可以保留。其实，这样的认识都是只看到了事物的表象，只知其表，不知其里，都没有抓住问题的关键。应该说，关于被批转或被转发、被印发的文种名称是应该省略还是保留，仍然不是党政机关公文标题本身的问题，而是一个语言表达效果的问题，去与留都是以语言表达达到最佳效果为目的。在不影响意思表达的前提下，当省略被批转或被转发、被印发文件名称（或标题）中文种名称后不影响意思的表达，就可以省略，相反，当省略被批转或被转发、被印发文件名称（或标题）中文种名称后，影响意思的表达，当然就应保留。

从语法角度来看，如前所述，批转、转发、印发性通知标题中，被批转或被转发、被印发文件名称是以"批转""转发"或"印发"动词所组成的动宾短语的宾语，而这个宾语有两种情况，一种是以文种名称为语义重心，一种是以"关于"后的动词或动词性短语为语义重心，如前例"诚信公司第一分公司关于安全质量检查方案"中文种名称"方案"是语义重心，而例"××部等部门关于严厉打击制售假劣医药商品违法活动"中，即使还原其原文种名称"通知"，仍是以"关于"后动词性短语"严厉打击"为语义重心，而不是文种名称"通知"；或者说，"严厉打击"这一动词的存在削弱了"通知"的地位。当以文种名称作为语义重心时，文种名称当然不可以省略；如果不是，则可以省略。或者说，如果被批转或被转发、被印发文件标题事由中有动词中心语，以动词为语义重心时，其文种名称就可以省；如果被批转或被转发、被印发文件标题事由没有动词中心语，以文种名称为语义重心，文种名称就不可以省。由于这个动词中心语常常出现在被批转或被转发、被印发文件标题"关于"两字（或发文单位全称）后，所以，也可以这样理解，如果其"关于"后紧跟着的是一个动词或动词性短语，则其文种名称就可以省略，而以动词或动词性短语为中心语或语义表达重心；如果其"关于"后紧跟着的不是一个动词或动词性短语，则其文种名称应当保留。由于印发性通知中被印发的常常是法律、规章、制度、计划、意见等，文种名称多

・78・

为定中结构且以文种名称为中心语，如"××××的实施意见""××××管理办法"等，所以，其文种名称多保留下来。批转、转发性通知中被批转或被转发文件比较复杂，就会出现有时需要保留，有时需要省略的情况。如前面几例，第3例中，被转发的文件标题"关于"后"进一步加强"是动词短语（状中结构），其文种名称"意见"可以省略，省去后为"××区人民政府办公室转发区档案局关于进一步加强城市面貌记录工作的通知"（原标题中的书名号也不应当有），与原句相比，很显然语言表达更简洁。

另外，这个问题还与"层层转发"密切相关。在拟写转发性通知的标题时，不是直接转发原文件，而是"层层转发"，这个情况在一些级别较高的行政机关也普遍存在。例如：

××市教育委员会××市人民政府教育督导室转发教育部关于印发切实保证中小学生每天一小时校园体育活动规定的通知

××市教育委员会转发××部××部关于印发《农村寄宿制学校生活卫生设施建设与管理规范》文件的通知

由于"层层转发"，造成转发性通知的标题的"通知"两字前不可避免地还会有一个或多个文种名称出现，有的甚至没有时还用"文件"一词代替，从表达效果上来看，语言的不简洁是显而易见的。上面第一例如写成"××市教育委员会××市人民政府教育督导室转发教育部切实保证中小学生每天一小时校园体育活动的通知"、第二例写成"××市教育委员会关于转发××部××部农村寄宿制学校生活卫生设施建设与管理规范的通知"是完全可以的，第一例直接转发《切实保证中小学生每天一小时校园体育活动规定》，无须交代"印发"这一中间环节，且由于"切实保证"这一动词的存在，"规定"这一被转发文件的文种名称可以省略；第二例直接转发《农村寄宿制学校生活卫生设施建设与管理规范》，无须交代"印发"这一中间环节，且由于被转发文件名称以文种名称"规范"为语义重心，"规范"应保留。

3.书名号的有无

如上所述，批转、转发、印发性通知标题中的事由是由"关于＋批转（或转发、印发）＋被批转（或转发、印发）的文件的名称（或标题）"组成，这又涉及另一个问题，就是被批转或转发、印发的文件的名称或标题上是否要加书名号或其他标点符号。

　　"转文性通知的标题一般写作①：'××××批转（转发、印发）××××《关于××××的××》的通知'"，这似乎告诉我们，批转或转发、印发性通知标题中，在被批转或被转发、被印发的文件名称或标题上应有书名号。②"公文标题中除法规、规章名称加书名号外，其他文种通常不必标注"；③"（党政机关公文——作者加）标题中除法规、规章名称加书名号外，一般不使用标点符号"；④"文件标题中除法、法规、规章名称加书名号外，一般不用标点符号"。这又告诉我们，党政机关公文标题中，只有法、法规、规章名称上需要加书名号，其他通常不加，且其他标点符号一般也不应出现。关于书名号的有无，写作实际中的情况又是怎样的呢？请先看两例：

　　　　石景山区人民政府关于印发《石景山区全民健身实施计划（2011—2015）》的通知

　　　　石景山区人民政府关于印发《石景山区保障性住房全程阳光工程实施方案》的通知

　　很显然，上述第一例中被印发的计划、第二例中被印发的实施方案均不属于法、法规或规章，但都被加上了书名号。理论上规定得如此之清楚，而写作实践中仍然出现问题，本人认为，这同样不是党政机关公文本身规定性的问题，而是写作者缺少法律常识，对什么是法、法规、规章不是很清楚，因而对什么时候该加、什么时候不该加吃不准。

　　根据规定，除宪法外，法律是指全国人民代表大会及其常务委员会依照法定程序制定，由国家主席签署，并以国家主席令公布实施的规范性文件，其名称一般为"法""法律"。法规通常是对行政法规和地方性法规的总称。行政法规是国务院根据宪法和法律制定，由国务院总理签署，以国务院令发布实施的规范性文件，2002年1月1日起实施的《行政法规制订程序条例》（国务院令第321号）规定："行政法规的名称一般称'条例'，也可以称'规定''办法'等；地方性法规有两种，一种是省、自治区、直辖市人民代表大会及其常务委员会制定，由

① 倪丽娟主编：《文书学》，高等教育出版社2010年第2版，第141页。
② 张健主编：《文书学》，中国人民大学出版社2005第2版，第110页。
③ 郭冬主编：《秘书写作》，高等教育出版社2007年第2版，第54页。
④ 倪丽娟主编：《文书学》，高等教育出版社2010年第2版，第80页。

大会主席团或者常务委员会用公告公布施行的规范性文件。规章包括部委规章和地方政府规章。部委规章是指国务院各部、委员会在本部门的权限范围内制定，由部长或者委员会主任签署发布的规范性文件；地方政府规章是指省、自治区、直辖市以及省、自治区人民政府所在地的市和经国务院批准的较大的市的人民政府制定，由省长、自治区主席、市长签署，以政府令发布实施的规范性文件。"《规章制订程序条例》（国务院令第 322 号）第六条规定："规章的名称一般称'规定''办法'，但不得称'条例'。"由此可知，只有文种名称是"法""条例""规定""办法"等时才有可能是属于法、法规或规章范畴。法、法规、规章的发布的最低级机关是较大的市的人民政府，除此以外的其他单位不能发布。因此，从文种名称和文件的制发机关级别两个方面可以判断某一文件是否为法、法规、规章，从而可以判断被批转、被转发、被印发文件名称或标题上是否要加书名号。

除书名号外，党政机关公文标题中也不应出现其他标点符号，但这一点在批转、转发、印发性通知的标题中也有比较混乱的现象，例如：北京市教育委员会关于印发教育系统集中开展"消防平安行动"实施方案的通知，其中的双引号就不应当出现。

批转、转发、印发性通知标题写作中的上述三个方面问题表面上是党政机关公文标题本身的问题，实际上是语言表达、语法及法律知识问题。语言表达、语法、法律常识是解决这类通知标题写作混乱问题的一把钥匙。在写作实践中，当被批转、转发、印发性通知批转或转发、印发的文件是法定公文时，上述三个方面的问题凸显，就要给予特别重视，这是因为法定文书标题写作要求发文单位全称＋事由＋文种，而事由是"关于"＋动词性短语组成，所以，当批转、转发、印发性通知中被批转或被转发、被印发的文件是法定文书，其标题中的"关于"常常省略，被批转或被转发、被印发文件的文种名称也常常省略；又因为被批转或被转发、被印发文件是法定文书而不是法律、法规性文件，其名称或标题上的书名号也不应出现。

第二节　通报写作技法

通报，"适用于表彰先进、批评错误、传达重要精神和告知重要情况"，这是《党政机关公文处理工作条例》（2012）给通报下的定义。作为发布、告知性公文中的一种，通报有其独特的适用范围。通报一般用于表彰先进人物或先进事迹，批评错误行为或错误认识、错误倾向，传达上级的重要精神或告知重要情况。通报虽然带有告知性公文的共同特点，但也与其他告知性文种有明显区别。首先通报与公报不同，公报适用于公布重要决定或重大事项，一般会借助于媒体采用公布式格式发布，虽然二者都要求内容详尽，但只有重要决定和重要事项才用公报。其次，通报与公告也不同，公告适用于向国内外宣布重要事项或者法定事项，虽然通常借助媒体采用公布式格式，但因为是告知性质，所以内容上简略，只是告知，不作分析，这一点二者不同。再看看通报与通告的不同。通告适用于在一定范围内公布应当遵守或者周知的事项，各级机关单位非重大的事项才用通告，而且通告在内容上只是广而告之，并不作分析和解释，这一点通告与通报明显不同。至于通报与前面一个文种通知的不同应该是显而易见的：从行文目的上看，通知的行文目的是使下级周知、办理，而通报的行文目的是教育、警示他人或传达情况；从发文时间上看，通知一般为事前行文，通报则为事后行文；从发布范围看，通知既可以向本单位内部行文，也可以向外部行文，而通报则一般只向本单位内部行文；从对受文者的约束力上看，通知的约束力强，带有强制性，通报的约束力弱，不带有强制性。正是因为通报有自己独特的适用范围，所以在十五种党政机关公文中，虽然告知性公文不少，但它是不可替代的一种。

根据适用范围，通报可以分为表扬性通报、批评性通报和情况（或传达性）通报。情况通报与批评性通报的界限是比较容易混淆的，但只有掌握要点，区分起来也不难。情况通报通常也要对当前存在的某种问题动向或错误倾向进行通报，但其只是就这种情况进行通报而已，一般不带有对相关人员的处理；而批评性通报是必须要有对相关人员的处理决定的，所以，批评性通报与情况通报的主要区别是看是否有处理决定，如果有，就是批评性通报，如果没有，就是情况通报。例如：《国务院办公厅关于部分地区违反国家棉花购销政策的通报》，只从题目看，这可以是对部分地区违反国家棉花购销政策的情况通报，也可以是对部分地区因违反国家棉花购销政策造成不良后果的批评性通报，到底属于哪一种，主要看正文中是否对相关人员做出处理，如果有处理决定，就是批评性通报，如果没有，则为情况通报。

下面分别来谈通报写作的一般技法和特殊技法。

一、通报写作一般技法

1. 标题

通报标题通常采用完整的党政机关公文标题，即由发文单位全称、事由和文种三部分组成，并且于事由前加"关于"，文种前加"的"字。例如：××市人事局关于全国卫生专业技术资格考试发生作弊事件的通报。这一标题中，发文单位全称是"××市人事局"；而"全国卫生专业技术资格考试作弊事件"是下发这一通报的事由，在其前面加上"关于"两字，组成介词结构；"通报"是文种名称，在其前面有一"的"字是直接加上去的。

请看材料。

2019年7月7日上午10许，客户简女士为减少年费支出，持闲置多年活期存折到××商业银行××支行注销户头，同时办理一笔取款业务。来到窗口，简女士先递上打算注销的存折并说明要求，营业员师××迅速为简女士将存折内少许余款全部取出并进行了户头注销，之后又将存折撕开以示失效。简女士又递上了第二个存折并说明取款1000元，这一次，师××同样十分利落，将1000元和单据从窗口送出后，顺手将此存折也一分为二。简女士十分诧异，忙问这是干什么，师××面无表情地回答："对不起，撕习惯了。"简女士十分恼怒，于是径直走向该银行经理办公室。当日下午，银行经理责成窗口服务部经理调查此事并在晚上召开的各部门经理紧急会议进行汇报。该行对此事进行了全行通报，并对当事人师××做出调离窗口服务部的处理，目的是借此机会警示他人，严厉整顿窗口服务作风。

这则材料所述是一起在银行发生的懈怠顾客、作风不端的事件，现该银行要将此事件在全行通报，目的是警示他人，严厉整顿窗口服务作风，进一步提高工作水平。很显然，这应该是一则批评性通报，这则通报的标题可以写成："××

商业银行××支行关于柜员撕毁顾客存折事件的通报"。

这里需要注意两点：一是通报虽一般在单位内部行文，但发文单位名称不可以省，而且最好使用发文单位全称；二是通报的事由通常是一个事情，而通报的目的又不是要求下级单位去完成这一事情，所以不强调"关于"后面一定要用动词；三是"通报"而言前面的"的"字必须有，是不可以省略的，要保证"通报"两字的专有名词性质不变，否则"通报"就有了动词嫌疑。

2. 正文

通报的正文一般由发文缘由、事实陈述、分析阐释（批评性通报分析"后果"，表扬性通报分析"意义"，情况通报分析实质）、表态或决定（批评性通报是"处理决定"，表彰性通报是"表扬决定"，情况通报是"表态"）、提出要求。下面以一则材料为例具体说明。

正文开篇首先要写发文缘由，这几乎是党政机关公文所有文种写作的开头方法。这里的"发文缘由"与标题中的发文事由有关系但并不完全一样，发文缘由可以以事由来充当，但不仅限于事由。总体来说，发文缘由由两个方面的内容构成，一是制发这一文件的目的、依据、背景、原因等，二是开展某项工作的目的、依据、影响、原因等，也可以是这二者的组合。例如一则标题为《××市人事局关于全国卫生专业技术资格考试作弊事件的通报》的缘由：

> 近日，我市在全国卫生专业技术资格考试中发生了严重的舞弊事件，现将具体情况通报如下。

很显然，这个例子中的发文缘由只是由事由——全国卫生专业技术资格考试作弊事件充当。再如：

> 最近一段时间，煤矿事故频发，安全生产形势严峻。8月15日，××煤矿发生瓦斯爆炸事故，造成人员死亡。

这一缘由中，前面一句是背景，后面一句则是事由，发文缘由是由事件背景和事由共同构成。

再看一例。

> 今年以来，我国运动队总体情况良好，各项训练有序进行，但最近一段时间却出现了不稳定的苗头，特别是8月20日，发生××私自外出与周边群众打架事件，影响恶劣。为了吸取教训，警示他人，现将具体情况通报

如下。

这一发文缘由第一句话交代的是背景，第二句话是事由，第三句话是目的，背景、事由、目的构成发文缘由。

由此可见，一篇通报的发文缘由可长可短，内容可多可少，可以以对要通报的事件的概括为缘由，也可以在此基础上再将有关事件发生或发文的背景、发文的目的、发文的依据等作为缘由，具体可根据写作实际需要灵活安排。上述几例均是批评性通报的发文缘由写法，表扬性通报、情况通报发文缘由的写作也基本相同。请看一则情况通报的写作缘由。

近期，全国危化企业事故频发，国家应急管理部以及省市各级政府主管部门、集团公司分别发文要求企业进行安全大检查。8月24日，集团公司总经理带队，对我集团下属×××、×××等四家企业进行"四不两直"现场突击大检查。现将具体情况通报如下。（《××集团公司关于×××等四家企业"四不两直"情况的通报》）

这是一则情况通报的发文缘由，主要由开展检查工作的背景、此次检查工作基本情况即事由组成。

根据材料一写出发文缘由如下。

近年来，我支行总体业务水平有所上升，经过窗口作风整顿，顾客满意度也不断提高，但昨日发生柜员私自撕毁顾客存折事件，造成恶劣影响。为了进一步加强服务意识，以此事件为契机加大窗口服务质量整顿力度，现将此事件通报如下。

通报正文第二部分是陈述事实。陈述事实是对所通报事件的陈述，是通报全文的逻辑起点，其后的内容都要建立在对事实的陈述的基础上，因为不将事实交代清楚，一切都将无从谈起。但要注意，这里对事实的陈述，一定要概括事件的主要情况，做一个轮廓的勾勒或情况说明，不必过于具体和详尽，只要能把事情的来龙去脉表达清楚，不产生歧义，不产生理解上的误会，给人以清晰的印象即可。请看一例。

5月27日至28日上午，我市举行了2006年度全国卫生专业技术资格考试，17名考生无视考试纪律，严重违纪违规。其中1人指使他人替考，2人使用假身份证考试，2人在考场上交换答题卡，12人在考场中传阅参考资

料。（《××市人事局关于全国卫生专业技术资格考试作弊事件的通报》）

这是前面谈到过的一则通报对事实的陈述，其主要交代此次考试的时间、考试名称、作弊总人数以及作弊方式和种类，至于考场上各类作弊是怎样发生的、发生的过程以及发生的细节并未涉及。这就是对事件的一种概括交代。

在这一点上，表扬性通报与批评性通报大致相同，情况通报因为主要是通报事实情况，这一层的内容实为全文的重心所在，所以要着重用笔，写细写全。但即使这样，也仍然不要像记述一件事那种去浓墨重彩地描述。请看下面一例。

近日，××部组织 27 个省（自治区、直辖市）卫生部门对市场上销售的各种类酱油进行了卫生监督抽检，共抽检了 346 份样品，检验项目为菌落总数、大肠菌群、致病菌、防腐剂、氨基酸态氮、三氯丙醇、黄曲霉毒素 B1。结果有 328 份样品合格，合格率为 94.8%；18 份不合格，不合格率为 5.2%。不合格样品中，7 份样品的氨基酸态氮含量低于标准要求，占不合格总数的 38.9%，4 份样品的菌落总数超标，4 份样品的防腐剂含量超标，3 份样品的大肠菌群超标，1 份样品的三氯丙醇含量超标。

这个情况通报对事实情况的交代主要采用说明的表达方式，对于一个情况通报，很显然这一事实作为正文的重点交代得更加详细，对各种检查结果均作了数字说明，但即使是这样，也仅限于对抽样检测结果的表述，至于对检测过程，只用开头一句话作个交代，并未详细叙述检验过程及检测的细节，这是很符合情况通报写作要求的。

下面是根据前面材料一所写的陈述事实部分。

2019 年 7 月 7 日上午 10 时许，一女性顾客到我行办理两笔业务，第一笔是注销户头业务，第二笔是取款业务。当第一笔注销户头业务办理完毕，在为该顾客办理第二笔取款业务时，柜员师×× 将现款 1000 元和单据从窗口送出后，却将存折一分为二。该女士提出疑问时，师×× 以"撕习惯了"回答该女士。

与原材料比较发现：这里对事实的陈述省略了细节的描述，如"营业员师×× 迅速为简女士将存折内少许余款全部取出""之后又将存折撕开以示失效""简女士又递上了第二个存折并说明取款 1000 元""师×× 同样十分利落，将 1000 元和单据从窗口送出""简女士十分诧异，问这是干什么，师×× 面无表情地回答"这类带有细节描写性质语句并未出现，对整个事件只是做了一个概括勾勒，这就很符合通报写作对陈述事实的要求。

通报正文的第三部分是分析阐释。对于批评性通报，主要是分析此事件的"后果"；对于表扬性通报，主要是分析此事件的"意义"；而对于情况通报，主要是分析产生这种情况的原因。在实际工作中，制发通报常常会忽视这一部分的写作，认为只要将事实陈述清楚，将事件公布出去，让大家知道发生了什么事即可，其实，如果这样，就违背了制发通报的初衷。前面说过，通报的行文目的要么是用反面事例警示、教育他人，要么是用先进事例激励、鼓舞他人，要么是将原因找出，使人引以为戒，并非只是让受文者了解事情的基本情况。但如果不作分析，不进行理性的阐述，不能触动受文者的思想深处，任何警示、教育、鼓励的作用恐怕都难以实现。因此，分析阐释这一层的内容对于通报来说是不可以省略的，相反还要注重写好这一部分。那么，这一部分应怎样写好呢？

首先，既然是要作理性分析，就要有理有据，入情入理，言之有据，言之有物，只有这样才能让人信服。请看下面一例：

> 上述行为严重破坏国家人事考试的严肃性和公正性，反映出一些人遵纪守法意识的淡薄。卫生专业技术工作关系广大人民群众的生命安全，不能有半点马虎，绝不能让这样的害群之马进入卫生工作队伍。同时这个事件也暴露了我市在考试组织与管理方面的漏洞。（《××市人事局关于全国卫生专业技术资格考试作弊事件的通报》）

这个分析切中要害，一语破的，考场作弊首先破坏了考试的严肃性和公正性；其次卫生专业技术工作人命关天，不容许害群之马进入。在这里要强调一点，尽管在分析后果时要切中要害，但也一定要避免上纲上线，无病却故作呻吟之状是不可取的。

下面根据材料一写出分析阐释部分如下。

> 柜员师××随意撕毁顾客存折一事暴露了我支行工作人员工作态度不严肃，工作作风慵懒懈怠，在工作中精神涣散，麻痹大意等问题，这严重损害了我行在顾客中的形象。我们的工作人员每天接触的钱款数目虽有大有小，但容不得有一分一厘的失误，类似这种现象如果任其发展，势必造成更加严重的后果，必须予以及时纠正。

这个分析直指工作作风，并且结合银行工作特点，指出其危害之大必须纠正，否则会造成更加严重的后果，剖情析理，入木三分。

通报正文在分析阐释之后的一部分是表态或决定。批评性通报的这一部分主要是要写出"处理决定"，表彰性通报这一部分主要是要写出"表扬决定"，情况通报这一部分主要是要表明本单位的态度。这一部分通常是比较容易写出的，因为对某事某人做出处理或表彰，通常都要经过组织研究，所以只要按照研究结果如实写出即可。例如下面一例。

> 为了严肃考风考纪，打击违纪违规，保证人事考试健康发展，根据人事部第3号部长令《专业技术人员资格考试违纪违规行为处理规定》，决定对17名考生予以通报批评，取消其当次全部科目考试成绩且两年内不得再次参加专业技术人员资格考试。（《××市人事局关于全国卫生专业技术资格考试作弊事件的通报》）

注意，实际写作中，除了处理结果，通常还要增加对作出这种处理目的、依据的交代，这样可以使处理结果有理有据，令人信服。

下面根据材料一写成处理结果如下。

> 事发当日下午，我支行责成窗口服务部对此事进行调查，该部门在当晚召开的各部门经理紧急会议进行了汇报。为了严厉整顿窗口服务作风，警示他人，我支行经研究，决定将当事人师××调离窗口服务部，停职三个月；在全支行通报此事。

这个处理结果同样交代了处理的依据，责成窗口部门进行了调查，召开了部门经理会议；同时也指出了处理此事的目的和意义。

通报正文的最后一部分是提出要求。前面谈过，通报不论通报的是正面事例还是反面事例，最终的目的都是要通过典型事实教育他人，即使是情况通报，也是要通过告知重要精神或事例引导、警醒他人。所以，作为通报的结尾，正文的最后这一部分的内容有卒章显志的意义，它是一篇通报的落脚点，前面所有的内容都是为这一部分做铺垫。写作时，通常要结合前面通报的内容，有针对性地提出要求。具体来说，批评性通报通常是发出呼吁，表扬性通报通常是发出号召，情况通报通常是表明态度。请看下面一例。

> 请各单位特别是有被通报人员的单位接此通报后，加强"八荣八耻"、

考风考纪教育，对被通报人员进行严肃批评，对情节严重者作为违反医德医风进行处理，并以此为契机加强全体卫生专业工作人员诚实守信、遵纪守规教育，坚决杜绝此类行为再次发生。（《××市人事局关于全国卫生专业技术资格考试作弊事件的通报》）

这是一则批评性通报的结尾。一则标题为《中共四川省委关于开展向汤敏同志学习活动的通报》，是表扬性通报，其结尾分别就学习内容、学习方式、学习目标提出要求，要求具体明确，大大增加发文意图实现的可能。

根据材料一写出结尾部分如下。

我支行全体工作人员一定要端正工作作风，保持认真的工作态度，在工作时间里精神饱满地面对每项工作任务，热情真诚地对待每一位顾客，做到服务零投诉，工作零失误，全面提升我支行工作水平。

下面是根据材料一写成的完整通报。

××商业银行××支行关于柜员撕毁顾客存折事件的通报

近年来，我支行总体业务水平有所上升，经过窗口作风整顿，顾客满意度也不断提高，但昨日发生了柜员私自撕毁顾客存折事件，造成恶劣影响。为了进一步加强服务意识，以此事件为契机加大窗口服务质量整顿力度，现将此事件通报如下。

2019年7月7日上午10许，一女顾客到我行办理两笔业务，第一笔是注销户头业务，第二笔是取款业务。当第一笔注销户头业务办理完毕，在为该顾客办理第二笔取款业务时，柜员师××将现款1000元和单据从窗口送出后，却将存折一分为二。该女士提出疑问，师××以"撕习惯了"回答该女士。

柜员师××随意撕毁顾客存折一事暴露了我支行工作人员工作态度不严肃，工作作风慵懒懈怠，在工作中精神状态涣散，麻痹大意，这严重损害了我行在顾客中的形象。我们的工作人员每天接触的钱款数目虽有大有小，但容不得有一分一厘的失误，类似这种现象如果任其发展，势必会造成更加严重的后果，必须予以及时纠正。

事发当日下午，我支行责成窗口服务部对此事进行调查，该部门在当晚召开的各部门经理紧急会议进行了汇报。为了严厉整顿窗口服务作风，借此机会警示他人，我支行经研究，决定将当事人师××调离窗口服务部，停职三个月；在全支行通报此事。

我支行全体工作人员一定要端正工作作风，保持认真的工作态度，在工作时间里精神饱满地面对每项工作任务，热情真诚地对待每一位顾客，做到服务零投诉，工作零失误，全面提升我支行工作水平。

二、通报写作特殊技法

1. 标题的三个组成部分写作要讲究

前面谈到，通报一般采用完整的党政机关公文标题形式，即由发文单位全称、发文事由和文种组成。关于发文单位全称，这里要强调一点，虽然通报更多的是在本单位内部发布，但仍然应当遵守党政机关公文写作规范，一是要使用完整的标题形式，不可以省略发文单位名称；二是发文单位名称一定要用全称，不提倡使用简称，即使是规范化的简称。可能有人会问，通报只是发布在本单位内部，又不是上报给上级单位，只要文件发下来，大家都知道是谁制发的，有必要写出发文单位全称吗？我们要说的是，写与不写出发文单位全称，这不仅仅是知道文件的发文单位与否这么简单的问题，这里面还有能否保证公文的严肃性、权威性的问题，就如同一个人的着装，不仅仅是遮羞保暖，还是一种道德礼仪，整齐而严肃的着装，势必让人觉得神圣不可侵犯，可以不言自威，这里的道理是一样的。一个法定公文的标题，一个法定公文标题的发文单位全称，是一份公文与受文者最早、最直接的接触，它的严肃与否，直接决定受文者对整个公文内容的态度，决定着一份公文的权威性大小和约束力的强弱。这么说，可能有人会觉得是危言耸听，但实际工作中，对待发文单位全称不严肃的情况时有存在，有的是由于写作者对此问题重视不够，是因无知而发生问题，但也有的是因为学界对此问题的不正确引导，以致混淆是非。一些写作者受此影响要么省略，要么使用所谓的规范化简称，凡此种种都违反了公文标题写作规范，削弱公文的法定效力。

党政机关公文标题中的事由，我们一般认为是发文单位的欲做之事，但事由不包括前面的"关于"两字，"关于"两字是为了表达的需要从句法的角度加上去的，否则当我们把标题当作一个语句来看待的时候，会出现语法问题，产生病句。在通报标题中，"关于"两字尤其不可以省略，原因如下。前面在讲通知的标题时谈到，事由就是发文意图，通常就是要求相关单位要完成的工作，要用一句话将制发通知的意图概括出来，而这句话最好是一个动宾结构，也就是在"关于"的后面最好紧跟一个动词。通知标题中事由的这个特点是和通知这个文种的内容有关，通知正文一般是要求下级完成某项工作，一个动词以及由这个动词引发的动宾结构就能很好地突出这项工作。而通报并不是要下级完成某项工作，而只是要下级知晓，从而晓谕、警示、教育他人，所以在通报标题"关于"的后面也要求紧跟一个动词是不现实的。相反，通报标题"关于"后面常常紧跟的是要通报的事项，是个名词或名词性短语，这样，通报标题中"关于"与后面的名词或名词性短语组成一个介词结构，若把整个标题作为一个语句来看，这个介词结构作"通报"一词的定语。而正是因为这个原因，在通报标题中的事由前面的"关于"是不可以省略的，否则标题就成了三个名词——发文单位、事由、文种组成的语句，这是一个不符合现代汉语语法要求的语句。因此，通报标题中的"关于"是不可以省略的。

除了"关于"不可以省略，通报标题在写作时另一个难点是事由的概括。首先，对事由的概括要准确，不能歪曲，在这一基础上还要适当，既不可过于宽泛，也不可过于详尽，宽泛对事由表达得不明确，过于详尽又会使语言不简洁。请看下面例子，比较四个标题的事由哪一个最恰当。

"×××关于×××（人名）违纪事件的通报"

"×××关于×××（人名）打架事件的通报"

"×××关于×××（人名）私自外出、聚众斗殴事件的通报"

"×××关于×××（人名）与驻地群众打架事件的通报"

这是关于同一事件写出的四个通报的标题。比较后发现，第四个标题对事由的概括是最恰当的。那么其他三个有什么问题呢？第一个标题只概括成"×××违纪事件"，表达得不够明确，违纪事件各种各样，完全可以概括得再准确一些；第二个虽然概括成"×××打架事件"，但打架多为双方或多方，如能再进一步概括出来势必更准确；第三个概括成"×××私自外出、聚众斗殴事件"是属于不够准确的概括，和一般的打架相比，"聚众斗殴"言之过重。由此可见，对事由的准确概括在标题的写作中是一个不太好处理的问题，写作中应反复斟酌，一个好用的方法就是像前面例子一样，将写出的几个标题一一列出，然后采用排除法，选择最恰当的一个正式使用。

在关于事由概括准确性的问题上，还有两种错误写法要避免。

一是有关批评性通报或表扬性通报的。这两类通报都是针对事件进行通报，前者是产生不良影响或严重后果的事情，后者是值得表彰或弘扬的事情，写作标题时在事由部分只需对事件做出准确概括即可，而不应以对当事人做出的处理或表彰作为事由，因为这只是通报的内容之一并不是全部，这样概括事由有以偏概全之嫌，同样是不准确的。例如"×××学院关于对李晓做出开除处理的通报"。虽然，在批评性通报中会有对当事人的处理，在表彰性通报中会有对当事人的表扬决定，但因为这两类通报发文的目的是要通过事项警示教育或激励鼓舞他人，对当事人的处理或表彰只是内容的一个方面，因此不宜以此作为事由写入标题。从另一个角度来说，就是在标题中不宜出现"批评""表彰""处理"这样的词语，例如不写成"×××区人民政府关于对李丽进行表扬的通报"，如果是表彰决定这样写是可以的，但通报则不可以，因为通报针对的是事而不是人。

二是目前在通报标题写作中经常出现的一个问题，就是在"关于"后面加上"对"字，构成"关于对……的通报"这一短语。请看下面一例。《掌握程式化结构是公文写作事半功倍的可靠保证——对一则批评性通报的评改》① 一文："结合通报内容，原文标题'关于对 2－奈酚铜管失窃案件的通报'修改为'关于对 2－奈酚铜管失窃案件中有关人员处理情况的通报'似更为妥帖。"该文本身是对一则批评性通报进行评改，但其修改后的标题"关于对……的通报"仍然有待商榷，应该说，这是错误的表达式。为什么呢？

众所周知，如果把公文的标题当作一个普通现代汉语语句来看，公文的标题是一个以文种名称为中心语的定中结构的语句，举例说明。在"×××关于×××（人名）与驻地群众打架事件的通报"这一标题中，第一层中"×××"和"关于×××（人名）与驻地群众打架事件的通报"组成定中关系，前者为定语，后者为中心语；第二层"关于×××（人名）与驻地群众打架事件"和"通报"组成定中关系，前者为定语，后者为中心语。而这个定语"关于×××（人名）与驻地群众打架事件"又是一个由介词"关于"和"×××（人名）与驻地群众打架事件"组成的介语和宾语的关系，共同组成一个介宾结构作"通报"的定语。这样，如果在"关于"后面再加上一个"对"字，要么是形成"对"这个介词无宾语而单独存在，要么是误把后面文种名称"通报"作为动词而使"关

---

① 许来根：《掌握程式化结构是公文写作事半功倍的可靠保证——对一则批评性通报的评改》，《应用写作》2016 年第 12 期，第 50—52 页。

于"这一介词单独存在，而在现代汉语中介词是不允许单独存在的，它一定要组成介词结构才能出现在语句中。因此，事由使用"关于对……的通报"是一个有语法错误的语句，错误的原因就是两个介词连用势必造成其中一个介词在语句中没有宾语而单独存在。

标题中的最后一项是文种名称，在文种名称前要加"的"字。这里有一点提请注意，在情况通报的标题中，有时容易写成"×××关于……的情况通报"，这个表达是不规范的，违反了公文标题的格式要求，容易让人将文种误解为"情况通报"，写作中要避免，务必写成"×××关于……情况的通报"。

2. 正文概括要准确真实，只分析不论证

前面谈到，在通报正文，对事实的陈述是全文的逻辑起点，因此，对事实的陈述一定要准确，否则会"失之毫厘，谬以千里"。但这里有一个问题，通报对事实的陈述通常采用概述的方式，概述就不是按照事件发生的本来过程一一地去描述，就要有一个写作者对材料进行选择、取舍、加工的过程，体现了写作者的主观态度，与此同时就要舍去一些细节。在这种情况下，很显然，既要做到对事实的概括又要做到准确概括、进而做到既是对事实的准确概括又要使读者觉得真实可信，就是十分困难的事情了。因为，既然是概括，就会舍去一些细节，而细节缺失，必然造成现场感的不足，有时虽然写作者自以为很准确，而能否让读者觉得真实则可能是另外一个问题。

再从目前的信息传播环境来看，在当前网络条件下，舆情"传播环境呈现出信息自由传播和全民发声的特点"，在这种情况下，"第一时间发布确凿的事实真相""遏制谣言的传播"十分重要，否则，"虚假或不准确的通报会导致政府丧失公信力，使舆情雪上加霜"①。

那么，怎样处理这一矛盾呢？

我们可以采用类似于消息的写作手法：准确概括＋细节白描。下面以材料二为例具体说明。

　　200×年5月16日上午，×县交通警察大队××交警大队接上级通知，有一诈骗团伙在自贡作案后乘坐一辆车牌为渝C4开头的白色面包车向×县方向逃窜。接到通知后，××交警大队立即上路设卡排查，9时

① 李华文：《例谈情况通报的写作要求》，《应用写作》2019年第6期，第13—15页。

许，一辆渝 C44×××白色面包车进入视线，交警示意其停车接受检查。检查中，在该车后备厢内发现两包可疑物品，正要盘查，车上一女子（后经查证系犯罪嫌疑人张秀君）突然从车中跳出，向双石镇大竹村方向逃跑。交警一面迅即控制了车内人员，然后会同赶来的双石派出所民警追捕逃跑女子。大竹村治保队员钟永才、群众彭正华等人闻讯后，迅速加入追捕行列，沿途许多群众放下手中活计自发参与，最终在 20 余名干警和群众的围捕下，逃跑女子窜进大竹村变电站后被抓获。为了弘扬正气，树立典型，×县政府决定在全县通报此事，对钟永才、彭正华同志的先进事迹予以通报表彰。

对材料中的事实概括如下。

200×年 5 月 16 日上午，×县交通警察大队双石中队在路上设卡排查一在自贡作案后乘坐车牌为渝 C4 开头的白色面包车向×县方向逃窜诈骗团伙。9 时许，一辆渝 C44×××白色面包车进入视线，停车检查发现该车后备厢有两包可疑物品，正要盘查，车上一女子（后经查证系犯罪嫌疑人张秀君）突然从车中跳出向双石镇大竹村方向跑去，交警一面迅即控制了该车，并会同赶来的双石派出所民警追赶逃跑女子。大竹村治保队员钟永才、群众彭正华等人闻讯后，迅速加入追逃行列，沿途许多群众放下手中活计自发参与，最终在大竹村变电站抓获该女子。

在这段对所通报事件的陈述中，有准确的概括，如"设卡排查一在自贡作案后乘坐车牌为渝 C4 开头的白色面包车向荣县方向逃窜诈骗团伙"，这个长句概括了几个句子的内容，包括作案地点，所乘车牌号、车辆颜色、车型、逃跑方向，材料中四五个句子这里只用一个句子概括了出来且十分准确。此外，这个陈述中还有对细节的交代："9 时许，一辆渝 C44×××白色面包车进入视线"，"正要盘查，车上一女子（后经查证系犯罪嫌疑人张秀君）突然从车中跳出向双石镇大竹村方向跑去"，"沿途许多群众放下手中活计自发参与"。这种朴素简练的细节描写，增强了现场感，真实可信。

作为下行文的一种，通报正文写作中虽有分析和阐释、有做出决定和提出要求，但不论哪一部分内容，从表达方式上来说都无须对结果进行论证，只要将结论直接表述即可。通报行文的目的虽是教育他人或警示他人，但为了保证权威性和法定效力，作为下行文在行文中只需宣布结论，无须对结论进行论证，更不需要对为什么做出这样的决定作出原因的解释。例如材料二，在对事实进行分析阐释时，只需重点表述结论性内容：

> 钟永才、彭正华以及参与追逃的群众主动加入追逃行列，成功协助警方抓捕诈骗团伙成员，他们在关键时刻忘却个人安危，表现出一个公民强烈的正义感和社会责任感，为我县地方治安工作做出贡献。

在这里，并没有对他们这样做为什么说是表现公民的正义感，为什么说是为地方治安工作做出贡献再做解释或论证。同样，在表彰决定和发出号召时也无须解说过多。

下面是根据材料二写成通报全文。

×县人民政府关于钟永才、彭正华协助追逃事迹的通报

××××年×月××日，我县群众钟永才、彭正华协助交警大队成功抓获诈骗团伙嫌疑人，为了表彰二人的义举，弘扬社会主义精神文明，现将此事件通报如下。

××××年×月××日上午，×县交通警察大队双石中队在路上设卡排查一在自贡作案后乘坐车牌为渝C4开头的白色面包车向×县方向逃窜诈骗团伙。9时许，一辆渝C44×××白色面包车进入视线，停车检查发现该车后备厢有两包可疑物品，正要盘查，车上一女子（后经查证系犯罪嫌疑人张秀君）突然从车中跳出向双石镇大竹村方向跑去，交警一面迅即控制了该车，并会同赶来的双石派出所民警追赶逃跑女子。大竹村治保队员钟永才、群众彭正华等人闻讯后，迅速加入追逃行列，沿途许多群众放下手中活计自发参与，最终在大竹村变电站抓获该女子。

钟永才、彭正华以及参与追逃的群众主动加入追逃行列，成功协助警方抓捕诈骗团伙成员，他们在关键时刻忘却个人安危，表现出一个公民强烈的正义感和社会责任感，为我县地方治安工作做出贡献。

为了表彰钟永才、彭正华同志的正义之举，我县人民政府决定对二人在全县通报表彰，并建议从我县见义勇为基金中拨款两万元予以奖励。

希望广大群众以钟永才、彭正华两位同志为榜样，积极参与我县社会治理工作，增强社会责任意识，见义敢为，见义勇为，为维护社会秩序尽一份自己的力量。

第三节　报告写作技法

关于报告,《党政机关公文处理工作条例》规定:"适用于向上级机关汇报工作、反映情况,回复上级机关的询问。"① 从适用范围来看,报告适用于汇报工作、反映情况和答复上级机关的询问。从行文方向来看,报告的行文方向只有一个,那就是向上。这里有两点需要强调:一是虽然是向上行文,但报告的本质属性是汇报性而不包括其他,向上级汇报是报告应当承担的主要任务,其他如建议、请求都不是报告要承担的任务,这是报告区别于其他上行文的关键;二是既然汇报性是本质属性,报告一定是事后行文,即在工作完成之后或情况发生之后再行文,这一点也可以把报告与其他上行文区别开来。强调这两点的意义,一是有助于文种判断。在拟写文件时,首先要对文种作出判断,如果此次行文是以汇报为目的,而且是事后行文,这两个方面均符合,则可以判定为报告。二是在拟写报告时,不可以在报告中夹杂除汇报之外的其他内容,例如请示性内容,因为报告的本质属性只有一个——汇报性。

根据适用范围,报告可以分为汇报工作的报告、反映情况的报告和答复询问的报告。汇报工作的报告就是将某一项工作或一段时间内的工作通过报告的形式汇报给上级,这类报告通常是按上级有关规定主动行文,其正文在写法上与总结十分相似。反映情况的报告是将自己管辖范围内出现的新情况、新问题以报告这一书面形式及时报告给上级,这里的新情况、新问题包括自然灾害、责任事故、群情动态、社情民意等;这类报告通常是随机的、主动行文。答复上级机关询问的报告是被动行文,上级机关的询问是这类报告产生的前提,其正文一般针对上级的询问直接回答即可。

一、报告写作的一般技法

1. 标题的写法

报告作为党政机关公文中的一种,其标题可以采用标准的党政机关公文的标

---

① 张保忠:《党政机关公文处理工作条例释义与实务全书》,人民出版社 2012 年版,第 105 页。

题形式，由发文单位全称、事由、文种名称三部分组成，事由是由"关于"引出的一个介词短语，而在文种名称"报告"前要加上"的"字。例如：××镇人民政府关于开展扫黑除恶工作的报告。关于发文单位全称，这里要强调的是，作为上行文，按照惯例不宜省略，以保留为佳，以示对上级的尊重；并且要注意，这里所说的是"发文单位全称"，不可以使用不规范的称谓，如将"××镇人民政府"写为"××镇"。

关于文种名称一项，写作中只允许出现一个文种名称，不可以将两个或多个名称叠加或混合使用，这一点在报告标题的写作中要特别强调。因为在我国公文发展的历史上，有很长一段时间是报告与请示不分，例如1951年9月政务院发布的《公文处理暂行办法》规定："对上级陈述或请示事项"要用报告[①]，直到今天，仍然存在将请示与报告混合使用的现象，如"××关于调整工作岗位的请示报告"。事实上，自1987年国务院办公厅发布的《国家行政机关公文处理办法》（国办发〔1987〕9号）开始，报告与请示已被区分为两个不同的文种，所以在报告的标题写作中再出现"请示报告"就相当于将两个文种名称叠加使用，这是不规范的写法。此外，文种名称也不允许自行改造，比如，有时出于语义表达的需要或其他什么原因，将"报告"改成"汇报"，这同样也是不允许的，党政机关公文的文种名称只能是《党政机关公文管理工作条例》中规定的15种之一，除此之外均不可以作为文种名称使用。

答复上级机关询问的报告的标题，在文种名称前除了"的"字外，还要在"的"字后面、"报告"的前面加上"答复"两字，例如"××学院关于设立传染病防治中心的答复报告"。

与通知和通报相同，报告标题中的事由的写作同样也是标题写作中的难点。首先，按照公文标题事由的写作规范，一般情况下在"关于"这一介词的后面，同样最好是以一个动宾短语作介词"关于"的宾语，即"关于"后要紧跟一个动词，如"××省人民政府关于发生煤矿透水事故的报告"，"发生煤矿透水事故"是动宾短语作介词"关于"宾语，"关于"后紧跟的动词是"发生"。上述标题如果写成"××省人民政府关于煤矿透水事故的报告"，在"关于"后面没有使用动词，而是以一个名词性短语"透水事故"直接与"关于"相连而与"关

---

① 董长江：《浅议行政公文请示、报告、意见的规范用法》，《应用写作》2010年第10期，第11—15页。

于"直接组成一个介宾短语，虽然在语法上没有任何问题，但表达出的语义与前者稍有不同。"关于"后使用动词，突出了"事件是刚刚发生"这一层意思，而这，与报告的写作要求是一致的。报告特别是汇报情况的报告，要求在事情出现之后要迅速及时向上级汇报，隐瞒不报固然不可以，但拖延迟报同样也不可以。前两例中，使用动词"发生"突出"刚刚发生"这一层意思，可以使上级单位准确了解所汇报情况，一看标题便获知这是一起刚刚发生的事故；不使用"发生"，虽然可以了解到报告的事项是关于透水事故的，但仅此而已，至于是不是"刚刚发生"这一点，是不得而知的。所以，"关于"后面的动词使用与否，不仅仅是规范与不规范的问题，从语义表达上来看，使用"动词"也比不使用效果更佳。但这里还是要说明，基于语言表达限制，有些时候，确实很难在"关于"后找到一个恰当的动词，这时也万不可削足适履，要首先满足不出现语法错误这一行文基本要求，在此基础上再考虑表达效果。另一点需要说明的是，"关于"后面这个动词在选用时，除了要考虑准确概括所汇报情况而且在语法上与后面的名词搭配的问题，也不能使用类似于"汇报""上报"这样的动词，因为当我们把整个标题作为一个语句来看待时，文种名称"报告"就带有汇报之意，如果在"关于"后面再使用"汇报"或"上报"，语义重复，就会出现语法错误。

2. 正文的写法

实际工作中，汇报工作的报告和答复报告的正文在写法上均比较容易，反映情况的报告正文的写法相对复杂，是有一定的技法讲究的。下面重点阐述反映情况报告正文的写法。

首先看前言写作。报告的正文开头即亦前言，在写法上与通知大不相同，因为报告是以汇报情况为目的，以汇报已经发生了的事件为主要内容，因此开头不需要交代事实依据、理论依据以及开展某项工作的目的，而是要将已经发生的事情的有关情况进行概括说明，以便受文者迅速掌握整体情况。具体地说，一个情况报告的开头，要将所汇报的事件发生的时间、地点、事件和结果用一两句话概括出来。请看下面案例一。

2019年4月7日8时许，××市15位居民在利园餐馆吃了皮蛋粥，半小时内纷纷出现上吐下泻症状，其中5人症状较重，陷入昏迷。事发后，市食品药品监督管理局成立事故处理小组，处理相关善后工作，15位居民已全部送往医院，目前生命体征平稳，均无生命危险。食品药品监督管理局对食物取样化验，除葡萄球菌正在培养尚无结论外，pH 正常，毒鼠强为无，初步断定系来源不明的化学物质所引起的食源性疾患，认为人为投放的可能性不大。由于利园餐馆没有保障顾客的饮食安全，所有中毒者住院期间所产生的医疗费用，将由该餐馆承担。对于故事的具体原因，警方已介入调查。请代××市食品药品监督管理局向××市人民政府写一个报告。

上述事件是一起突发食物中毒事件，××市食品药品监督管理局在事件发生后，需要及时向其上级单位××市人民政府报告。这一报告的开头可以写为：

> 2019 年 4 月 7 日，我市餐馆发生食物中毒事件，15 位中毒者生命体征平稳，无生命危险。

这一开头，交代了事件重要信息，包括什么时间、什么地点、发生了什么事件、结果怎样，可以使受文者迅速捕捉重要信息，而对事件的具体情况以及一些次要的信息如事件发生的原因等并未涉及，简洁明了，一目了然。情况报告的开头由于其所处的特殊位置，在写作时要处理好文字的详略问题，首先作为文章的开头，不可以面面俱到、头重脚轻，但也不可过于简单，造成重要信息缺失。要做到既交代了事件的基本情况，又不至于过于繁杂，影响主要信息的抓取，从写作技法上来看，以一两句话完成最好。其次，从语言上来看，要尽量避免与下文语句或语段完全重复。前言之后就是报告的主体部分，主体部分是前言的展开，并且是以事件的概括说明为起点，同样会涉及事件的时间、地点、经过和结果，这就很容易造成前言与其后的主体部分重复现象的出现。写作中，为了避免重复现象的发生，前言的交代要比其后面主体部分更加概括。比如上例，前言部分对时间只交代到"2019 年 4 月 7 日"，而在主体部分说明事件情况时再交代时间，就要交代出"2019 年 4 月 7 日 8 时许"这一准确时间，这样就不会给人以语句完全重复的感觉。

报告的主体部分一般应写出如下几个方面：如果是责任事故，一般包括：①事件基本情况，②事件出现或发生的原因，③事件发生后的善后工作，④对相关责任人的处理，⑤今后的改进措施；如果是自然灾害事件，则可以不写原因和对相关责任人的处理。下面以案例一为例分别说明这几个方面的写作技法。

①事件的基本情况是其他几方面的基础，对事件发生过程的概括叙述应是报告主体部分的第一块内容。写作中，对事件过程的交代要采用概括叙述或说明的

表达方式。这里要说明的是，这一部分写作时，在对事件交代过程中，详略程度的把握是关键，虽然这里对事件基本情况的概括相比于前言部分要具体，但也不是像记叙文中的叙述一样，而是概括地叙述即可。所谓概括叙述，是指只需要对事件的轮廓进行交代，无须进行细节的叙述或描写，它并不像记叙文中的叙述那样，以详细、具体、生动、形象为追求目标，而是以清楚明白为主。如上述案例一的这一部分可以写成：

> 2019年4月7日8时许，我市15位居民在利园餐馆吃了皮蛋粥，半小时内纷纷出现上吐下泻症状，其中5人症状较重，陷入昏迷。事故发生后，15位居民已全部送往医院，目前生命体征平稳，均无生命危险。

这一对事件的概括，交代了事件发生的时间、地点、人物、起因、经过、结果，对事件轮廓交代得十分清楚，既能使人对事件的过程有清晰的了解，又不会感觉烦琐冗长，表达方式的使用和对详略程度的处理都十分恰当。

②事件发生的原因是报告责任事故时必须要写的一部分内容。报告行文虽说要迅速及时，但对于责任事故也一定要在查明原因之后才可进行报告。一个事件的发生，原因通常不止一个，所以写作中，为了清楚，要分项来写，且排列顺序要从主到次，从直接到间接；在表达方式上通常采用说明。上述案例一的这一部分可以写成：

> 事故发生后，我局对食物进行取样化验，除葡萄球菌正在培养尚无结论外，pH正常，毒鼠强为无，初步断定系来源不明的化学物质所引起的食源性疾患，人为投放的可能性不大。

在对原因进行表述时，要尊重客观事实，只需对事实进行说明，不要出现主观臆断的内容或带有主观倾向性的内容。在语言上也要注意客观性，不要出现类似"认为""好像""大致"等类词语，削弱原因的可信度。如案例一材料中的"认为人为投放的可能性不大"一句中的"认为"，在写作中就不要出现。

③事件发生的善后工作也是必写的一部分内容。一个事件发生，作为管理者在第一时间要做出反应，要对事件进行妥善处理。善后工作是否做了，做得怎样，效果如何，通常也是上级部门要了解掌握的重要情况。但尽管如此，在写作中对善后工作要进行如实汇报，不可夸大其词，更不可弄虚作假。上述案例中的善后工作可以写为：

事发后，我局成立事故处理小组处理相关善后工作，迅速将 15 位居民全部送往医院。事故的具体原因，警方正在调查中。

　　④对相关责任人的处理一项是报告责任事故时必写的内容。一个事故发生，对相关责任人要做出处理，以儆效尤。上述案例一中这一部分可以写成：

　　　　由于利园餐馆没有保障顾客的饮食安全，现已责成该餐馆承担中毒者住院期间所产生的医疗费用。

　　⑤整改措施一项在报告中十分重要，通常一份情况报告是以整改措施结尾，因为无论是责任事故或非责任事故，都会暴露出工作中或多或少都会存在的这样或那样的问题，发现工作中的问题就要及时改进。整改措施的提出，要针对事故发生原因，通常是经过了集体讨论和研究，要有针对性和操作性。写作中一定要按照讨论和研究结论来写，按照从主到次的顺序来写，而且措施要明确而可行。上述案例一中未列出具体的整改措施，但就此次事故发生的原因，整改措施一定要围绕如下几个方面：

　　1.增加餐饮业的卫生监督检查力度

　　2.加强群众的食品安全教育

　　整改措施在写作中一般要分条列项来写。要努力写出可行的措施，不可轻描淡写，敷衍了事。

　　上述 5 个方面的内容构成报告的主体部分，但在具体的一份报告中，上述 5 个方面的内容如何组织，如何安排写作顺序，并非只有这样一种形式，我们这里只是一个讲解的先后顺序。具体写作中，可按照下面原则安排顺序：一是事件概括和整改措施一头一尾，位置固定；二是其他 3 个部分即事故原因、善后工作及对相关责任人的处理不分先后，可根据表达的需要自由安排；三是整改措施通常独立成段，其他 4 部分内容根据表达的需要自然成段。

　　报告作为上行文，正文结尾通常要写结语。所谓结语是指在某个文种正文结束时使用的固定语句，类似于信函结尾使用的"此致""敬礼"等致敬语，只不过这里并不是用来表示致敬，而是用以标明正文到此结束。结语是在文种发展的过程中形成的，不同的文种在其发展变化过程中形成了不同的结语，它们通常是一些文言语句。不同的文种要使用不同结语，一方面，结语有表意功能，可以通过结语表达写作者的思想感情；另一方面，使用结语可以增强文体感和文种的严肃性。比如"证明"的结语是"特此证明","条据"的结语是"此据",等等。在党政机关公文中,通常上行文或内容简短的公文要使用结语。

报告的结语种类比较单一,通常可以使用"特此报告"或"专此报告",别无其他。结语可以紧接着主体部分的最后一句话写,但通常是另起一段,把它作为一个单独段落来处理。

现根据上述案例一写成报告如下。

××市食品药品监督管理局关于发生食物中毒事件的报告

××市人民政府:

2019 年 4 月 7 日,我市餐馆发生食物中毒事件,15 位中毒者生命体征平稳,无生命危险。现将具体情况报告如下。

2019 年 4 月 7 日 8 时许,我市 15 位居民在利园餐馆吃了皮蛋粥,半小时内纷纷出现上吐下泻症状,其中 5 人症状较重,陷入昏迷。事发后,我局成立事故处理小组处理相关善后工作,迅速将 15 位居民全部送往医院。目前 15 位居民生命体征平稳,均无生命危险。

我局对食物进行取样化验,除葡萄球菌正在培养尚无结论外,pH 正常,毒鼠强为无,初步断定系来源不明的化学物质所引起的食源性疾患,人为投放的可能性不大。事故的具体原因,警方正在调查中。由于利园餐馆没有保障顾客的饮食安全,现已责成该餐馆承担中毒者住院期间所产生的医疗费用。

针对此次食物中毒事件的发生,我局进行了深刻反省,现提出整改措施如下。

1. 增加餐饮业的卫生监督检查力度……

2. 加强群众的食品安全教育……

特此报告

二、报告写作的特殊技法

上面所谈的是报告的一般写作技法,在实际写作中,还有一些特殊技法需要掌握,主要集中在语言细节的处理上。下面结合一具体案例来谈。案例二如下。

有关情况资料:200×年 2 月 20 日上午 9 点 20 分,××市商业局所属××百货大楼发生重大火灾事故，未造成人员伤亡，但烧毁一幢三层楼房及大部分商品，直接经济损失达792万元。事故发生后，市消防队出动15辆消防车，经4个小时扑救，火灾才被扑灭。事故直接原因是电焊工×××违章作业，在一楼铁窗架电焊火花溅到易燃货品上引起火灾，但也与××百货大楼员工安全思想模糊，安全制度不落实，许多安全隐患长期得不到解决有关。事故发生后××市商业局副局长×××带领有关人员赶到现场调查处理；××市人民政府召开紧急防火电话会议，分析情况，查找原因。××市委、市政府经研究，对有关人员视情节轻重做了相应处理，电焊工×××被开除并移交司法部门，××市商业局主管安全工作副局长×××被免职，并责令××市商业局提出整改措施。请代××市商业局向××省商业厅写一报告汇报此次火灾事故。

1. 遣词造句

报告写作时要重视对语言细节的处理。任何写作实际上最终都是一个遣词造句的过程，都要通过语句表达出所要表达的内容，报告的写作也不例外。遣词造句的基本标准是将语句写对，即符合现代汉语语法规范和书面语的语言习惯，准确地表情达意，没有语病，不产生歧义。但是，只做到这一点远远不够，还要将语句写好，写对不等于写好，写好是更高的标准，是指在写对的基础上，语句要符合语言环境和人物身份，符合表达目的和要求，使表达产生最佳效果。对于报告写作来说，"写好"还要符合发文机关的地位及其与受文对象之间的行政关系，准确传达发文机关的表达目的，避免歧义产生，避免发文机关与受文机关之间由于语言表达产生误会。总之，写对着眼于语句的基本表达准确无误，写好则着眼于语句的表达效果完美无缺，这一点对于报告来说尤其重要。下面以这一火灾事故的报告举例说明写对与写好的区别。

首先是标题的写作。按照前述报告写作的基本技法，其标题由发文机关全称、事由和文种组成。上述案例中，发文机关即××市商业局，事由可以概括为"重大火灾事故"，所以标题可以为：××市商业局关于发生重大火灾事故的报告。对于这个标题，不仅符合报告标题的写作规范，而且从语法上来看还没有任何问题，但如果从表达效果上来看，却存在很大问题。为什么呢？请大家仔细看一看标题中的"重大"两字，问题就出现在这两个字上。

一次火灾是否构成"重大火灾"是有科学界定的，在未经有关部门定性之前就将一次火灾称为"重大火灾"，未免显得过于随意，不管是出于什么原因，这种表达首先是不科学的，同时也是不准确的，这不应该成为发文机关表达的真正目的，甚至与发文机关的初衷是背道而驰的。更何况，报告的行为对象是上级单位，这种过于随意的表达会直接影响上级单位对事故情况的判断，进而影响对此次事故的定性与处理。因此，这个标题从表达上来看，只能说写对，并未写好，因为它并未达到发文单位所要达到的表达效果。去掉"重大"两字，将标题写为"××市商业局关于发生火灾事故的报告"，客观而准确，科学而规范，当然产生了最好的表达效果。

语言表达不但要写对还要写好的问题在正文的写作中同样也存在。前面已经讲过，按照惯例，工作中发生突发情况包括责任事故、自然灾害、社情民意等都应在查明情况后第一时间向上级如实汇报，通过情况报告进行汇报是常用的形式。在这类情况报告中一般要说明突发事件的基本情况，正文主体部分第一个内容就是对事件过程的概括交代，然后再说明事件发生的原因、对事件的善后处理、对相关责任人的处理和今后的改进措施等。这类情况报告在写作时要实事求是，要按调查情况如实汇报，不允许任何的虚构和夸张，以便上级准确掌握情况采取措施，对下级的工作进行指导。写作中，需要概括叙述事件的基本情况，这是后面说明善后工作、分析原因、对相关责任人处理和改进措施等的逻辑起点。就上述案例二，在概述事件时有写对与写好之分，请看下面的比较。

① 写对：

200×年2月20日上午9点20分××市××百货大楼发生火灾事故，未造成人员伤亡，但烧毁一幢三层楼房及大部分商品，直接经济损失达792万元。事故发生后，市消防队出动15辆消防车，经4个小时扑救，火灾才被扑灭。

② 写好：

200×年2月20日上午9点20分××市××百货大楼发生火灾事故，烧毁一幢三层楼房及大部分商品，直接经济损失792万元，但未造成人员伤亡。事故发生后，市消防队出动15辆消防车，经4个小时扑救，火灾被扑灭。

比较两个语段，不同之处共有三处：

第一处：

① 直接经济损失达792万元；

② 直接经济损失792万元。

第二处：

① 经 4 个小时扑救，火灾才被扑灭；

② 经 4 个小时扑救，火灾被扑灭。

第三处：

① 未造成人员伤亡，但烧毁一幢三层楼房及大部分商品，直接经济损失达792 万元；

② 烧毁一幢三层楼房及大部分商品，直接经济损失 792 万元，但未造成人员伤亡。

第一处，①句"792 万元"前有"达"字，从词法句法上看没有任何问题；而②句"792 万元"前没有"达"字，从词法句法上也没有任何问题。两个句子的一字之差，表达效果却有区别，没有"达"字，以数字准确地说明损失数量，简洁之外，更加客观真实；有"达"字，有刻意强调损失之多之嫌，似乎将个人认识或主观倾向掺杂进来，有违报告客观如实汇报的原则。所以，从遣词造句上看，①句只能说写对，但不能说写得好。

第二处，①句有表示时间的副词"才"字，从词法句法上看没有任何问题，②句没有"才"字，从词法句法上看也没有任何问题，区别就在于表达效果。没有"才"字，客观地表达出"经过 4 小时火灾被扑灭"这一事实；有"才"字，强调了扑救时间之长，同样也有刻意突出或强调之嫌，加入了个人的主观倾向，同样有违报告的写作原则。所以说，从遣词造句上看，①句只是写对，但不能说写得好。

第三处，①②两个句子都是转折复句，但语序有区别，①句的表达效果是：虽然没有造成人员伤亡，但还是烧毁一幢三层楼房及大部分商品，造成直接经济损失 792 万元，损失很大，强调了经济损失之严重。②句其表达效果是：虽然烧毁一幢三层楼房及大部分商品，造成直接经济损失 792 万元，但没有人员伤亡，强调了没有人员伤亡这一情况。对于火灾事故，在经济损失和人员伤亡之间，人员伤亡是重点，也是上级部门最关心的问题，应该以人员伤亡情况作为语意重点来强调。业界曾有这样一种说法，再大的事故只要没有人员伤亡也不算大事故，再小的事故只要伤了人就是大事故。所以②句的表达效果显然好于①句，更何况①句还有前面所说"强调""突出"损失之大的问题。这样看来，从遣词造句上看，①句只是写对，但同样不能说写得好。

综上，从遣词造句方面看，报告写作只做到"写对"是远远不够的，这样的报告如果用于应付工作可以勉强过关，要达到理想境界，最大限度地实现报告的应有效力，则唯有"写好"才可以。"写好"需要语言细琢细磨，而这个细琢细磨的过程，就需要写作者充分调动其主体性，以积极的而不是消极的、主动地而不是被动的、自主的而不是禁锢的心态投入写作过程中，如果只是消极地按照写作套路、按照某个文种的写作模式完成写作过程，没有写作者积极地、自主地、内驱式地精雕细琢，要做到"写好"几乎是不可能。

此外，报告写作时要准确把握语体特点。报告作为陈述性的公文，通常文字多、篇幅长，除说明外，在对事件的概述中还会使用叙述等表达方式，所以写作角度问题突出。要准确定位写作角度，首先，要在认清发文单位与受文单位之间关系的基础上，正确定位作为下级向上级汇报工作的语体特点，在用语上要表现得尊重而不奉迎，客观而而不死板，严肃而不干涩，不卑不亢，突出用语的准确、简明、平实、得体的公务性语体特点。其次，在人称的使用上，报告一般是以第一人称为主。报告，从本质上说就是在向上级汇报情况，写作中完全可以想象对面坐着的是上级单位，自己现在就是在把情况逐一汇报给上级，只不过不是用说的方式，而是写。有了这样一个准确的情景定位，写作时在人称使用上就很容易判断。例如前面案例中，"××市商业局所属××百货大楼发生重大火灾事故""事故发生后××市商业局副局长×××带领有关人员赶到现场调查处理""××市人民政府召开紧急防火电话会议"等都应当分别被"我局所属××百货大楼发生重大火灾事故""事故发生后我局副局长×××带领有关人员赶到现场调查处理""我市人民政府召开紧急防火电话会议"代替。最后，报告写作时还要戒除口语化的表达。为保障报告用语的严肃性，任何的口语、方言或网络语言都不宜使用，如在案例一中，把餐馆负责人称呼为"老板"，将"上吐下泻"表述为"又吐又拉"，都是不正确的语言表达。

2.结构安排

相比于其他的文种，层次结构的逻辑性对于报告的写作显得更加重要，因为报告的内容多涉及情况、问题、原因、意见、改进措施等，其相互之间存在着内在的逻辑关系，所以从形式上看报告的正文可以不出现序号，完全依靠逻辑关系一气呵成，连缀成篇。

分条列项是实用文书常用的结构形式，使用这种结构其内容的几个方面之间常常是一种并列或平行关系，几个方面只是在平面展开，这种结构形式称为并列结构。与其相对的是递进式结构，这种结构不是在平面展开，而是逐层深入、层层递进的，各个层次之间要么是从原因到结论或从结论到原因的因果关系，要么是提出问题、分析问题、解决问题的三段论式关系，常常前面是后面的铺垫，后面是前面的结果。报告写作多采用这种递进式的结构方式。现以上面案例二为例进行说明。

要报告一场火灾事故，按照前文报告写作一般技法要求，正文主体部分需要写出如下内容：一概述事故经过，二事故的原因，三事故的善后，四对相关人员的处理，五整改措施。事故经过和整改措施一头一尾，位置固定，而其他三个内容根据表达的需要自由安排。这里所谓的根据表达需要就是指根据逻辑关系，所谓的自由安排就是指按照逻辑顺序安排，只要符合逻辑、在逻辑上通畅即可。具体来说，在概括事故的经过，"200×年2月20日上午9点20分，我局所属××百货大楼发生火灾事故，烧毁一幢三层楼房及大部分商品，直接经济损失792万元，但未造成人员伤亡。事故发生后，市消防队出动15辆消防车，经4个小时扑救，火灾被扑灭"后，要说明善后工作，即"事故发生后，我局副局长×××带领有关人员赶到现场调查处理；我市人民政府召开紧急防火电话会议，分析情况，查找原因"，再交代事故的原因顺理成章，即"事故直接原因是电焊工×××违章作业，在一楼铁窗架电焊火花溅到易燃货品上引起火灾，但也与××百货大楼员工安全思想模糊，安全制度不落实，许多安全隐患长期得不到解决有关"，然后依据原因，再说明对相关责任人的处理，因为事故的原因是处理相关人员的依据，所以应当原因在前，处理在后，即"我市市委、市政府经研究，对有关人员视情节轻重做了相应处理：电焊工×××被开除并移交司法部门，我局主管安全工作副局长×××被免职"。紧接着是整改措施在最后。这就是一种完全依据内容之间的逻辑联系结构成篇的结构形式，它完全可以不使用任何序号，也可以做到层次清晰、结构严谨。这样的一种逻辑顺序，也是形成文气的基础，可以使全文前后贯通，文气通畅，因此报告通常要采用这样的结构方式。

下面根据上述案例二写成一篇完整报告如下。

××市商业局关于发生火灾事故的报告

××省商业厅：

200×年2月20日我局所属××百货大楼发生火灾事故，造成经济损失

792 万元，但未造成人员伤亡。

200×年 2 月 20 日 9 点 20 分，我局所属××百货大楼发生火灾事故，市消防队出动 15 辆消防车，经 4 个小时扑救，火灾被扑灭。事故中烧毁一幢三层楼房及大部分商品，直接经济损失 792 万元，但未造成人员伤亡。

事故发生后，我局副局长×××带领有关人员赶到现场调查处理；我市人民政府召开紧急防火电话会议，分析情况，查找原因。经查，事故直接原因是电焊工×××违章作业，在一楼铁窗架电焊火花溅到易燃货品上引起火灾；事故的另一个原因是××百货大楼员工安全思想模糊，安全制度不落实，许多安全隐患长期得不到解决。市委、市政府经研究，对有关人员视情节轻重做了相应处理：开除电焊工×××并移交司法部门处理，免去我局主管安全工作副局长×××行政职务。

为了避免此类事故的再次发生，我局将采取以下改进措施。

1. ××

2. ××××××××××××××××××××××××××××××××××××

3. ××××××××××××××××××××××××××××

特此报告。

第四节　请示写作技法

请示是通用文书中的常用文种，请示"适用于向上级机关请求指示、批准"。（《党政机关公文处理工作条例》）从适用范围来看，请示适用于向上级机关请求指示或向上级机关请求批准。所谓请求指示，通常发生在如下几种情形之下：一是本单位对现行的方针政策的内容拿不准，二是工作中出现了新情况、新问题无章可循，三是对现行规定难以执行或需变通执行，四是本单位对某项工作意见有分歧，难以统一。如《××关于贯彻按劳分配政策两个具体问题的请示》，是由于该单位出现对按劳分配政策拿不准的情形，因此请求上级指示。所谓请求批准，通常只发生在一种情形之下，那就是囿于本单位职权范围，上级明文规定必须经过请示才可实施的工作。这类工作通常是涉及人、财、物等方面，由于事项重大而又超出本单位职权范围，因此在开展工作之前需要请求上级批准。如《××关于出让××国有土地使用权的请示》，出让国有土地使用权涉及国有资产，是"人财物"中的"物"，所以需要向上级请求批准，不可擅自行动。

从行文方向上看，请示与报告相同，同为上行，也正是因为这一点，请示与报告是既有联系又有区别的两个文种。首先，请示与报告是15种党政机关公文中仅有的两种上行文，同为上行文，同样要遵守上行文的行文规则，这就是请示与报告的联系。与二者之间的联系相比，更应该强调的是请示与报告的区别。如前所述，因为在我国公文发展史的很长一段时间里，请示与报告并未区分开来，所以至今仍存在请示与报告不分的情况。事实上，今天之所以能够将请示与报告区分为两个文种，一定是二者在本质上是不同的，因为两个事物只有本质属性不同时才能区分为两个事物。那么，请示与报告二者的本质属性上有何不同？前面讲过，报告的本质属性是汇报性，只是将工作情况向上级汇报，别无其他，这就是报告的本质属性；而请示的本质属性是请求性，要么是请求上级给予指导，要么是请求上级给予批准，总之是对上级有所请求，而上级对下级的请求，不论是何种意见，都要给予回复。由此可见，请示与报告是在本质属性上完全不相同的两个文种。而由于本质属性的不同，还带来了二者在其他方面特点上的不同。首先，请示只允许有一个主送单位，且应为本单位的直接上级，即使是双管单位，有两个直接上级，也要根据请示的工作内容所属判定一个上级为主送单位，另一个上级可作为抄送单位；而报告则没有严格规定，可以是一个，也可以是两个或两个以上。其次，请示行文时间一定是在事前，不可"先斩后奏"；而报告的行文时间应为事后，事前报告是不可想象的。

根据适用范围，请示可以分为请求指示的请示和请求批准的请示，前者需说明情况，摆出问题，请上级机关裁定，后者需说明理由，提出方案，请上级核定批准。实际写作中，这两种请示有不同的写作技法，下面分别阐述它们写作时的一般技法和特殊技法。

一、请示写作的一般技法

按照适用范围，请示分为请求指示的请示和请求批准的请示，这两类请示各有各的写作技法，下面一并阐述。

1. 标题

在标题的三个组成部分中，因为请示是上行文，发文单位全称不可省，而且必须使用全称，以示对上级单位的尊重。同样"关于"一词的后面最好使用动宾结构作"关于"的宾语，但这个动词不可以是"申请""请求"等类似意义的词语，因为这会和后面的文种名称语义重复。也就是说，在请示标题的写作中，不得出现"申请""请求"两字，这一点在请求批准的请示的写作中要特别注意，因为"申请""请求"通常带有请示的意味，再加上又是动词，所以在考虑"关于"后面的动词时很容易想到这两个词语。实际写作中，有人置这一点于不顾，竟为了其他目的，认为使用这样的词语会使标题表达效果更好。例如《请示性公文的内容写作特点比较》一文的作者认为："××单位关于推行全员聘用制试点工作的请示"表意不清，"既可以理解为下级单位自己来推行全员聘用制，也可以按照上级机关批准在××单位来试点实施此项制度来理解"，因此不如将标题换作"××单位关于申请（请求）在××单位推行全员聘用制试点工作的请示"用意更为明确[①]。这真是丢了西瓜捡了芝麻，前一个标题十分简洁，完全没有必要表达得如此具体，更何况还造成了与文种的语意重复。

出现"申请"或"请求"这两个词语固然不可以，但在请求指示的请示标题中，有一个词语可以出现，而且不但是可以，还要提倡，这就是"是否"这个词语。请求指示的请示是遇到难以定夺的情况时请求上级给予指导，但作为下级单位也不可把问题完全上交，一定要提出自己的意见，有自己的倾向，有自己的观点，只不过是请上级单位进行最后裁决，所以标题中的事由通常要明确概括出自己的问题所在，这时需要以"是否"这一动词性短语引领。例如"××法院关于是否给予交通事故被害者家属抚恤问题的请示"。

2. 正文

正文主要写出三个层次：前言、主体和结语。

（1）前言。通常只是一两句话，之后要迅速转入主体部分，转入时过渡句是必不可少的。常用的过渡句如"具体请示如下""现请示如下""理由如下"或"情况如下"等，选择什么样的过渡句，除考虑其过渡的作用，还要照顾前后文的内容，保持前后语气贯通。

---

① 肖尧：《请示性公文的写作内容侧重点比较》，《应用写作》2012年第2期，第12—14页。

（2）主体。主体部分包括请示缘由、请示事项。对于请求指示的请示，请示的缘由主要是陈述情况，突出问题所在；对于请求批准的请示，请示的缘由则主要阐述理由，突出所请求事项的必要性和可行性。请求指示的请示，不可以只陈述情况，不作任何分析，不把问题所在进行说明；请求批准的请示则必须对必要性和可行性分别加以论证，二者缺一不可。任何事情，要想付诸实施，首先必须具有必要性，只有必要的、有意义的、有价值的事项才有实施的可能，否则根本没有必要实施。所以，必要性是开展任何工作的前提，在阐述理由请求上级批准时，也一定要先将必要性论证清楚。其次是可行性，可行性就是对一项工作是否现实可行、是否具备条件、目标是否能够实现的一个说明，它是在有必要性的前提下要论证的另一个问题。一项工作虽然很有必要，但如果不具备可行性，没有开展的条件，这项工作也无法实施。由此可见，必要性和可行性二者缺一不可，只有将这二者都论述清楚，请示的理由才算充分。例如，某学院要举办××专业，其首先要论证目前社会对这个专业拟培养人才的需求十分旺盛，这是举办这个专业的必要性所在；其次还要论证本学院具备举办这个专业的条件，例如师资力量、实验设备等，这是举办这个专业的可行性，二者都论证充分，才会使人觉得举办这个专业是一个应该而且可行的事情。

请看下面材料一。

按照《中华人民共和国劳动法》：机关事业单位工作人员因工作需要超时工作和节假日值班的，要发放加班费或值班费。不发放加班费和值班费的，由单位安排补休时间；符合条件的可以领取误餐费（只限午、晚餐）。但公务员加班或值班，实际情况却是很少安排补休，因此，有专家建议可以发放加班费或值班费。

根据原劳动保障部制定的《关于贯彻〈中华人民共和国劳动法〉若干问题的意见》，公务员和比照公务员制度的事业单位和社会团体的工作人员，不适用《中华人民共和国劳动法》。

就目前形势来看，《中华人民共和国公务员法》只规定了公务员加班可以予以调休，但是对于未能调休的情况是否可以进行加班费的补助未明确规定。有人认为要体现按劳分配的原则，加班不调休的应该给予加班费补助；而有人却说，公务员工作性质特殊，加班情况也比较复杂，比较难判定哪些属于加班情况，因此不应发放加班费。

××区人力资源与社会保障局就公务员加班是否应给予加班费问题向××市人力资源与社会保障局请示，其观点是：应当发放加班费。

　　××区人力资源与社会保障局向××市人力资源与社会保障局就公务员加班是否应给予加班费问题拟写请求指示的请示，请求缘由如下。

　　　　按照《中华人民共和国劳动法》，机关事业单位工作人员因工作需要超时工作和节假日值班的，要发放加班费或值班费。不发放加班费和值班费的，由单位安排补休时间；符合条件的可以领取误餐费（只限午、晚餐）。而《中华人民共和国公务员法》规定，公务员加班可以予以调休，但是对于未能调休的情况是否可以进行加班费的补助未明确规定。实际情况是，公务员加班或值班，很少安排补休。

　　　　根据原劳动保障部制定的《关于贯彻〈中华人民共和国劳动法〉若干问题的意见》，公务员和比照公务员制度的事业单位和社会团体的工作人员，不适用《中华人民共和国劳动法》。因此出现两种观点：一种观点认为要体现按劳分配的原则，参照《中华人民共和国劳动法》，加班不调休的应该给予加班费补助；而另一种观点，公务员工作性质特殊，加班情况也比较复杂，比较难判定哪些属于加班情况，因此不应发放加班费。

　　这个请示，前面是对情况的陈述，包括《中华人民共和国劳动法》的规定、《中华人民共和国公务员法》的规定和《关于贯彻〈中华人民共和国劳动法〉若干问题的意见》的规定以及公务员加班很少安排补修的情况，后面突出了问题所在，即两种观点，一种认为应当给予加费班及其理由，另一种认为不应给予加班费及其理由。先说明情况，再突出问题所在，这个缘由陈述得十分清楚。

　　关于请示事项，对于请求指示的请示，请示事项就是自己对前述问题的观点、倾向或态度；对于请求批准的请示，请示事项就是具体的实施方案。前面关于举办××专业这一请求批准的请示，在请示事项中要将该专业拟开始招生的时间、每年招几个班、每年招生多少人，学制几年、开设哪些课程，学生修业几年、取得什么层次学历、毕业去向等方面做出具体安排。

　　根据前面材料一所写成请求指示的请示的请示事项部分如下。

　　　　我局认为，公务员和比照公务员制度的事业单位和社会团体的工作人员虽不适用《中华人民共和国劳动法》，但因为《中华人民共和国公务员法》

对于未能调休的情况是否进行加班费的补助未明确禁止，所以为了体现按劳分配的原则，公务员加班未安排补修的，应参照《中华人民共和国劳动法》规定的机关事业单位人员加班费发放标准发放加班费。

这一项在写作时切记不可省略，否则就等于将请示的核心内容省略了。请求指示，归根结底是请上级对自己的主张进行肯定或否定；请求批准，归根结底是请上级对自己的实施方案进行表态，如若将请示事项省略，那这个请示也就不成其为请示了。实际写作中，经常有人认为只要写出问题所在，无须表明自己的倾向，完全请上级裁决就可以了；或者是认为只要理由充分，上级就会批准所请示的事项，无须表达得那么具体，其实这都体现了不正确的认识和不严肃的工作作风，所谓"问题上交"概括的正是这种错误做法。

（3）结语。结语对于请示来说十分重要，请示的结语并不像"报告"或"通知"的结语，只表示文章结束、增加语体感，并无明显表达实际意义的功能。请示的结语是有突出的表意功能的，通过结语一定要表达出期待上级指导或同意的意思，有表明期待的功能。具体说来，请求指示的请示常用的结语有"请指示"或"妥否，请指示"，前者比较直接，后者更加委婉；请求批准的请示的结语常用的有"请批准"或"如无不妥，请批准"，同样，前者比较直接，而后者更加委婉。直接和委婉二者只是语气上的不同，至于具体写作时使用哪一个，要根据前文内容和请示的具体情形而定，不可一概而论。在这里有一点要强调，因为请示的结语有表意功能，所以请求指示的请示和请求批准的请示的结语必须配套使用，不可混用，更不可交叉使用。这是说，请求指示的请示，其结语只可用"请指示"或"妥否，请指示"，不可使用"请批准"或"如无不妥，请批准"；请求批准的请示也一样，只可以使用"请批准"或"如无不妥，请批准"，不可以使用"请指示"或"妥否，请指示"，否则就是不配套。实际写作中，有人进行混搭，就更不正确，比如"妥否，请批准"或"如无不妥，请指示"，这是将两种请示的结语交叉使用，这样的语句从语意上让人无法理解，是错误的用法。关于结语，还有一点需要说明，那就是结语的最后一个字后面是没有任何标点符号的，也就是说，结语之后是秃着的，既不要加句号，也不要加叹号，或其他什么标点符号。

最后要说明的一点是关于请示的主送机关的写法。与其他文种不同，请示的主送机关只能是一个，必须是一个，而且必须是自己的直接上级。另外请示必须要写附注（在成文日期的下一行，左空两格，置于括号中），要写明联系人和联系方式。由于请示在写法上有特别之处，所以除标题和正文之外，对其他几个项目的写法在这里作一补充说明。

根据上面材料一写成一则完整的请求指示的请示如下。

××区人力资源与社会保障局关于是否给予加班费问题的请示

××市人力资源与社会保障局：

目前，公务员加班或值班很少安排补休，关于是否应给予公务员加班费补助，意见不统一，具体情况如下。

按照《中华人民共和国劳动法》，机关事业单位工作人员因工作需要超时工作和节假日值班的，要发放加班费或值班费。不发放加班费和值班费的，由单位安排补休时间；符合条件的可以领取误餐费（只限午、晚餐）。而《中华人民共和国公务员法》规定，公务员加班可以予以调休，但是对于未能调休的情况是否可以进行加班费的补助未明确规定。实际情况是，公务员加班或值班，很少安排补休。

根据原劳动保障部制定的《关于贯彻〈中华人民共和国劳动法〉若干问题的意见》，公务员和比照公务员制度的事业单位和社会团体的工作人员，不适用《中华人民共和国劳动法》。因此出现两种观点：一种观点认为要体现按劳分配的原则，参照《中华人民共和国劳动法》，加班不调休的应该给予加班费补助；另一种观点，公务员工作性质特殊，加班情况也比较复杂，比较难判定哪些属于加班情况，因此不应发放加班费。

我局认为，公务员和比照公务员制度的事业单位和社会团体的工作人员虽不适用《中华人民共和国劳动法》，但因为《中华人民共和国公务员法》对于未能调休的情况是否进行加班费的补助未明确禁止，所以为了体现按劳分配的原则，公务员加班未安排补修的，应参照《中华人民共和国劳动法》规定的机关事业单位人员加班费发放标准发放加班费。

妥否，请指示。

××区人力资源与社会保障局（章）

××××年×月×日

（联系人：××　联系电话：×××××××××）

二、请示写作的特殊技法

上面所谈的是请示的一般写作技法，属于入门级，在请示写作中要登堂入室，还要掌握特殊技法。下面所谈请示写作的特殊技法主要包括：请示写作中要发挥写作者的主体作用，但主体作用的发挥必须在一定的框架下进行，不可进行个性化和情感化的写作。下面结合一则材料进行论述。请看材料二。

某学院为建设实践指导教师队伍，需要从非北京生源中引入本科生，但上年报给人事局的《2008 年人才需求统计》中，人事局只批给该学院 15 个非北京生源硕士引进指标，并无本科生引进指标。

×××为非北京生源，2006 年本科毕业于北京××大学财务管理专业，2006 年 8 月至 2007 年 7 月参加了由市委教工委、市委组织部、团市委、市教委、市人事局等单位共同发起的"首都大学生基层志愿服务团"活动，服务期间表现良好。该学院拟引进该生进入实践指导教师队伍。

1. 发挥主体作用

公文是开展工作的凭借，是行使管理职能的工具，任何单位都不会毫无目的地为制发公文而制发公文，都会有明确的发文意图。发文意图即制发某个公文要做的事情，要达到的目的，要实现的目标。从发文单位来说，只有实现发文意图，才能发挥公文的管理作用，行使其管理职能，发文意图能否实现直接关系到公文制发成功与否；从受文单位来说，一份公文中明确的发文意图是公文运转、开展工作的指南。因此，公文写作中，明确发文意图，最终实现发文意图十分重要。公文写作中，多数情况下，实现发文意图的过程就是进行严密的说明和逻辑论证的过程[①]。

请求批准的请示的发文意图非常明显，就是就某一项工作请求上级进行批准，例如上述材料二所述，这个请示的写作就是向人事部门申请一个非北京生源本科生的引进指标。这么突出的写作意图如何实现？既不能靠高调呼喊来实现，也不能靠强硬态度来实现，唯一的办法是以理服人，而这个理，就是要以严密的逻辑关系，用逻辑的力量来说服人。这个过程，写作者主体性作用的发挥就显得十分重要。

从另一角度看，按照逻辑学观点，证明一个事物是否有存在的合理性不外乎两条途径，一是经过实践的检验，二是通过逻辑证明。实践检验需要时间过程，通常是事后才能知道结果，这显然与请示事前行文相悖，在请示中运用这种方法是不可能的。况且实践检验费时费力，需要诸多客观条件的允许，因此，请示写作中更多时候需要采用逻辑论证的方式来证明。正如前文所谈，必要性和可行性就是请示中要论证的重要方面，一定要先将请示事项必要性或这个事项的重要意义论证充分，但是，如果仅仅止步于重要性或重要意义是远远不够的，还应充分论证请示事项或开展某项工作的可行性，使受文单位认识到开展这项工作是完全可行的，是具备相应的条件的。这就是说，在行文时不仅要说明开展某项工作的必要性，还要说明和论证开展某项工作的可行性，只有将二者充分地、完整地结合起来论证，才能有充足的逻辑力量，才能够说服他人以便展开工作，从而实现自己的发文意图。

　　既然既要论证必要性，还要论证可行性，就需要写作者积极发挥主体性作用，找出材料之间的逻辑联系，如果只是消极地罗列材料而不进行科学的分析，或者只是被动地堆砌材料而不进行严谨的说明，论证过程缺少逻辑力量，不能让人信服，发文意图的实现几乎是不可能的。但实际写作中，必要性和可行性二者很难截然分开，一则材料，常常"横看成岭侧成峰"，逻辑上的必要性和可行性常常是混合一处，不是泾渭分明的，不可将二者割裂开来进行论证。写作者在写作过程中要积极发挥主体性，以积极活跃的思维做出逻辑分析，疏通思路，精心安排论证层次。

　　符合逻辑的推理方法和严密而充分论证过程固然重要，对相关方针政策材料的掌握也不可少，只有空洞的逻辑推理也难以让人信服，这个方面，同样需要发挥写作者主体作用。如上述材料二涉及的引入非北京生源问题，涉及的政策面比较广，除人才引进方面，可能还涉及生师比等，政策性极强，写作中如果不掌握，或即使掌握未能恰当地运用于文中作为材料支撑，要将道理论述清楚最终实现写作意图也不容易，而这个过程同样也离不开写作者主体性的发挥。请求批准的请示是向上级提出请求批准事项，首先，写作者要有积累，对本职务范围内的政策方针有学习，有掌握，要有区分政策红线内外的能力；其次，在此基础上不要将无用材料写入请示之中，抑或提出无知或无理要求，因为这不但对说理论证毫无意义，还会增加上级阅读负担引起反感。

根据上述材料二写成一则请示如下。

××学院关于引进非北京生源本科生为实践指导教师的请示

××市人事局：

根据我院所报《2008年人才需求统计》，你局批给我院非北京生源引进指标15个，均为硕士，没有非北京生源本科生引进指标，但由于我院地处远郊，对实践指导教师有特殊需求，故需引进本科生充实到实践指导教师岗位。具体理由如下：

1. 我院成立于2002年，是由中等职业学校升格为高等职业院校。按照国家规定，高等职业学校的生师比应在16：1以下，这个数字比中等职业学校要小，所以目前我院整体教师数量不足，急需引进人才补充至我院教师队伍中来。

2. 我院财金系师资整体不足，特别是实践指导教师队伍处在刚刚组建中。根据我院在高等教育中所处的层次及我院给予实践指导教师的待遇，实践指导教师师资的选择范围被限定本科学生范围之内；且我院地处××区，地理位置没有优势，故需从本科学历层次人员中选择。

3. ×××系北京××大学2006年财务管理本科毕业生，2006年8月至2007年7月参加了由市委教工委、市委组织部、团市委、市教委、市人事局等单位共同发起的"首都大学生基层志愿服务团"活动，服务期间表现良好。

鉴于以上情况，经我院讨论研究，拟引进×××同志到财金系实践指导教师岗位。

如无不妥，请批准。

××学院（章）

2008年×月×日

上文中，第一段是前言，大致说明请示事由。后面的三点"具体理由"则既有对必要性的阐述，又有对可行性的说明：第1点"整体教师数量不足""急需引进人才"，第2点"实践指导教师队伍处在刚刚组建中""需在本科生中选择"的说明侧重阐述必要性，第3点对该名学生一年来的工作表现优秀的说明侧重阐述可行性。无论是必要性还是可行性，阐述得十分充分，使人信服，除了得力于逻辑推理，政策方针的准确运用也增加了说服的力量，比如生师比 16：1、"首都大学生基层志愿服务团"活动等。

2. 摒弃个性化表达

首先，请示写作虽然要发挥写作者主体作用，但请示的写作存在隐含着的集体意志，并非个性化的表达过程，集体意志在写作中的作用不可忽视，这个集体意志就是发文意图，请示写作过程中时时要受到以领导旨意为代表的机关发文意图的限制。公文的写作不同于文学创作或其他写作，它是始于领导的授意，并不是始于个人的创作灵感的产生；写作者在写作过程中所表达的内容始终是在机关发文意图范围之内，表现的是机关意志和发文意图，并不是个人的主观认识和思想情感。虽然写作过程中写作者要发挥主体作用，但这只是戴着镣铐的跳舞，是受限的狂欢。这就是说，请示在写作过程中，写作者在思考写什么、怎么写时，一个重要的出发点是此次请示的发文意图，受限制于领导的授意，并不能完全由个人意志决定，不能进行自由的表达。即使写作者发挥其主体作用，也只是在一定限度内发挥，并不能毫无限制地完全凭借个人的喜好而发挥。很显然，这与高度个性化的、代表写作者明显的个性特征的表达是完全不同的。如上述材料二，机关的意图就是要引进一名非北京生源本科生做实践指导教师，以期上级部门批准，写作者在写作中，就要以此为出发点搜集材料、安排结构、组织语言，生师比、组建实践指导教师队伍建设困难以及"首都大学生基层志愿服务团"政策和引进非北京生源的政策等都是围绕这一意图的实现选择的，内容的层次也是围绕这一意图的实现来安排的，这一过程中，无论写作者的主体作用怎样发挥、发挥到什么程度，也不可突破这一范围。由此可见，请示的写作要受到机关发文意图的限制，不是纯粹的个性化的表达。

其次，个性化表达强调的是写作中的自由和主观特点，它和规则、规范相对立，行文规则多使请示写作过程不是完全的个性化的表达。请示与其他文种相比，因为行文对象是上级单位，所以行文中要求多，受到的限制和约束也多。请示有着严格的写作规范和行文规则。例如：请示只能有一个主送机关，且主送机关必须是直接上级，一般不可越级；不能以领导者个人的姓名或职务代替主送机关名称。单从这一点看，其对写作者是一种限制，写作者并不能按照自己的倾向或认识来选择。比如请示行文规则规定，一个事项可以多次请示，但一个请示只能请示一件事，这就要求写作者在行文中只能就一个事项进行请示，不可以因为主观随意，洋洋洒洒将几件事项写入同一篇请示中。请示严格的行文规则使写作者必须在规则的框架之下行文，不可以进行个性化的写作。

　　再次，请示在写作过程中要有读者意识，不能进行完全自由的个性表达。当然，任何写作包括文学创作都应该有读者意识，以此体现对读者的尊重，同时使自己的作品得到广泛的认可。文学作品创作中的读者意识如果不强，至多只是作品的社会效益不大，没能引起很大的读者共鸣；而如果一份请示缺少读者意识，不考虑读者的阅读心理，写作者只是在那里自说自话，应该说是一种失败。因为，请示的读者是上级单位，请示的目的是请求上级批准或指示，而写作中如果不顾上级的接受心理，不了解上级疑虑之处，不表现出对上级权力应有的尊重，或不顾全大局，只是站在本机关角度去考虑问题，不能换位思考，不论你请示内容多么重要，说理中逻辑多么强大，得到上级批准或指示的可能性不会很大。站得高方能看得远，上级单位由于所处位置高，其考虑问题的角度开阔，眼界更广，而写作者只有设身处地，换位思考，才能达到同样的高度，申请的事项才能得到上级的认可。写作过程中要把本单位要请示的事项纳入整体工作的大局中去思考，以这样的角度去论证其必要性和可行性，找出此项工作与当前全局性工作中的结合点，只有这样，才能增加上级单位认同的可能。由此可见，强烈的读者意识也是使请示的写作不能进行个性表达的一个原因。

　　最后，任何表达都离不开语言，语言是最具个性化的事物，但请示在语言表达上要去除个性化的特点。这里所谓的个性化的语言并不是指写作者的独特语言风格，语言风格在公文写作中是不被排斥的，相反，在公文同样也讲究通过语词的选择、句法的安排形成独特的个性风格，但这些都要在基本规范之内进行，是在基本规范前提下进一步升华，而我们在这里要谈的即为语言规范。首先，请示要尽量使用官方书面语言，方言土语、网络用语尽量不要写入请示，不论是为了实现什么样的效果。其次，请示的语言表达要适度，例如在正文表达中，巧用"拟"字，慎用"决定"，如前例中"拟引进×××同志到财金系实践指导教师岗位"。因"拟"字有"初步""打算"之意，在表达自己的意见或决定时，将"拟"字放在前面，写为"拟决定……"，语气委婉谦逊，更符合作为下级向上级请示的场合。再如，文中尽量少用或不用"我们认为……""一定要……"等语气直接而强硬的语句，以避免产生不合礼仪规范的情况。

3. 莫求以情感人

　　请示的写作只求以理服人，莫求以情感人，这一点在请示的写作中是一定要强调的。与其他文种相比,请示是直接面对自己的上级单位,这种情况下,有人就会觉得用情比说理会更有效,如果能博得上级单位的好感,取悦于上级单位领导,请示的事项被批准的可能性就会更大。例如在主送单位选择上,有人以领导者个人的职务或姓名代替主送单位名称,希望以此表现对领导的敬重或拉近与领导者关系,岂不知,这在请示的写作中是不被允许的。因为,对于下级单位的请示事项,批准与否并不是领导者个人的事情,虽然审批权力的执行者是上级单位某个领导,但此时的领导代表的并非其个人,而是集体意志,这就如同"令"这个文种,其生效以领导者个人的签署为准,要加盖领导者个人签章,但即使是这样,这个签署的行为代表的也并非领导者个人,而是集体意志的体现。另外,若以领导者个人为主送单位,还要造成公文运转的不畅,反而会增加请示受理的难度。

除此之外,更重要的是在请示的行文中,内容上不可求以情感人,而是要以严谨的说理服人①。

首先,公文不同于文学作品,文学作品是以使阅读者受到感染、产生共鸣为目的,以使阅读者获得审美愉悦为目的,所以文学作品写作要以情感人。公文以传递信息为主要目标,使受文者从文本中迅速获得有用信息是公文写作的主要目的,获取有用信息并对信息进行加工处理,以至付诸行动,这是公文文本要达到的目标。很显然,这几乎不关乎感情的事情,因此,在公文写作中无须进行感情的表达。公文不关乎感情而关乎什么呢?关乎理,请示作为公文中的一个文种,也是这样。但请示在写作的过程中,因为上级的态度十分重要,所以容易误入歧途,一些人往往以为只要感情到位,一切都好办,岂不知这其实已陷入一大误区。如前所述,请示事项批准与否,上级的态度如何,并非决定于你与上级的感情,感情因素充其量也只是一个可以忽略不计的因素,是否符合政策,是否言之有理才是上级关注的主要方面。当一份请示摆在面前,上级单位认真阅读之后,首先会对所请示事项是否符合政策做出判断,完全符合政策,当然没有理由不批,但如果不完全符合政策,在政策允许的范围内又言之有理,也是可以批准的一个条件,所以,请示讲理不讲情。但强调一点,请示所谓讲理,要以相关的政策方针、法律法规为基本之理,要在符合这一基本之理之下,再去阐述与请示事项相关的特殊的、具体的道理。

---

① 高云:《李密〈陈情表〉的公文特点及其启示》,《秘书》2019年第6期,第40—46页。

第四章　法定文书写作技法（二）

第一节　函写作技法

从字面上来说，函的意思就是信、信函。"函"字本义是舌头，《说文解字》："舌也。"后指盛物的匣子、套子，又因古代寄信用木匣子盛放，所以"函"字后用以指信件。党政机关公文文种中的函不是指一般信函，而是用来处理公务的公函。民国时期，函首次作为公文文种名称出现；到新中国成立后的 1951年，在《公文处理暂行办法》中有公函与便函之分；1957 年在《关于对公文名称和体式问题的几点意见》中将"便函"去除，"便函"不再作为公文文种，只保留"公函"①。《党政机关公文处理工作条例》中给函下的定义是："适用于不相隶属机关之间商洽工作、询问和答复问题、请求批准和答复审批事项。"根据这个定义可知，函是用于不相隶属机关之间的一个文种，那么机关之间什么样的关系是不相隶属关系呢？所谓不相隶属关系包括两种情况，一种是平级机关之间的关系，另一种和行政上没有隶属与被隶属关系的机关之间的关系。这两种情况下的关系通常被称为平行关系（注意：是平行而不是平级，平行不等于平级），与之相对的是上下级关系，而函是用于这种平行关系机关之间的一个文种。用于上下级机关之间的公文有上行文和下行文之分，适用于向上级机关行文的公文是上行文，如前面讲到的请示和报告，适用于向下级机关行文的公文是下行文，如前面讲到的通知（通知有时也可用于不相隶属机关之间行文），而函是适用于平行关系机关之间行文的公文，所以函属于平行文。现实社会中，机关单位之间在行政关系上更多的是不相隶属关系，更多的是没有任何行政关系的关系，所以函的使用范围非常广泛。那么，函都可以用来做什么事情呢？

函可用于不相隶属机关之间商洽工作、询问和答复问题、请求批准和答复审

---

① 张春梅：《公文文种函的偏误分析及纠偏策略研究》，暨南大学，硕士学位论文，2017 年。

批事项，这里指出了函的适用范围，同时，根据这一适用范围，函可以被划分成几个类别。函包括用于商洽工作的商洽函，用于询问和答复问题的询问函，用于请求批准的请批函。与其他文种不同的是，函有主动行文与被动行文之分，主动方所行之函称为去函，被动方所行之函称为复函，所以前面三个种类的函每一种又可被分为两个小的种类，即商洽函去函（简称请批函）和答复商洽事项的复函、询问函去函（简称询问函）和答复询问事项的复函、请批函去函（简称请批函）和答复请批事项的复函。关于请批函，有一点需要注意：请批函用于不相隶属机关之间的请批，这与请示用于下级向上级请批是不一样的，所以，当有事项需要请批时，要首先判断请批对象与自己的行政关系，当请批对象是自己的行政上级时，应当使用请示，而当请批对象是不相隶属机关时，则应当使用请批函。这一点一定要严格把握，否则会发生文种选择上的错误，这是写作中的一大禁忌。

一、函写作的一般技法

1. 标题

完整的函的标题也要采用党政机关公文的标题格式，由发文单位全称、事由和文种组成，事由是由"关于"引出的一个动宾短语，在文种名称前加上"的"字。不同的是，函是用于不相隶属机关之间，行政上并无上下级之间领导与被领导的关系，写作中要尽量去除行政化色彩，不要使用带有命令语气的词语，表现出祈使的语气和不平等的态度，而应更多地使用商量、问询、商请语气的词语，表达出初步打算、冒昧请求的意味，表现出尊重平和的态度。去函的标题中，在"关于"后面可以使用"拟""商请"等动词，以表达出商洽、平等的语气，表现出一种尊重、谦逊的态度。例如：×××学院关于商请××公司加入农业职教集团的函。复函是回答对方来函的涉及的问题，写作复函的标题时要在文种名称前加上一个"复"字，例如：×××关于×××的复函；当同意对方商洽或请求批准意见时，在"关于"后面可以用"同意"两字。但要特别说明，当不同意对方所商洽或请求批准的事项时，则一般不要在"关于"后面出现"不同意"三字，以免态度过于生硬而使对方不好接受。

2. 正文

因去函和复函在写作技法上差异较大，所以这里分成去函和复函两类分别说明其正文的写作技法。

（1）去函。去函是主动行文，其在写作技法上首先涉及的是结构安排问题。与其他公文文种相同，去函的内容一般按照去函的缘由或依据、具体问题的说明和对对方的要求三个部分来安排，但因通常函的篇幅不长，内容简短，所以上述三个部分的内容虽然可以看作前言、主体和结语，但无须各自单独成段，有时甚至全文只需一个段落即可。当然，如果内容比较复杂，为清楚起见，最好还是要分段，至于怎样分，要根据内容的表达具体问题具体分析。下面以一个案例进行说明。请看案例一。

> 为了提高农村"两委"干部的专业理论知识和管理水平，适应形势发展需要，××省农业农村局向××省教育委员会申请，委托××省农业职业学院举办成人高等职业教育村务管理专业大专班，培训具有一定业务水平和工作能力但未达到本岗位学历要求的村镇干部。该班拟在明年春季招生，共招生140人，学制2年，学业合格颁发××省农业职业学院大学专科毕业证书。

根据案例一所述，××省农业农村局向××省教育委员会行文申请举办成人高等职业教育村务管理专业大专班，而××省农业农村局与××省教育委员会都是省政府下辖的职能部门，二者的行政关系是平级，属于不相隶属关系的一种，所以文种肯定要用函而不是请示；又因为是就某一事宜向不相隶属单位进行申请，所以是请批函而不是商洽函或询问函（注意：请求批准的对象是××省教育委员会，而不是××省农业职业学院）。这个请批函的发文单位是××省农业农村局，主送单位是××省教育委员会。其正文首先要交代去函的缘由或目的。案例中给出的缘由有三个：提高农村"两委"干部的专业理论知识和管理水平、适应形势发展需要和培训具有一定业务理论水平和工作能力但未达到本岗位学历要求的村镇干部。这三个缘由有虚有实，要按照人们普遍的接受心理，先虚后实，把"实"作为缘由的落脚点，不可以不讲顺序随意安排。三者从虚到实的顺序是：适应形势发展需要，提高农村"两委"干部的专业理论知识和管理水平，培训具有一定业务理论水平和工作能力但未达到本岗位学历要求的村镇干部。因此可以写成："为了适应形势发展需要，提高农村'两委'干部的专业理论知识和管理水平，培训具有一定业务理论水平和工作能力但未达到本岗位学历要求的村镇干部。"注意，写作中"为了"一词不可以省略"了"，因为"为了"

和"为"是两个不同性质的词语，引出目的时一定要用"为了"，而单字"为"通常是介词，与"替"同义，后面所跟常用作这个介词的宾语而不是目的。两个词差异明显，不能滥用，这一点在其他写作中也要注意，否则容易引起理解上的困难。

缘由之下，要写出所请求事情及其具体安排。根据案例一，要请求的事项是"委托××省农业职业学院举办成人高等职业教育村务管理专业大专班"，这个对事项表述的语句有总说的性质，所以要放在前面，然后再依次说明具体安排。根据案例一，具体安排有几个，包括培训对象、招生时间、招生人数、学制及毕业证书颁发等，写作时要按照一项工作开展的客观顺序来安排，不可先后颠倒，否则会让人觉得语无伦次，不着边际。由此，对于举办培训班这个工作，当然要按照招生、学习，毕业的顺序写；又由于案例一这一项内容比较复杂，为了表达清楚，能让受文者一目了然，这几项具体安排最好分条列项来写且写出序号。根据上面分析，上述案例一的请求事项和具体安排可以写成：

拟委托××省农业职业学院举办成人高等职业教育村务管理专业大专班。具体安排如下：

1. 该班拟在明年春季招生，共招生 140 人；

2. 该班学制拟设定为 2 年；

3. 该班学生学业合格，拟颁发××省农业职业学院大学专科毕业证书。

注意，这是这则请批函的主体部分，也是内容重心所在，一定要写得清晰而富有层次，以不使对方产生歧义和误解为基本要求，在这个基础上做到谦恭和蔼，入情入理，不颐指气使，不居高临下。因为是向不相隶属单位请批，语气就要平和而真诚，三个"拟"字的使用，增强了这种表达效果，如果替换成"决定""务必""一定"等词，则会显得过于强硬，很不得体。

正文最后一部分是结语。因为函与信件十分接近，相比于党政机关公文中的其他 14 个文种，其法定的味道相对较弱，更接近于生活，所以其没有固定结语，写作时主要考虑结语与前文内容的搭配即可。现提供常用结语如下：如商洽函和请批函，"可否，请函复""可否，敬请函复"；询问函，"请函复""敬请函复""盼复"。上述案例一的结语可以写成："可否，请函复。"

这里需要指出的是，虽然函的结语相对来说不太固定，但也不可以用近似于现代白话文的语言来代替，因为某一文种的结语是这个文种在长期发展过程中形成的程式化的语言，多具有固定性和规范性。前面已述，函是一个古老的文种，在其发展演变过程中也有一些固定化的结尾用语流传至今，只不过因为函的语言表达相比于其他文种更加自由和灵活，所以对结语的要求不是很高，但这并不意味着可以随意对待函的结语，包括用现代白话文充当结语，还是要尽量向古代汉语靠拢，否则就会削弱函的典雅的语言风格。另有一点需要强调，结语的最后一个字的后面没有任何标点符号。

综上，上述案例一可以写成一则完整请批函如下。

××省农业农村局关于拟举办成人高等职业教育大专班的函

××省教育委员会：

为了适应形势发展需要，提高农村"两委"干部的专业理论知识和管理水平，培训具有一定业务理论水平和工作能力但未达到本岗位学历要求的村镇干部，我局拟委托××省农业职业学院举办成人高等职业教育村务管理专业大专班，具体安排如下：

1. 该班拟在明年春季招生，共招生140人；

2. 该班学制拟设定为2年；

3. 该班学生学业合格，拟颁发××省农业职业学院大学专科毕业证书。

可否，请函复。

××省农业农村局（章）

××××年×月×日

（2）复函。复函是被动行文，复函要根据对方来函内容进行回复，或表明同意或不同意的态度，或回答对方询问的问题。复函在内部结构上通常包括回复引语、回复意见和结语三部分。

首先看回复引语。写出回复引语，其主要目的是告诉对方回复的是哪一个来函，有一个固定的表达模式如下：

贵（你）×《标题》（发文字号）收悉。

在这个模式中有三个部分，第一部分是对对方的称谓，如贵局、贵学院、贵公司。第二部分是引用对方来函的标题和发文字号，标题放在书名号中，发文字号放于圆括号中，这一部分主要用来指代来函。发文字号通常由三部分组成：发文单位代字、〔年份〕和发文顺序号，如上例的发文字号可以是：××函

〔××××〕×号，"×号"是同一家单位同一年里从1开始的发文序号。对于公文，发文字号十分重要，举例来说，如果说标题相当于一个人的姓名，那么发文字号则相当于个人的身份证号，理论上姓名可以相同，但身份证号一定不相同，身份证号对人的指代是唯一的。由于关于同一个事项的来函，其标题有可能是完全一样的，但其发文字号一定不一样，至少发文字号中最后面的发文序号是不会一样的。因此，为了准确指代所回复的是哪一个来函，在引用了标题之后，还要引用发文字号。表达模式的第三部分是"收悉"两字，用以表明来函收到并且其内容已全部知悉。如回复上面案例一的来函，其复函的回复引语这一项可以写成：

贵局《××省农业农村局关于拟委托举办成人高等职业教育大专班的函》（××函〔××××〕×号）收悉。

其次看回复意见。回复意见是针对来函所涉及事项表明自己的态度，如果是同意，要具体表态，如果不同意，要说明原因，当然，如果对方只是询问问题，直接回答即可。如对上述来函，如果要表明的是同意的态度，要一一表态，不要只作笼统表态，以免产生误解。请看：

1.同意该班明年春季招生，共招生140人；

2.同意该班学制设定为2年；

3.同意该班学生学业合格，颁发××省农业职业学院大学专科毕业证书。

如果表明的是不同意的态度，则要解释原因，在这一点上，复函与批复不同。批复是上级单位就下级单位的请示进行表态，因为有上下级的关系存在，上级单位是在自己的权限范围内对下级单位的请示事项进行批复，同意是自己的权力，不同意也是自己的权力，因此，如果不同意，直接表明态度即可，不需要解释任何原因，这同时也是保证上级单位的权威性的需要。而函则不同，因为双方不是上下级关系，虽然对于请批函来说，本单位有这方面的审批权限，但因为不相隶属的特殊关系，对原因作出解释，一是表示对对方的尊重，同时也使对方更容易接受。

复函的结语比较简单，可以是"此复""特此函复"等。

根据上述来函写成完整的复函如下。

××省教育委员会关于同意举办成人高等职业教育大专班的复函

××省农业农村局：

贵局《××省农业农村局关于拟举办成人高等职业教育大专班的函》（××函〔××××〕×号）收悉。我委员会同意你局委托××省农业职业学院举办成人高等职业教育村务管理专业大专班，具体事宜请直接与××省农业职业学院商洽。我委员会具体意见如下：

1. 同意该班明年春季招生，共招生140人；

2. 同意该班学制设定为2年；

3. 同意该班学生学业合格，颁发××省农业职业学院大学专科毕业证书。

此复。

××省教育委员会（章）

××××年×月×日

二、函写作的特殊技法

1. 不相隶属关系的确定

前面谈到，函的使用范围是在不相隶属关系的单位之间，那么，什么是不相隶属关系？这真的不是一个简单的问题，由于种种原因，人们对于不相隶属关系的认识也在发生变化。就字面意义来说，与不相隶属关系相对的是隶属关系，除了隶属关系，其余的都应是不相隶属关系。因此要准确界定什么是不相隶属关系，首先要界定什么是隶属关系。就现行党政机关来说，隶属关系当然指的就是上下级关系，包括直接上下级和非直接上下级。但这里又有一个新问题，业务的上下级是不是属于隶属关系？有些业务的上下级之间，并不像行政的上下级之间是领导与被领导的关系，而是业务的指导与被指导的关系，这种关系是不是隶属关系？如果死抠字眼，应该说业务的上下级关系不是隶属关系，因为业务的下级并不属于业务的上级管辖，例如某省的卫生与健康委员会并不隶属于国家卫生与健康委员会，它是另有所属——省人民政府。在公文发展的历史上，也确有一段时间，一部分人认为业务上的指导与被指导的关系不属于隶属关系，而是认为这是不相隶属的关系。但是，公文写作发展到今天，大家已经达成共识，业务上的指导与被指导的关系同样也是上下级关系，所以不属于不相隶属关系。

对于不相隶属关系理解造成困难的另一个原因是对于平级和不相隶属的并列使用。在公文写作的历史上，"平级和不相隶属"两个概念经常被相提并论，从语言表达上看，平级当然就是不相隶属，或者说不相隶属包括平级，因为既然是平级，怎么可能相互隶属？比如北京市某区人民政府与北京市某某区人民政府是平级，都是市政府所辖区级人民政府，是不可能相互隶属的。如果硬把"平级"和"不相隶属"两个词语一起使用，这就是语义上的重叠，是语法错误，但这不仅仅只是一个语言表达上的失误，而是人们认识上的一个误区。很长一段时间，人们认为平级是平级，不相隶属是不相隶属，二者不是一回事，这直接暴露出的是对不相隶属这一概念的误解。可喜的是，随着公文写作历史的发展，人们已正确地认识到了平级和不相隶属二者之间的从属关系。

那么，在实际工作中，不相隶属关系要如何理解，它包括哪些情况？

不相隶属关系，实际上包括平级之间关系和没有关系的关系两种情况，具体说来共有四种可能：一是同一上级单位的各职能部门之间关系，是平级之间的关系；二是属于同一上级单位的各下级单位之间，属平级之间的关系；三是上一级单位各职能部门〔办公厅（室）除外〕与各下级单位之间，是平级之间的关系；四是不同系统的各单位之间，指没有任何行政或管理上的关系，既没有行政上的领导与被领导关系，也没有业务上的指导与被指导的关系，即为没有关系的单位之间关系。

上述四种关系中，前三种平级关系比较容易理解，平级关系，当然不相隶属，而第四种没有关系的关系，则需要举例加以特别说明。例如某家单位是某个区的驻区单位，如果这家单位与该区不是同一系统，即使这家单位行政级别再高，区政府与这家单位之间也是不相隶属关系，因为这家单位只是办公地点在该区，与该区并没有管理或行政上的任何关系。所以在判定是否是不相隶属关系，是否可以使用函这一文种时，要看本单位与行文对象之间的行政关系，而不要只看行文对象本身行政级别，行文对象的行政级别不是问题关键，行文对象与自己的行政关系才是问题的关键。再如，地处北京市海淀区某部属高校，其行政级别为副部级，现海淀区交通管理部门要就该校门前交通管理问题向其行文进行询问，正确的文种选择应该是函。因为该校虽然行政级别高，但其不是海淀区的上级单位；而其办学地点虽然在北京市海淀区，其也不是海淀区的下级单位，二者之间没有上下级关系，也没有业务上的指导与被指导的关系，有的只是不相隶属关系。

请看下面案例二。

地处北京市 F 区的北京××职业学院拟录用一名在该市 P 区服务的大学生村官张×为专职辅导员。根据有关规定，外地生源大学生村官可以在三年服务期满后，在其所服务区县内就业，户口留京。××职业学院是一家市属院校，对可否不受服务区县限制而录用除 F 区外在其他区县服务期满的大学生村官产生疑问，特向主管业务部门北京市人事局询问。

录用毕业生工作，北京市人事局是业务主管单位，有一定的解释权，但北京××职业学院与北京市人事局在行政关系上属于不相隶属关系，所以该学院向人事局行文进行询问时要用函，而且很显然要用函中的询问函，同样，北京市人事局在回复该学院询问的问题时也要用回复询问的复函。具体如下。

北京××职业学院关于可否跨区县录用大学生村官问题的函

北京市人事局：

根据有关规定，外地生源大学生村官可以在三年服务期满后在其所服务区县内就业，户口留京。我院虽地处北京市 F 区，但我院是一所市属院校，现拟录用在我市 P 区服务的大学生村官张×为专职辅导员。请问：市属单位是否可以不受服务区县限制而录用在其他区县服务期满的大学生村官。

敬请函复。

北京××职业学院（章）

××××年×月×日

北京市人事局关于跨区县录用大学生村官问题的复函

北京××职业学院：

你院《北京××职业学院关于可否跨区县录用大学生村官问题的函》（京×职函〔××××〕×号）收悉。现就文中问题答复如下。

你院虽为市属院校，也不可以跨区县录用大学生村官。根据相关规定，外地生源大学生村官必须在三年服务期满后在其所服务区县内就业，不可跨区县就业。

此复。

北京市人事局（章）

××××年×月×日

2. 几个重要区分

（1）请批函与请示

谈到请批函与请示的区别，请批函与请示适用范围的不同是老生常谈的问题，但我在这里要谈的并不是这个问题。请批函与请示，除了使用范围的不同，还有其他方面的细微差别，注意了这些差别，对于请批函写作中的语言的运用是有重要意义的。

从分类上说，公文有请求性公文与请示性公文之分[①]，请求性公文与请示性公文虽然只是一字之差，但二者是不完全相同的。从字面上来看，请求与请示是有区别的，请求的语意重点在求，请示的语意重点是示。汉语言的词语是由语素构成，语素是构成词语的最小表意单位，构成词语的语素间也存在着各种语法关系，在区分两个近义词时常常着重分析两个词语中那个不同的语素以及语素间不同的语法关系。"请求"与"请示"可以视为近义词，"请求"由"请"和"求"两个语素构成，"请示"由"请"和"示"两个语素构成。很显然，这两个近义词中不同的语素是"求"和"示"，"求"有设法得到、恳请、恳求的意思；"示"则是拿出或指出给人看，有表示、示明之义。这两个语素间的语义差异很大，也正是由于这两个语素的差异造成了这两个近义词的区别，这是从语素间的语义上看。再从这两个词语的语素间的语法结构上看，"请示"的两个语素"请"与"示"之间是动宾关系，"请示"就是请求示明、请求指示；"请求"的两个语素之间是联合关系或者并列关系，"请求"就是"请"和"求"。既然"请求"与"请示"意思不同，"请求性公文"与"请示性公文"这两个概念的内涵也应该不同。

再从两个概念的外延看，请求性公文包括的范围比较广，包括函、意见、议案和请示；而请示性公文范围很小，只有请示。函属于请求性公文而非请示性公文，上述四个请求性文种中包括意见、议案和函在内的三个文种都不属于请示性公文，而只有请示是请示性公文。从这一点上来看，请批函和请求批准的请示也应该是有区别的。请批函的本质是请求行文对象批准，请示的本质是请求行文对象明示可或不可、行或不行、当或不当，细微的差别还是存在的。请求行文对象批准，有请也有求，是"请"加"求"，最终希望得到的结果是行文对象批准；请求对方明示（或示明），虽

---

① 周冬：《如何写好请批函》，《应用写作》2018 年第 6 期，第 15—18 页。

也是"请求"之意，但最终希望得到的结果是行文对象示明态度，行文对象可以批准，也可以不批准。前者语义重心在"请求批准"，语气更重；后者语义重点在"请求明示"，语气较轻。

这一点从行文关系上也是可以理解的。前面在讲到函的适用范围时也谈到，在不相隶属关系之间请求批准，当然要请还要求；而在上级单位的工作职责之内请求明示态度，是履行正常的工作手续，表示出必要的尊重即可。

以上两点关于请批函与请示的区别，对于请批函的写作有指导意义，主要是请批函语气与请示语气应该是不同，请示要侧重于严肃，请批函要侧重于亲和。要做到有亲和力，请批函在语言上要有情感态度的表达，特别是向非平级关系的不相隶属关系单位行文时，有些单位虽不是本单位的上级单位，但行政级别比较高，所以情感的表达就更加重要，切忌语言态度上的强硬。在面对自己上级进行请示时，请言只要有足够的依据，客观真实，理由充分即可，无须加入感情因素。但请批函因为面对的不是自己的上级单位，在语言表达上容易以自我为中心，不顾对方的接受程度，直截了当，不讲艺术。事实上，请批函的语言除做到上述几点，还要注意适当的情感态度的表达，尽量多地表现出尊重与礼貌，不要强求于人，不给对方以语言上的压迫感；话语要有回旋之地，可多使用一些像"酌情考虑""原则上"等模糊词语；要在字里行间融入温度，不要让人感觉过于冷静。下面以案例具体说明。

请看案例三。

×× 市交通局要开通 × 路公交线路，该线路为环行线，由东李村始发，途经 308 国道、中崂路、夏庄路、果园路、京口路、环城西路、书院路、九水路，全程共 13 站，线路总长度 7.1 公里。该线路拟采用无人售票方式，实行一元票制，单一票价。开通之前 ×× 市交通局要就票制、票价等问题向价格主管部门 ×× 市物价局请批，于是交通局向物价局行文。

同一个市的交通局和物价局是平级单位，二者之间行文关系是不相隶属，所以交通局向物价局请批时要用请批函。在写作时，从标题一直到结语都要注意语言的情感态度，以友好协商为原则，不可生硬和直接，首先看标题。就上述案例情景，标题可以写成"×× 市交通局关于申请批准 × 路公交线路票价的函"，其中"申请"或"恳请"等类词语就有一定的情感色彩。正文写作时，在说明设定票制、票价的依据和具体安排时，也要考虑语言的情感态度，要放低姿态；而结语更要显示出礼貌。请看下面完整示例，正文很少有短促而生硬的语句，大多为以长句表达，再加上"酌定""考量"这样模糊语言的使用，语言态度委婉平和。

××市交通局关于申请批准×路公交线路票价的函

××市物价局：

　　根据我市道路交通整体安排和公共交通规划，为了解决沿线群众出行难的问题，我局经研究拟开通×路公交线路。该线路为环行线路行驶，由东李村始发，途经 308 国道、中崂路、夏庄路、果园路、京口路、环城西路、书院路、九水路，全程共 13 站，线路总长度 7.1 公里。经过全面考量，我局酌定该线路采用无人售票方式，实行一元票制，单一票价。

　　可否，敬请函复

××市交通局（章）
××××年×月×日

（2）请批函与商洽函

作为函中的两个重要种类，请批函与商洽商既有联系又有区别，如果不能很好地对二者进行区分，写作上就会出现问题。

从前面对二者的介绍可知，请批函主要用于向行文对象请求批准，而商洽函主要用于和行文对象商洽事情，虽然区分为两个种类，但二者都有请求对方表态的特点，发文的意图都是希望行文对象同意自己的主张，只不过请批函是希望行文对象同意自己申请的事项，而商洽函是希望行文对象同意一起完成某个事项，如果不仔细考察，二者的区别很难看出。那么，请批函与商洽函到底有哪些不同？鉴于请批函与商洽函的诸多不同，在写法上又有哪些需要注意的呢？

请批函与商洽函的不同至少有如下几个方面。

第一，表态方向不同。请批函内涵比较简单，只是就一个事项请求对方批准，仅此而已。请批函的行文对象只有进行表态的义务，不管其他，并不实际参与此项具体工作的实施或落实。商洽函的所谓商洽，就不像批准那么简单了，它的本义并不是只需要行文对象表明态度同意或者不同意，如果同意，还需要行文对象参与到这项工作中去，共同完成此项工作。因为商洽函需要行文对象所做的表态，不是就这项工作可否进行表态，而是对自己是否参与此项工作做出表态，虽然都有表态，但请批函要求行文对象的表态与商洽函要求行文对象的表态的对象或方向是不一样的，也正是由于所表之态的对象或方向不同，所以二者在表态之后，前者的工作就全部完成，而后者如果表明的是同意的态度，还要参与其中。

第二，内容的侧重点不同。请批函是就某一项工作请求行文对象批准，所以其内容有说理的成分，虽然也会有对此项工作的介绍，对这项工作的安排进行说明，但目的是力求说明这个安排是符合相关政策规定的，现实需要充分，理论依据充足，是完全可行的，其内容安排主观性比较大，主动性比较强，合情合理是目标。商洽函是就某一项工作商请行文对象商洽对接，一起来完成，所以其内容以向行文对象介绍此项工作为主，一般来说是将所要开展的某项工作的具体安排一一说明，目的是使对方详细了解此项工作，在此基础上做出判断参与或不参与此项工作。所以商洽函的内容通篇只是一项工作的具体安排，篇幅再长，也不会涉及说理的成分，只要把工作的安排以及希望行文对象完成的工作说明清楚即可，其内容安排的客观性比较大，清楚明白是目标。

第三，篇幅大小不同。请批函一般是按照政策法规就某一件事情请求批准，虽然需要努力说明其合理性，但因为有相关规定，所以无须漫无边际地大说特说，只要突出其符合政策法规的某个方面即可，所以一般篇幅不会很大，如前面的《××市交通局关于申请批准×路公交线路票价的函》。商洽函篇幅大小不确定，要由所商洽事项的简单与否来确定，如果事项本身很简单，则篇幅也不会大，但如果事项本身比较复杂，需要对方参与的工作比较多，则篇幅会比较大。

第四，写法上的不同。鉴于上述请批函与商洽函的不同，在写法上有如下几点需要注意。首先从标题上来看，请批函的标题在"关于"后面会有"申请""请求"等字样，而商洽函标题的"关于"后面常有的是"商洽""商请"，要表达出商量的意味。其次从结语上来看，请批函的结语一般要表达出"可否，请函复"这样的意思，希望行文对象尽快表明态度；而商洽函一般要表达的是"请协助""敬请支持"这样的意思，希望对方能参与进来。而关于正文写法的不同，在前面第二点已有涉及，此不赘述。

这里顺带还要说明函与邀请函的不同。函是党政机关公文的一个文种，邀请函是日常文书；公文函是公函，而邀请函是便函。所以二者虽然都是函，但属于不同的文书范畴，当然在写作上也会有很大不同，因邀请函不在本著述范围内，此不细述。

（3）函与信函格式

行文格式虽然不是本著作关于写作技法论述的重点，但行文格式确实与公文写作有一定的联系，特别是函这个文种，因为它使用的是一种特定的行文格式。公文文种之一的函与公文格式中的信函格式不是一一对应关系，信函格式并非函的专享。公文的行文格式包括文件式格式和特定格式。文件式格式有上行文格式和下行文格式；特定式格式包括信函式、纪要式和命令式。在三种特定格式中，纪要式格式只有纪要这一文种可以使用，命令格式只有令这一个文种可以使用，只有信函格式，并非只有函可以使用。正式行文时，函当然一定要使用信函格式，但信函格式并非只有函才能使用，其他文种（上行文除外）也可以使用信函格式行文。公文的行文格式与行文文种不是一个概念，采用哪种行文格式不只是由文种决定，而是由文种、行文方式、行文方向等共同决定，或者说由文件内容、文种结合发文单位与行文对象的关系决定。从文种上来说，除了上行文中的请示、报告和具有独自格式的命令和纪要，其他文种都可以采用信函格式行文。有的文种不止一种行文方向，需要采用哪种行文格式，就要由具体的行文方向或行文对象来决定。比如意见，当行文方向为上行时，要使用上行文格式，当行文方向为下行时，要使用下行文格式，而当行文方向为平行时，就要使用信函格式。从文件内容来看，一般不是很重要的内容，也可以采用信函格式行文，而文种并不一定是函。这也就是说，信函格式不是函这个文种的专属，它们之间没有一一对应关系。

在使用信函格式行文时，发文字号中的发文机关代字后面有一个"函"字，此时这个"函"字代表的只是行文格式是信函格式，并非文种名称，即使这个公文文种就是函，也是如此。例如《北京市语言文字工作委员会办公室关于商请参加第三届京津冀中小学生辩论赛的函》（京语函〔2017〕1号），虽然这个公文文种本身就是函，但在其发文字号"京语函〔2017〕1号"中，发文机关代字"京语函"中的"函"字代表的仍是行文方式是信函格式，而不是表示文种名称是函。实际工作中，经常有人因为对这一点认识不清，要么认为"函"字指代的是文种，要么认为"函"字是一个固定用字。持前一种认识的人，一旦遇到其他文种以函的格式行文时就会疑惑不解，因为这时文种不是函，而发文字号中仍有"函"字；持后一种观点的人虽然不会产生上述疑惑，但归根结底对这个知识点的认识是不到位的。

现附一商洽函例文如下。

北京市语言文字工作委员会办公室关于商请参加
第三届京津冀中小学生辩论赛的函

天津市语言文字工作委员会办公室、河北省语言文字工作委员会办公室：

　　为了落实《京津冀语言文字事业协同发展战略协议》和《北京市语言文字事业"十三五"发展规划》，推动京津冀语言文字工作交流与发展，提升京津冀三地学生语言能力，特致函商请贵办组织中小学生参加第三届京津冀中小学生辩论赛。

　　一、本次活动在往届基础实现了赛制创新，主要创新点如下。

　　（一）北京市、天津市、河北省推送的辩论选手，将由抽签进行自由混编分组，以保证每组四位辩手中，至少有来自两个不同地区的选手。

　　（二）比赛采用积分制，每位辩手的比赛积分，将同时成为选派学校的积分和地区积分。参赛选手将根据个人和小组积分，获得个人奖项；根据每个省市、地区、学校选派的所有辩手的积分总和，将得出各省市、地区和学校积分，再以此为依据颁授优秀组织单位奖。

　　（三）初赛、复赛、决赛采用辩题一贯制。

　　高中组辩题1：高中阶段应/不应该确立自己的人生规划；高中组辩题2：当今中国，应/不应该扩大自主招生规模；

　　初中组辩题1：青春偶像崇拜有/不利于年轻人成长；

　　初中组辩题2：中学阶段，解决校园冲突主要靠家长和学校干涉/主要靠学生自主协调；

　　小学组辩题1：小学生上学应/不应该带手机；

　　小学组辩题2：看见乞丐，应/不应该给钱。

　　二、商请贵办协助完成如下组织工作。

　　（一）请于6月20日前，完成学生报名和学校推选工作（各辩题至少2人，共12人），将选拔参加本届比赛的学生名单发送至北京语言文化建设促进会邮箱2016ych@sina.com（报名表附后）。

　　（二）预计于7月7日前完成区域内初赛，各辩题决出优胜者2人（6个辩题共12人），进入京津冀总决赛。区域内初赛可由贵方自行组织，也可由北京赛事团队组织。若需北京赛事团队组织，请于6月20日之前告知北京语言文化建设促进会。

（三）预计于7月9日至11日，组队至北京电视台参加总决赛录制，决出京津冀冠亚军。我方负责参赛学生和两位带队老师的交通和食宿费用。其他随行人员费用自理。

（四）决赛节目将在北京电视台相应时段播出。节目包含赛场集锦和赛后访谈两部分。请贵方根据初赛情况，推荐两名学生代表和一位语委领导参加电视访谈。

（五）决赛证书由北京市语委、天津市语委、河北省语委联合颁发，请准备好证书盖章事宜。

专此函达

北京市语言文字工作委员会办公室

2016年5月27日

第二节　意见写作技法

意见是党政机关公文中比较特殊的一个文种。2012年7月1日起施行的《党政机关公文处理工作条例》中规定：意见"适用于对重要问题提出见解和处理办法"。对重要问题提出见解和处理办法，可以是上级机关提出处理重要问题的办法和要求用以指导下级工作，也可以是下级机关向上级机关提出有关某个重要问题的建议和意见，还可以是平行机关之间提出与对方协商某个重要问题的参考性意见。由此可见，从行文方向上来看，意见涵盖了上行、下行、平行三个行文方向，这就是之所以说意见是党政机关公文中比较特殊的一种的缘由。

根据行文方向，意见可以划分为行文方向为下行的指导性意见、行文方向为上行的建议性意见和行文方向为平行的协商性意见。行文方向为下行的指导性意见通常是一种宏观的、粗线条的工作目标或工作方法的指导，但具有较强的行政效力，例如《×××关于落实鼓励和引导民间投资健康发展的意见》。行文方向为上行的建议性意见有的涉及的工作内容比较简单，只是将本单位的关于某项工作的设想或想法向上级汇报，通常不需要上级回复，例如《国家爱卫会国家卫生城市考核鉴定组关于创建国家卫生城市工作的意见》；但有些上行意见涉及的工作内容比较复杂，常常是就超出本单位职权范围的重要问题提出建议，这种意见需要上级批转给相关单位配合才能落实，例如《××关于政府债权划转乡镇街承担的处理意见》。行文方向为平行的协商性意见通常是业务部门从本部门、本专业角度提出建议，只是一些建设性的意见而已，不需要回复。

意见具有针对性强、属性多、实施性突出的特点，自从在 1996 年 5 月 3 日起实施的《中国共产党机关公文处理条例》首次出现成为党的机关的正式文种，到在 2001 年 1 月 1 日起实施的《国家行政机关公文处理办法》出现成为行政机关的正式文种，再到在 2012 年 7 月 1 日实施的《党政机关公文处理工作条例》仍然出现成为党政机关的正式文种，与其他法定公文文种相比，其虽然是个后起文种，但近年来却十分活跃，使用频率逐年上升。

下面分别就意见写作的一般技法和特殊技法进行论述。

一、意见写作的一般技法

1. 标题

意见的标题采用完整的党政机关公文标题形式，即发文单位全称＋事由（关于……）＋文种名称。例如国家统计局向国务院行文，就加强和完善服务业统计工作提出建议，其标题为"国家统计局关于加强和完善服务业统计工作的意见"；国务院就开展城镇居民社会养老保险试点工作向各省、自治区、直辖市人民政府发出指导性意见，其标题为"国务院关于开展城镇居民社会养老保险试点的意见"；××旅行社向××市旅游局就扩大发展假日旅游规模提出建议，其标题为"××旅行社关于扩大假日旅游规模 发展旅游经济的意见"。

关于意见的标题，存在一些不规范的写法。例如《国务院关于加快发展现代保险服务业的若干意见》，在这一标题的文种名称前有"若干"两字。这种写法，如果我们把标题当作一个普通语句来看待，从语法上看是没有任何问题的；但如果我们用公文标题的规范来衡量，就有了问题。首先，规范的公文标题中最后一项是文种名称，而像上述这个标题的文种名称容易使人产生误解，误以为"若干意见"是一个文种名称而不是意见，而实际上并非如此，公文中没有"若干意见"这一文种。其次，公文标题是一个以文种名称为中心语的定中结构，所以在文种名称前应为"的"字，而这个标题文种名称前是"若干"两字，除了上面所谈到让人在文种名称上产生误解外，它还破坏了原本的定中结构。公文标题中的定中结构有两层，第一层是以发文单位为定语、以事由和文种

通用文书写作技法研究

为中心语，第二层是以事由为定语、以文种为中心语，只有两个层次。加上"若干"两字后，这个定中结构就增加了一个层次，即这个标题的定中结构出现了第三层：以"若干"为定语、以"意见"为中心语。很显然，这与规范的公文标题的语法结构相违背。因此，对于这个标题，不论我们把"若干意见"作为文种名称还是以"意见"为文种名称，都不符合公文标题写作规范，这是一种错误的标题形式。除"若干意见"类，还有"指导意见""实施意见""暂行意见""参考意见"等都是标题写作的不规范的写法。正确的写法是在标题中"意见"前面不出现"若干""指导""实施""暂行""参考"等，必要时可以在正文中将这种意思表达出来即可。

2. 正文

意见属于大篇幅的公文种类，正文通常文字较多，但意见的正文仍然有前言、主体和结尾（结语）三部分。在这三部分中，主体部分要充分展开，将"见解"和"处理办法"阐述清楚。

意见正文前言的写法与其他文种相似，主要是概括交代行文或欲做之事的意义、目的、依据、主要安排等。由于意见是针对重要问题提出的见解和做法、安排，所以通常在前言部分要将这个"重要问题"是什么表述出来，还要把对这一重要问题的见解或解决方法用一两句话进行概括。例如《国家发展改革委关于认真做好 2014 年春运工作的意见》一文的前言。

经商有关部门，2014 年春运从 1 月 16 日开始至 2 月 24 日结束，共计40 天。为了（"了"为作者加）深入贯彻落实党的十八大、十八届三中全会精神和中央经济工作会议部署，全力做好 2014 年春运各项工作，努力满足广大人民群众的出行需要，保障国民经济平稳运行，现提出以下意见。（作者改，原为"："）

这个前言首先交代了依据：经商有关部门；然后提出"重点问题"——春运及其起止时间；最后交代了目的。

再如《××市人民政府办公厅关于继续做好房地产市场调控工作持续推进房地产市场平稳健康发展的意见》一文的前言。

为了（"了"为作者加）进一步巩固房地产市场调控成果，不断改善居民住房条件，根据国务院办公厅《关于继续做好房地产市场调控工作的通

138

知》（国办发〔2013〕17号）精神，结合我市实际，现就继续做好房地产市场调控工作，持续推进我市房地产市场平稳健康发展提出以下意见。（作者改，原为"："）

这个意见的前言先交代了开展此项工作的目的、根据，而要针对的"重要问题"出现在后面——继续做好房地产市场调控工作，持续推进我市房地产市场平稳健康发展。

前言的最后一句话一般要使用过渡语句，例如"现提出如下意见""现提出具体意见如下"等。这里有一点需要说明的是，过渡语句之后的标点符号不应当使用冒号，而应该使用句号，因为在这句话之后就转入了正文，正文篇幅很长，不止一个句子，而根据冒号的使用规范，其管辖范围只到第一个句号，因此使用冒号是个错误。过去在很长一段时间里，人们约定俗成地均使用冒号，现学界已将此问题进行了纠正。

意见的使用范围是"对重要问题提出见解和处理办法"。这里有两个关键点需要注意，首先，见解与处理办法是两个层面上的概念；其次，在这个适用范围的规定中，在"见解"和"处理办法"之间用的是"和"字而不是"或"字。见解指对一个事物的认识和看法，属于认识层面。意见是对重要问题提出见解，也就是要围绕这一重要问题进行阐释，包括这一问题的内涵的理解、外延的确定、重要性的论述以及解决这一问题必要性的说明等。处理办法属于操作层面，包括解决这一重要问题的指导思想、总体原则、解决办法、解决步骤等。因此，意见的主体部分通常包括两部分内容，即"见解"和"处理办法"。

从另一个角度看，意见的主体部分从内部逻辑结构上说，是从见解到处理办法两部分，这两部分的前后顺序不容颠倒，必须是见解在前，处理办法在后，而且最终的落脚点是处理办法而并非见解，所以是一种递进式的结构。从外部结构上看，意见常常是采用分条列项的结构形式，通常不论是前面的见解还是后面的处理办法都要分成几个问题逐一阐述，而且处理办法的文字要远远多于见解部分。

下面请看一正文主体部分意见的架构。

×××关于调整完善生育政策的意见

……

一、充分认识调整完善生育政策的重要意义

（一）有利于经济持续健康发展。……

（二）有利于家庭幸福与社会和谐。……

（三）有利于促进人口长期均衡发展。……

二、正确把握调整完善生育政策的总体思路

（一）指导思想。……

（二）基本原则。……

（三）方法步骤。……

三、坚持计划生育基本国策，稳妥扎实有序推进各项工作

……

（一）健全工作机制。……

（二）完善配套政策。……

（三）做好宣传引导。……

（四）加强组织领导。……

这个意见主体部分共有三个大问题：第一个大问题阐释重要意义，属于认识和看法；第二个大问题阐释总体思路、第三个大问题阐释具体要求，这都是操作层面的内容，是切实可行的处理办法，从对完善计划生育政策这一重要问题的见解、认识到处理、解决这一问题的思路、办法，而且最终以后者为全文的落脚点，篇幅上也是后者占比大于前者。

这里有一点需要说明，内容复杂的意见，在结构的安排上可以先分成几个大问题来谈，而在每一个大问题的内部再从见解谈到处理办法，每一个大问题都进行这样一个循环。

意见正文结尾通常会有习惯性的、相对固定的语句作结。法定公文有的可以没有结尾，正文自然收束，但像请示等则必须有结尾，而且在这一文种长期发展使用过程中形成相对固定的结尾用语，用以表达对受文机关的希望、要求，也可表达委婉、客气的语气等。这样的结尾用语也称结语，意见的结语是必不可少的。上行意见一般可以"以上意见如无不妥，请批转有关单位执行""以上意见供上级参考"等为结语表达委婉请求的语气；平行意见可以"以上意见供参考"

为结语表示委婉、客气的语气；下行意见可以"以上意见请结合实际情况贯彻执行""以上意见请参照执行"等为结语表达明确要求。

3.语言

在语言的使用上，意见最明显的特点就是表达方式上除了说明，还要用到议论，且议论占比较大，要围绕一个问题展开论述，说理性强是意见语言与其他文种的主要区别[①]。

意见的三个种类在语言使用上也各具特点。上行意见因为说话的对象是自己的上级，虽然本单位是就自己熟悉的业务对某一重要问题提出建议，但这种建议只是建议而已，不要以一个告知者的身份自居，盛气凌人更不可以，而一定要向汇报、陈述的语气靠拢。比如可以多采用"我们认为""我们考虑""我们建议"这样的语气缓和、谦逊的语句，而慎用"应当""必须"等生硬语气的词语。平行意见的说话对象是不相隶属关系的单位，所以语言更应表现出温和、谦恭的语气，展现出平等、友好、商洽的姿态。例如可以多使用"可否""能否""建议"这样的表示协商口吻的词语，少用"务必""必须""请求"等表达祈使、命令口吻的词语。下行意见虽然在三个意见种类中是用语最直接、最简单的，但仍然不要使用命令、强制性语言以体现权威性，而是要通过严谨、平实的用语使下级机关认可。

请看下面案例一。

2006年3月18日海洋旅行社向××市旅游局行文，就扩大发展假日旅游规模提出建议，具体建设内容有五项：进一步扩大发展假日旅游规模，加强组织协调工作，加快旅游产品的开发建设，加强社会服务系统的协作配合。

下面就案例一写成意见如下。

海洋旅行社关于扩大假日旅游规模大力发展假日旅游的意见

××市旅游局：

旅游业是国民经济新的增长点，大力发展旅游业特别是五一、十一、春节等假日旅游，可以激发广大群众的旅游热情，有效拉动内需，推动地区旅

---

① 史为恒：《党政公文"意见"与相似文种辨析》，《应用写作》2019年第2期，第11—13页。

游业之外的铁路、民航、餐饮、商业等相关产业的发展，同时丰富群众的节日生活。我市旅游资源丰富，随着人们生活水平的提高，人们的旅游需求日益旺盛，黄金周期间人们的旅游需求达到顶峰，而目前的旅游市场不能完全满足这种需求，因此我社建议我市需大力发展旅游事业，扩大假日旅游规模，具体如下。

一、进一步扩大发展假日旅游规模

景区景点要逐步完善基础设施建设，增强安全设施，做好重点景区游客分流预案。合理安排景区游览线路，增辟景点和线路，分区浏览，防止游客过于集中。在交通瓶颈路段，开辟循环道路，实行游客单向流动，尽量减少游客在途中和出入口的滞留时间。解决景点住宿和餐饮问题，发展家庭旅馆业，加强卫生监管力度。

二、加强组织协调工作

各区县要建立假日协调工作机构，由旅游委牵头，协调商务委、公安局、文化局、卫生局、统计局、工商局等相关部门，定期分析假日旅游运行情况，发布旅游信息，引导客流，及时处理交通问题，让广大群众安全、有序地进行假日期间旅游活动。

增加对旅行社预售往返票业务的提前量，为保证团队旅游行程计划的实现，交通运输部门要按与旅行社订立的购票合同提供票务服务。

三、加快旅游产品的开发建设

要把握住假日旅游高峰期，大力开发旅游项目，如购物游、生态观光游、休闲度假游、科普教育游、商务会展游等，设计精品旅游线路，打造旅游产品，推出适宜于不同人群的旅游产品。

四、加强社会服务系统的协作配合

为了缓解重点景点景区人员聚集，要加强社会服务系统协调配合，做好疏导工作。要建立游客流量预报制度，同时增设旅游团队专用售票窗口，增加假日临时停车场所，设置流动公共卫生间。

以上意见供参考。

海洋旅行社

××××年×月××日

二、意见写作的特殊技法

一个文种的自身特点是其在写作过程中必须要观照的问题，而一个文种的特点，又与这一文种的终极价值密不可分。

张松祥认为：公文的功能或价值有工具价值和终极价值，他所谓的工具价值就体现为我们这里所说的适用范围，亦即公文的直接价值。那么，终极价值又是什么呢？他认为终极价值是一个文种设立的目的和辅政功能的集中体现[①]。也就是说，除了体现为适用范围的每一个公文文种的使用价值，每一个公文文种还会有其终极价值，就是一个文种每次行文时的最终发文目的。"文种终极价值是文种价值的极限，是一个文种之所以设立与存在的根本原因所在，是一个文种写作目的与辅政功能的集中体现。"[②] 例如报告，其使用价值即向上级机关汇报工作、反映情况，回复上级机关的询问；而在这一工具性价值的背后，报告还有更为深远的意义和价值，即汇报工作、反映情况，最终是为了下情上达，使上级了解基层工作客观情况；而了解基本工作的客观情况则又是为了下一步做出正确决策。因此，为下一步做出正确决策提供参考就是报告这一文种行文的终极价值。

意见作为一种具有多向性特点的公文文种，有非常明确的适用范围，就是要对重要问题提出见解和处理方法，无论上行意见、平行意见还是下行意见，这是意见的适用范围，也就是意见的使用价值或工具价值。那么，在意见的使用价值背后，意见的终极价值是什么呢？如前所述，意见是要提出见解和处理办法，那么，当我们向受文对象提出见解和处理办法时，我们最终的目的又是什么呢？是使受文者首先要重视我们提出的问题，能够正视问题的存在和解决的必要；其次是承认我们的观点，和我们达成一致的认识，在思想上达成共识；最后是在这个基础上，参照我们提出的处理办法形成问题解决方案，最终将这个重点问题及时解决掉。由此可见，解决问题是意见的终极目的。"意见的工具价值是对重要问题提出见解和处理办法，终极价值却是解决某项重大问题，推动相关工作。"[③]

"正确认识并深入体味文种的终极价值对于我们把握文种运用时机、理解文

---

① 张松祥：《"意见"的规范性与复合性分野及其规范化》，《档案管理》2019 年第 4 期，第 78—81 页。

② 裴仁君：《从文种的终极价值看报告的写作》，《应用写作》2015 年第 4 期，第 10—12 页。

③ 张松祥：《"意见"的规范性与复合性分野及其规范化》，《档案管理》2019 年第 4 期，第 78—81 页。

种的文体特点、掌握文种写作进而进行高质量的写作实践有着积极而重要的影响。"① 认识到意见的终极价值是解决重要问题、推动相关工作，那么我们对意见的行文时机、文体特点以及写作要领应怎样认识呢？

1. 意见的行文时机

意见的终极价值是解决问题，而解决问题的前提是要有重要问题存在。试想，如果目前工作中并无所谓重要问题要解决，而却行文意见，不论是指导性意见，还是协商性意见或建议性意见，从小的方面说是无病呻吟或忙中添乱，从大的方面说是扰乱正常的工作秩序，违反工作规矩。那么，是不是只要我们觉得有问题存在就可以行文意见呢？当然还不可以。因为意见要解决的并非所有问题，意见要解决的是工作中的重要问题，"重要"两字不可忽略。那么，什么是重要，什么是不重要，怎样准确地区分二者呢？要做到这一点，就要凭借充足的工作经验，凭借足够的审时度势的管理才能。重要与否，除了与客观事物本身的属性有关，还与众多的外部因素相关联。同样一件工作，在这一个历史时期是不重要的，发展到另一个历史时期就可能是重要的；在一个系统中是不重要的，在另一个系统中就有可能是重要的。而我们在判断是否重要时，既要站在整体的、全局的角度，站在历史的长河中来判断，更重要的是站在本系统、本部门的角度，站在当时当下的角度去判断，去分析，因为毕竟我们才是行文的主体，作为一个单位或部门，在我们的权力范围或业务范围内的工作，我们有权利对工作重要与否作出判断。试想，如果我们每一单位或部门都在重要与否这个问题上犹豫不决，问题很难得到解决，工作也很难推进。

关于重要，这里有一个问题需要补充，"重要"有时约等于"亟需"。对于某个方面的工作，当一个问题已经成为推动工作的羁绊，成为必须马上解决的问题时，通常可以判断这个问题为重要的问题。关于重要与紧急的关系，我们在计划一节有详细阐述。

那么，是不是只要有了重要问题就是意见的行文时机呢？当然不是，因为意见是需要对重要问题提出见解和处理办法的。也就是说，发现重要问题存在，还要有对重要问题的认识和思考，形成中肯可行的意见，还要能拿出可行的解决办法，对所提出的办法有一定的自信，这个时候才是行文的时机成熟。而这一过程

---

① 裴仁君：《从文种的终极价值看报告的写作》，《应用写作》2015 年第 4 期，第 10—12 页。

说来容易，做起来却需要大量的时间和精力。首先，一个重要问题摆在那里，要提出自己对这一问题的见解，需要有一定的理论知识，要站在理论的制高点来看待这个问题。例如我们要对有关生育政策调整完善这一问题提出见解，就需要有关于人口问题的科学理论，例如马尔萨斯的人口理论，人口经济学理论包括宏观的和微观的、人口社会学理论、人口统计理论、财富流理论、人口转变理论、人口与发展理论等，从理论的高度认识到人口问题是社会可持续发展的大问题，是影响经济社会发展的重要因素。除了站在理论的角度，还要有现实的和历史的眼界。例如还是上面的有关生育政策调整完善的问题，要对中国社会的人口政策实施的历史及现实有认识，计划生育作为基本国策取得了巨大成就，人口过快增长得到有效控制，解决了人口对资源环境的压力，促进了经济持续发展和社会进步，改善了妇女儿童发展状况，为全面建成小康社会奠定了坚实基础。这是历史的情况，现实情况是劳动年龄人口总量开始减少，人口老龄化速度加快，家庭的生育、养老等基本功能有所弱化，我国进入低生育水平国家行列。只有形成对一个问题理论、历史、现状等全方位的认识，才能在此基础上提出令人信服的见解。

提出深刻的见解之后，还要能提出解决问题的办法。认识问题的最终目的是解决问题，解决问题需要科学地谋划解决措施。所谓科学地谋划，包括依据科学理论、依据工作经验的谋划。解决问题同样离不开科学理论，如前面所谈到的调整完善生育政策问题，在谋划解决问题的办法即如何调整、如何完善时，仍然要以前面所谈到的人口理论为依据提出可行性措施，并且能对这些可行性措施实行后的结果作出前瞻性的判断。除此之外，长期积累的工作经验、纷繁复杂的社会现实也很重要，前者可以为方法措施的谋划提供结果的预判，后者可以成为方法措施谋划的现实依据，避免纸上谈兵。例如调整人口政策，当然不能完全取消计划生育政策，但采取什么措施可以使人口做到既保证一定数量的增长又不致增长过快，要谋划这一措施就要依据人口增长理论，还要依据人口发展管理的工作经验，包括目前的人口现实即人口基数，只有综合上述三个方面的依据时，才能科学地做出方法措施的谋划。

当对一个重要问题有了明确而深刻的见解，有了将行之有效的解决措施之后，意见的行文时机也就到来了。

2. 意见的文种特点

搞清意见的终极价值，对意见这一文种的特点也会有更加清晰的认识。首先，作为公文的一种，意见具有权威性和约束力，但因为意见以解决问题为旨归，不是以某项工作的具体实施、具体开展为旨归，所以它的约束力不强，即使是下行的指导性意见，也仅仅是对解决重要问题进行工作指导，并不具有明确的强制约束力，这主要体现在两个方面。一是约束对象不明确。意见只是针对某一问题提出解决办法，虽然相比于对问题的认识和见解，解决办法要具体得多，实际得多，已从形而上落实到形而下，但解决办法毕竟和问题的解决行动不同，与解决方案相比，也还是距离解决行动要远不少。所以，一个意见在行文过程中通常只是对某一个系统、某一个领域具有泛泛的指导性、协商性或建议性，并不具有明确的对象指向性，并非明确地指向哪些单位或个人。体现在行文时没有主送单位或只有但主送单位只是泛称。二是没有强制执行性。在党政机关十五种公文中，有些文种是具有强制执行性的，如通知、决定、命令等指挥性公文。具体来说，例如一个会议通知，其内容对时间、地点及参会人员作出要求，这些对受文单位具有强制性，受文单位必须在规定时间、地点、人员参加会议，相比之下，意见则不具有这样的强制性。比如前面谈到的调整和完善计划生育政策，虽然它是上级部门下发的一个工作指导意见，但这个意见本身并不具有执行性，下级部门并不能对照意见直接去开展调整和完善工作，还要制定更加详细的，适合本地区、本系统的，更具有操作性的文件如方案等之后，才可采用行动。而对于协商性意见或建议性意见，其强制执行性根本就无从谈起。

其次，意见的终极价值是解决问题，尽管是解决重要问题，但因为管理工作中，即使是需要解决的重要问题也有很多，所以这个文种的适用范围非常广。首先，从使用机关级别来看，从高到低，几乎没有级别限制。我们知道，像命令等指挥性公文，一般只在高级机关使用，决定是中、高级机关使用，这些文种是有使用机关级别限制的，它们的适用范围不会很大。而意见则不同，高至中共中央、国务院，低至乡镇级政府机关均可以使用，只要是有关重要问题解决的见解、有办法，都可以使用意见向相关单位提出，不论哪个级别的机关，使用范围很广。再从使用单位类型来看，党政机关、企事业单位均可使用意见这一文种来表达本单位对某个重要问题的认识和解决建议，并不像有些文种只限于党政机关类单位使用，如决议、公报等。再从行文方向上看，意见因为没有行文方向的限制，为了解决问题，可以向上、向下、平行任一方向行文，因此它的受文对象是不受限制的，任何两家单位之间都可以形成意见的行文和受文关系，它的适用范围之广由此也可见一斑。

还有一点需要补充的是，行文方式自由灵活。意见除了适用范围广，其在行文中要遵从的行文规则相对来说也较宽泛。在行文方式上，越级行文是一大忌讳，像请示、报告等类公文，是严格要求不可以越级行文的，正常情况下都要逐级行文，极特殊的情况才允许越级。但由于意见的行文方向不受限制，所以其行文方式也较自由灵活，只要有利于问题的解决，可以逐级行文，也可以多级行文，甚至可以认为其不存在越级行文等不合规则的行文方式。而这也是和意见的终极价值——解决问题分不开的，因为要解决重要问题，解决问题的主体并不一定和行文主体是同一个系统之内的两家单位，不在同一个系统，也就无所谓上下级，相互之间只是一种没有行政关系的关系，因此那些用于约束上下级之间行文的规则也就毫无意义，行文的方式当然也就更加自由灵活。

3. 意见的写法特点

意见最终是以解决问题为目的，所以在写法上要紧紧围绕问题解决这一目标进行。首先，从内容上，要突出办法和措施，以处理办法为全文的落脚点，对这一部分内容要大写特写。但处理办法要有一定的依据，有一定的前提，这个依据和前提就是对问题的见解和认识，需要对见解和认识进行阐述；此外，就是处理办法本身，要建议别人接受和采纳，也需要进行说理，只有说服他人才有可能让人接受。说理性是意见写法上的一个特点，只有言之有理，才能使他人接受自己的观点和建议，也才能最终实现意见解决问题的终极价值。意见的行文过程中是离不开阐述道理的，而公文的其他文种，更多的是不需要阐释，甚至就是解释也不需要，只需说明情况即可。例如请示，虽然是以被上级批准为最终目的，在向上级行文时需要理由充分，但即使这样，也不需要过多地对理由的论证，因为论证如何与能否得到上级批准并没有直接关系，并不是论证得越充分上级越有可能批准，上级能否批准还要按照相关的政策、法规，所以行文请示时只需将相关情况说明即可，无须论证。再如与意见十分接近的一个文种函，即使是其三个种类中与意见最为接近的商洽函，行文中也只是说明而已，无须对本单位提出的要商洽的工作去阐述或论证。

由此可见，意见与其他文种的一个很重要的区别是其阐释性，对自己主张的阐述说明是意见正文很重要的一个内容，不论是对提出的见解还是处理办法，意见在行文的过程中都要进行很充分的阐述和论证，说理性是意见写作的一个重要特点。

其次，既然有很明显的说理性的特点，这就带来了意见行文的第二个特点——逻辑性强，这一点与意见的终极价值关系更为密切。从大的层面上说，从重要问题的提出到认识、见解的阐释再到处理办法的说明，这是有着严密的逻辑关系的，其先后顺序是不容颠倒的，这大致是遵从了提出问题、分析问题、解决问题的逻辑顺序，三个部分是有着十分紧密的内在逻辑关系的。其次，从第二个层面上说，在提出见解部分，所谓的见解与见解提出的理论依据、事实依据之间也要有严密的逻辑关系，否则见解就无以立足，不攻自破。在处理办法部分，虽然以对处理办法的说明为主，但为什么要采用这样的处理办法通常也不可以省略，而且对每一条处理办法都要进行这样的阐述，对"为什么"的阐述要充分，要能够让人信服，只有这样，在这个基础上提出的处理办法才能够被人接受，接下来才会有问题的解决。

上述意见说理性和结构上的这种内在逻辑关系，使意见在外部结构形式上显示出比其他公文文种更复杂的一种形式。为了说理更加充分，内容得到自由展开，它常常将制定意见的目的和依据（见解）、适用范围、实施主体、主要措施以及实施时间（这四项是处理办法）等分项来写，从外观上来看，是一种分条列项的形式。但我们一定要知道，这种与规章制度外观形式十分接近的结构方式，实则其遵守的却是是什么、为什么、怎么办的逻辑关系，并非条文式结构的平面化的并列关系，之所以采用这种形式，只是为了扩展正文的张力和容量。

意见说理性和结构上的这种内在逻辑关系还使其语言带有更多的政论语体的特点。公文的其他文种的主要表达方式为说明和叙述，实用语体的平实、朴素的特点十分突出。因为意见要说理，所以在意见写作中议论的表达方式使用比较普遍，常常是议论、说明占主要成分，除了平实、朴素，更多地带有政论语体逻辑性强，句式严整，句意严密，语音语调坚定有力、富于变化的特点。

请看下面案例二。

某市要在全市范围实施人文交通、科技交通、绿色交通行动，市人民政府发布实施意见。人文交通、科技交通、绿色交通行动实施的依据是贯彻落实科学发展观，《××交通发展纲要（2004—2020 年）》提出的中长期交通发展战略，行动的目的是进一步明确 2009 年至 2015 年交通发展目标和重点。

要建设"人文交通"，突出"以人为本"。要建设"科技交通"，突出"技术创新"。要建设"绿色交通"，突出"节能减排"。

行动措施包括：1.着力推进"公交城市"建设。2.着力推进路网承载能力提高。3.着力推进交通信息化建设。4.着力推进交通技术创新与产业化发展。5.着力推进交通精细化管理。6.着力推进交通文明建设。

根据案例二写成完整意见如下。

××市人民政府关于实施人文交通科技交通绿色交通行动的意见

实施人文交通、科技交通、绿色交通行动是贯彻落实科学发展观，落实《××交通发展纲要（2004—2020年）》提出的中长期交通发展战略的关键措施，行动的目的是进一步明确2009年至2015年交通发展目标和重点。为了保障行动的实施，现提出如下实施意见。

一、基本理念

交通发展要以为市民提供安全、便捷、公平、和谐的交通服务为根本出发点，要与经济社会发展相适应，与历史文化风貌相协调，要建设"人文交通"，突出"以人为本"。交通发展还要加快构建交通科技创新体系，加大技术研发和成果转化应用力度，推进信息化、智能化、产业化建设，全面提升交通系统科技水平。交通发展要建设"科技交通"，突出"技术创新"。要引导交通参与者转变出行方式和消费观念，不断提高绿色出行比重。例如鼓励生产和使用低能耗低排放汽车，建设与人口资源环境承载能力相适应的资源节约型环境友好型综合交通运输系统。要建设"绿色交通"，突出"节能减排"。

二、保障措施

1.着力推进"公交城市"建设。全方位优先发展公共交通政策措施，推进以轨道交通为骨干、地面公交为主体、步行和自行车等多种交通方式协调运转的绿色出行系统建设，实现交通与城市和谐发展。

2.着力推进路网承载能力提高。以改造道路微循环系统为重点，建成功能完善的综合交通设施网络，使道路交通设施总体承载能力与服务水平明显提升。

3.着力推进交通信息化建设。整合信息资源，加快新一代智能交通系统建设，提高管理、运输服务水平和运行效率。

4.着力推进交通技术创新与产业化发展。建设一批交通重点科研基地，加快科研成果在交通领域的产业化，打造一批自主创新的关联品牌产业。

5.着力推进交通精细化管理。寓管理于服务之中，在管理中体现服务，注重管理的人性化、标准化、规范化、信息化、精细化和智能化，提高交通系统安全、有序、顺畅运行水平。

6.着力推进交通文明建设。加大宣传教育力度，增强交通参与者现代交通意识，营造"改善交通我参与，交通顺畅我快乐"的社会氛围，完善文明出行、文明服务、文明管理长效机制。

以上意见请参照执行。

××市人民政府

××××年×月××日

这个下行意见的说理主要体现在基本理念这一部分，这里分别对人文交通、科技交通、绿色交通及其重要意义进行论述，使用了举例论证的论证方法，但在保障措施部分，每一点并未充分展开论述，这是一个应该改进之处。

第三节　纪要写作技法

《党政机关公文处理工作条例》中的纪要这个文种曾经历一个更名的过程。2012 年 7 月 1 日起施行的《党政机关公文处理工作条例》公布之前，"纪要"在 1996 年 5 月 3 日中共中央办公厅发布的《中国共产党机关公文处理条例》和 2000 年 8 月 24 日国务院发布的《国家行政机关公文处理办法》中均名曰"会议纪要"。在《中国共产党机关公文处理条例》14 个公文种类里的第 14 种即为会议纪要，其表述为"用于记载会议主要精神和议定事项"；在《国家行政机关公文处理办法》13 个公文种类中的第 13 种为会议纪要，其表述为"适用于记载传达会议情况和议定事项"。在《党政机关公文处理工作条例》的 15 个公文种类中，其虽然仍是最后一个，但表述却是："纪要。适用于记载会议主要情况和议定事项。"虽然三个文件的表述不尽相同，文种的名称也发生了变化，但会议纪要就是纪要的前身是确定无疑的，只是名称发生了变化，并且从《党政机关公文处理工作条例》施行开始，公文处理工作党政合一，不论是党的机关还是行政机关，会议纪要已通通改名为纪要。之所以在这里要强调这一点，是因为虽然时间已经过去近十年，但仍然有人在写作中以"会议纪要"作这一文种的名称，不仅仅在标题的写作中，在整个行文中都有这种情况出现，这当然有习惯作祟，但从规范性的角度上说，是很不应当的①。

从字面上来说，纪要就是择要而记。《党政机关公文处理工作条例》规定纪要"适用于记载会议主要情况和议定事项"，非常明确地规定了纪要的适用范围，虽然其名称中去掉了"会议"两字，但仍然离不开会议，是会议的专用文种，用于对会议的主要情况和议定事项进行记载。可以用来对会议进行记载的还有另外一个文种——会议记录，它是一个与纪要有密切关系而又有明显区别的文种，而且它不属于法定文书。

会议记录是对会议的实录，它与纪要的区别从"记"与"纪"两个字的不同上就可以看出。"记"作动词时指代比较具体，就是指记、记写这个动作；而"纪"虽然也可以作动词用，但它的意思已经虚化，并不是实指一个动作，它只能和一些词组成固定的词语如纪事、纪传、纪实、纪要等。这说明，"记"就是指用工具进行书写的这个动作，而"纪"则是虚指，这是二者的第一点区别。两个字意思的不同，提示着会议记录与纪要的第二点区别，那就是记录是一种实录，是用文字对会议整个过程的记录，理论上应该是有闻必录，无一遗漏，完全客观真实地以文字反映会议过程。注意，我这里说的是"理论上"，实际工作中当然是不可能的，除非利用现代化设备如速录机和速录技术。录音后转化成汉字也有可能做到有闻必录，但现场完成是不可以的，只能会下整理。而纪要是择要而记，不以全面完整为追求目标，而以对要点的准确抓取为目的。第三，从完成时点上看二者也是有区别的，会议记录一般在会上完成，与会议同步，会议结束，会议记录完成；纪要则一般在会后完成，要求其与会议同步是不现实的，因为它必须经过后期的加工过程。第四，从二者的功能和归宿上来看也有区别，会议记录一般作为会议的实录不对外公开，在现实功能发挥之后，则会转化为档案备查，备查是其主要功能；而纪要则主要用于传达会议精神或贯彻会议决定，现实功能比较明显，当然最后也会转化为档案。这是会议记录与纪要的四点区

---

① 张维功：《新中国成立以来党政机关公文文种演变论析》，《办公室业务》2018 年第 7 期，第 5—9 页。

别，会议记录与纪要的联系主要是在形成纪要的过程中。纪要形成时的一个很重要的原始材料就是会议记录，也可以说会议记录是形成纪要的第一手材料，纪要的形成离不开会议记录，纪要是会议记录的高级形式。

根据适用范围，纪要可分为记载会议情况纪要和记载会议议定事项纪要。记载会议情况纪要是为了记载、传达会议情况而制发，主要用于传递信息、通报情况，其核心内容是会议基本情况。这种类型的纪要适用于研讨会、经验交流会、专业性或学术性会议。记载会议议定事项纪要是为了传达会议精神或落实会议议定事项而制发，用以指导人们贯彻会议精神，执行会议决议，其核心内容是会上形成的精神或决定的事项。这种类型的纪要适用于决议性会议、协调性会议、办公会议、联席会议等。

纪要是法定公文中比较特殊的种类，其在外观形式上与前面的文种有三个不同，可戏称为"三无产品"：一是无主送单位名称，二是无结语，三是无发文单位署名、成文日期、和公章。除形式上的不同，在写作上纪要也有着独特的写作技法。

一、纪要写作的一般技法

1. 标题

纪要是法定文书中比较特殊的一种，其在写法上也有很多独特之处。纪要的标题写作模式与前面所讲其他法定公文的模式很不一样，并不是由发文单位全称、事由和文种组成，而是由会议名称、文种名称组成。例如：

××区第十次区长办公会纪要

2006—2007年教育部高等学校有关科类教学指导委员会成立大会纪要

第一个标题中，"××区第十次区长办公会"就是所纪要会议的会议名称，后面的"纪要"是文种名称，这是常用的写法。一般情况下，召开会议都会有会议名称，会议名称的最后两个字一定是"会"或"会议"；而前面已经谈到，纪要的文种名称是"纪要"而不是"会议纪要"，所以写作时要注意，无须在"纪要"前或会议名称后再加上"会议"两字，如上例就无须写成"××区第十次区长办公会会议纪要"。这样写一是没有必要，二是语言也显得不简洁。上例中的第二个标题虽然比较长，但那是因为会议名称"2006—2007年教育部高等学校有关科类教学指导委员会成立大会"本身较长，标题的组成还是一样的，仍然是会议名称加文种名称。

2. 正文

纪要的正文由前言和主体组成。纪要的前言通常是对会议的基本情况进行说明，包括会议的时间、地点、与会人员、会议名称、会议内容、会议议程、会议议题、会议主题、会议形成的决议以及主持人等。要说明的是，实际写作中并不是以上内容要一一全部写出，像会议内容、会议议程、会议议题、会议主题、会议形成的决议等可根据会议特点写出一个即可，而主持人也不是每个会议都要写出。再作仔细分析会发现，这几项内容其实就是记叙一件事情时需要写出的几个要素，写作时通常也可以按照记叙一件事的顺序从时间写起，只不过要尽量将几个要素整合在一两个大句子里，在几句话中结束。例如：

> 2003 年 6 月 27—30 日，由全国本科院校高职教育协作会主办、重庆市高职教育研究会、重庆大学应用技术学院承办的全国部分重点大学技术（职业）教育专题研讨会在重庆举行。此次研讨会参加会议的有……。此次研讨会对重点本科院校举办技术（职业）教育的定位、专业人才的培养规格及办学层次、示范性学院的定位、技术（职业）教育办学管理模式等内容进行了专题研讨，对《本科院校职业技术学院人才培养工作水平评估方案》《本科院校举办职业教育管理规范》两个文件初稿进行了研讨和修订。

这个前言尽管字数不少，篇幅也较长，但其实只有三个大句子。第一句话包括了时间、地点、会议名称，第二个句子包括了与会人员，第三个句子包括了会议内容，应有尽有，且显示出较强的语言驾驭能力。这样的写法结构很紧凑，传递的信息也很丰富。下面再看一个案例。案例一。

××市城南开发区管委会办公会会议记录

　　时间：××××年 4 月 8 日上午

　　地点：管委会会议室

　　主持人：李××（管委会主任）

　　出席者：杨××（管委会副主任）、周××（管委会副主任，分管城建）、李××（市建委副主任）、肖××（市工商局副局长）、陈××（市建委城建科科长）及建委、工商局有关科室宣传人员。街道居委会负责人。

列席者：管委会全体干部

记录：邹××（管委会办公室秘书）

讨论议题：

1．如何整顿城市市场秩序。

2．如何制止违章建筑、维护市容市貌。

杨主任报告城市现状：我区过去在开发区党委领导下，各职能单位同心协力、齐抓共管在创建文明卫生城市方面取得了一定成绩，相应的城市市场秩序有一定进步，市容街道也较可观。可近几个月来，市场秩序倒退了，街道上小商贩逐渐多起来，水果摊、菜摊、小百货满街乱摆……一些建筑施工单位沿街违章搭棚。乱堆放材料，搬运泥土撒落大街……这些情况严重地破坏了市容市貌，使大街变得又乱又脏；社会各界反应很强烈。因此今天请大家来研究：如何整顿市场秩序？如何治理违章建筑、违章作业、维护市容……

讨论发言（按发言顺序记录）

肖××（市工商局副局长）：个体商贩不按规定到指定市场经营，管理不得力、处理不坚决，我们有责任。这件事我们坚决抓落实：重新宣传市场有关规定、坐商归店、小贩归市、农民卖蔬菜副食到专门的农贸市场……工商局全面出动抓，也希望街道居委会配合，具体行动方案我们再考虑。

罗××（市工商局市管科科长）：市场是到了非整不可的地步了。我们的方针、办法都有了，过去实行过，都是行之有效的，现在的问题是要有人抓，敢于抓落到实处。……只要大家齐心协力问题是能够解决的。

秦××（居委会主任）：整顿市场纪律我们居委会也有责任。我们一定发动群众配合好，制止乱摆摊，乱叫卖的现象。

李××（建委副主任）：去年上半年创建文明卫生城市时，市上出了个7号文件，其中规定施工单位不能乱摆战场。工棚、工场不得临街设置，更不准侵占人行道。沿街面施工要有安全防护措施……今年有的施工单位不顾市上文件，在人行道上搭工棚、堆器材。这些违章作业严重地影响了街道整齐、美观，也影响了行人安全。基建取出的泥土，拖斗车装得过多，外运时沿街散落，到处有泥沙，破坏了街道整洁。希望管委会召集施工单位开一次

上 第四章　法定文书写作技法（二）　

会，重申市府 7 号文件，要求他们限期改正。否则按文件规定惩处。态度要明确、坚决。

陈××：对犯规者一是教育，二是逗硬。"不教而杀谓之虐"，我们先宣传教育，如果施工单位仍我行我素不执行，那时按文件逗硬处理，他们也就无话可说。

周××：城市管理我们都有文件、有办法，现在是贵在执行，职能部门是主力军，着重抓，其他部门配合抓。居委会把居民特别是"执勤老人"（退休职工）都发动起来，按七号文件办事，我们市区就会文明、清洁，面貌改观……

与会人员经过充分讨论、协商，一致决定：

1. 由工商局牵头，居委会和其他部门配合，第一周宣传、第二周行动，监督实施，做到坐商归店，摊贩归点，农贸归市，彻底改变市场紊乱状况。

2. 由管委会牵头，城建委等单位配合对全区建筑工地进行一次检查。然后召开一次施工单位会议，对违章建筑、违章工场限期改正。一个月内改变面貌。过时不改者，坚决照章处理。

散会。

记录人：（签名）

主持人：（签名）

这是一份完整的会议记录，应该说对会议记录得比较翔实清晰。根据这个会议记录写出该会议的纪要，其前言部分如下。

××××年 4 月 8 日上午，××市城南开发区管委会办公会在管委会会议室召开，会议就如何整顿城市市场秩序、如何制止违章建筑、维护市容市貌进行讨论与协商，最终形成一致意见。城南开发区管委会李××主持会议，市建委、市工商局、街道居委会相关领导参加会议，城南开发区管委会全体干部列席。

纪要的主体部分的写作方法总体来说就是要择要而记，具体的写作方法包括概述法、发言摘要法和归纳法三种。概述法适用于小型会议，这种会议一般会议内容单一，只需将会议讨论过程、形成的决议用简短的文字概述出来即可。但要注意，这里所谓概述，指概括叙述会议的主要内容，而这个主要内容是需要根据会议的主题进行分析，要围绕会议主题确定哪些内容是主要内容，哪些不是主要内容。举办任何一个会议，在对会议进行策划或筹备时，首先要确定的就是会议的主题，实现会议的主题是召开任何会议的最终目的，所以纪要会议、概述会议的主要内容就是以会议主题为出发点，围绕主题选择材料进行记写。

发言摘要法也是纪要的一种写法。发言摘要法适用于以研讨为主的会议，这类会议主要过程就是与会人员在发言，与会人员的发言直接反映着会议的主要内容。但要强调的是，采用发言摘要法拟写纪要不同于会议记录，并不是把每个人的发言完全记录下来，而是要择要，只不过这种择要是"择要而摘"，基本还保留着发言人语言的本来面貌。在择要时要注意抓住关键语句和主要内容，要弄清楚发言人的表达意图。如上例中建委副主任李××的发言比较长，根据此次会议的议题——讨论协商如何整顿市场秩序和如何治理违章建筑、违章作业、维护市容，要征求与会人员的意见，与会人员要集思广益，通过讨论要拿出整顿和治理的办法，所以李××发言中前面大部分内容只是一个铺垫，并不是其要表达的主要内容，而后面"希望管委会召集施工单位开一次会，重申市府 7 号文件，要求他们限期改正。否则按文件规定惩处。态度要明确、坚决"才是他提出的建议，所以在采用发言摘要法写作纪要时，这几句话是要摘录下来的。

纪要是会议记录的高级形式，对于一个会议，从会议记录到纪要，对会议的记写逐渐从原始走向高级。在这个过程中，不同写作方法写成的会议纪要，其与会议记录的距离有大有小，或者说其高级的程度有大小之分。以发言摘要法写成的纪要基本保持每一位发言者语言的原来面貌，高级程度最低，最接近会议记录；以概述法写成的纪要，因为它只是对一个会议的主要内容作了简单的提炼和概括，虽然远离会议的原貌，高级的程度高于发言摘要法写成的纪要，但也还没达到最高级的形式。纪要的最高级形式是以归纳法写成的纪要。

所谓归纳法适用于规模较大、内容复杂的会议。这种写法需要把会议内容分析整理，归纳综合，再经过高度概括以后，写出会议的主要精神和议定事项，内容复杂时还需要使用小标题或分条列项来写。这种纪要的写作过程如同经过了一个脱胎换骨的过程，除了精神实质不变，其他方面完全被打碎重建，所以其距离原始样貌——会议记录最远，也最高级。

上述案例一的会议类似一个研讨会，主办方希望与会人员建言献策，所以整个过程以与会人员的发言为主，最后形成一致意见。这种类型的会议适宜于发言摘要法，下面采用该种写法写出全文如下。

××市城南开发区管委会办公会纪要

××××年4月8日上午，××市城南开发区管委会办公会在管委会会议室召开，会议就如何整顿城市市场秩序、如何制止违章建筑、维护市容市貌进行讨论与协商，最终形成一致意见。城南开发区管委会李××主持会议，市建委、市工商局、街道居委会相关领导参加会议，城南开发区管委会全体干部列席。

会议开始，管委会副主任杨某某首先报告城南开发区城市管理现状。他指出：近几个月街道上小商贩逐渐多起来，各种小摊满街乱摆；建筑施工单位沿街违章搭棚，乱堆放材料，搬运泥土撒落大街。大街变得又乱又脏，社会各界反应很强烈。紧接着与会人员开始讨论发言。

市工商局副局长肖××指出：个体商贩不按规定到指定市场经营，我们要重新宣传市场有关规定，坐商归店，小贩归市，农民卖蔬菜副食到专门的农贸市场，希望街道居委会配合。工商局市管科科长罗××认为：市场是到了非整不可的地步了，只要有人抓，敢于抓，落到实处，大家齐心协力，问题是能够解决的。居委会主任秦××则表示：一定发动群众配合，制止乱摆摊、乱叫卖的现象。紧接着建委副主任李××强调：去年上半年创建文明卫生城市时，出台7号文件，但施工单位不遵守文件规定，希望管委会召集施工单位开会，重申市府7号文件，要求施工单位限期改正，否则按文件规定惩处。市建委城建科科长陈××建议：对犯规者先宣传教育，如果施工单位仍我行我素，要坚决按文件处理。管委会副主任周××则认为：城市管理职能部门是主力军，其他部门要配合，例如居委会可以把居民特别是退休职工发动起来。

最后，经过与会人员充分讨论、协商，会议形成一致意见。1.由工商局牵头，居委会和其他部门配合，第一周宣传，第二周行动，监督实施，做到坐商归店，摊贩归点，农贸归市，彻底改变市场紊乱状况。2.由管委会牵头，城建委等单位配合，对全区建筑工地进行一次检查。然后召开一次施工单位会议，对违章建筑、违章工场限期改正。一个月内改变面貌，过时不改者，坚决照章处理。

作为发言摘要法写成的纪要,其正文主体部分的写作顺序可以与与会人员的发言顺序一致,没有必要打破;其次,这个纪要主体部分所写的内容就是每一位发言者发言内容的要点和核心,甚至有些语句都保留着发言者发言的原始面貌;会议形成的决议全部重要,而且语言已经十分精当,所以几乎是原文照搬。

这就是纪要写作的三种基本方法,掌握了这三种方法,一般的纪要写作可以应付,但如果想要在纪要写作上得心应手、游刃有余,还需要掌握纪要写作的一些特殊技法。

3. 尾部

纪要的尾部比较特殊,通常要标注出与会人员姓名和职务,格式没有统一要求,这是其与其他党政机关公文相比的一个独特之处。

此外,纪要没有主送单位,正文下右侧不标注发文单位和成文日期,也不加盖公章,这就是前面讲到的所谓"三无"。这一点是纪要特别之处,写作中一定要特别关注。

二、纪要写作的特殊技法

1. 择要方法

在纪要的三种写法中,以概述法使用最为普遍,但也最为简单,只要将会议的基本情况概括出来也就可以了,也因此它常常用于一般会议或小型会议。发言摘要法和归纳法常常用于重要会议、大型会议或会议内容相对复杂的会议,尽管基本写法容易掌握,但要真正驾驭这种写作,使用好这种写法,还是有一定难度的,对写作者的要求也较高,特别是概括要点这一过程。[①] 下面以一案例进行说明。请看案例二。

××集团公司人事行政部会议记录

会议时间:2016 年 8 月 19 日

会议地点:集团公司大会议室

与会人员:集团及各分公司人事行政部全体员工

会议主题:下半年工作部署

---

① 顾春军:《恰当与得体——"纪要"的写作与实践》,《应用写作》2017 年第 9 期,第 12—13 页。

开始：

介绍在座的每一位同事和负责的工作。

下半年人力资源工作重点：

（1）下月开始推行新的绩效考核制度，下周四前提交各个公司的岗位职责。

（2）完善人才招募渠道：加强与应届优秀毕业生和在校优秀大学生的联系，重视技术工人的育与留的工作，采用多方式多渠道招聘更多的优秀人才，特别港务公司的网架人才。

（3）完善员工内部档案管理工作。全面了解公司所在地政策和相关法律法规等，包括合同鉴定，社险缴纳，用工规定，员工档案的具体要求（特别是港务公司）部门经理及以上的员工档案在集团公司备份，部门经理以下的员工档案由各分子公司留存。

培训：

（1）各分公司根据集团公司培训制度总则建立自己完善的培训制度，特别是新员工的入职培训，要高速高效地把他们培养成公司的人才，尤其是销售人才，因为在一线的销售员工是公司整体形象的体现，对他们的培训要及时。

（2）加强培训后的跟踪工作。对培训后的效果及时反馈，与被培训人员及其主管及时沟通，以便以后跟进培训内容，给出有效的培训规划。

对外宣传：

目前公司的对外宣传有两块：（1）集团月报，希望每一位员工都踊跃参与，特别是一线的员工。另一方面，各分子公司人事行政部门要重视。（2）集团网站，新开分子公司设立新的网页。

公司活动的组织和员工福利：

在杭男员工组织篮球比赛，女员工组织其他娱乐活动。

员工生日形式多样化，把公司的关怀体现在具体的工作细节中，各分公司可以有不同的方式：如过生日会，发放由部门主管写的贺卡，等等。

加强工作交流：

（1）通讯录每月31日更新后传至集团。

（2）每月2日前提供上月入职新员工情况、员工离职情况和上月培训总结。

　　（3）每月 25 日前提交下月培训计划和下月招聘计划。

　　纪要是要择要而记，因此"择要"就成为纪要写作的关键，特别是在采用发言摘要法和归纳法进行写作时，如果不知何为"要"、不知如何"择要"，纪要几乎是不可能完成的。那么到底应该如何择要？

　　从客体角度看，首先是何为"要"的问题。何为"要"？这不可一概而论，一般要结合会议类型、发言者表达的特点等诸多方面。通常情况下，会议类型不同，会议的内容不同，会议涉及问题则不同，同时会议的目标也不同，所谓的"要"也不同。例如，如果是部署工作类的会议，通常会议是以工作任务的部署和安排为主要内容，目标是将工作任务分派出去，使工作任务准时准点、保质保量地完成。对于这样的会议，任务的分派是重点，因此关于工作任务做什么、由谁来做、怎样做、什么时间完成、具体要求有哪些就是"要"。如上面案例中对外宣传的两项工作："目前公司的对外宣传有两块，（1）集团月报，希望每一位员工都踊跃参与，特别是一线的员工。另一方面，各分子公司人事行政部门要重视。（2）集团网站，新开分子公司设立新的网页。"其中集团网站工作涉及"做什么""谁来做"和"怎么做"的问题，而且三个问题都非常明确，是要求集团分公司和子公司都要在集团网站设立新的网页，这就是"要"。相比之下，集团月报工作，"做什么""谁来做""怎么做"都不是很明确，只是"希望每一位员工参与""人事行政部门重视"，就可不作为"要"。再如"下月开始推行新的绩效考核制度，下周四前提交各个公司的岗位职责"，这项内容最明显特点是有时间节点"下月""下周四"，这涉及什么时间完成，这样的内容也是"要"。如果是讨论研究工作的会议，通常会议是以与会人员谈看法、谈意见为主要内容，大家各抒己见、畅所欲言，目标是形成一致意见，确定问题的解决方法。对于这样的会议，首先是最终达成的意见、形成的决议是重点，其次是研讨中每位与会人员的发言内容。会议形成的决议全部可视为"要"，而每一位发言者的发言内容，则需要以其发言的落脚点为"要"，至于前面的开场、铺垫则不是。因为每个人说话的喜好和习惯不同，有些人喜好一针见血、直奔主题，这样的发言通常"要"非常明显；而有些人则喜好旁征博引、从外围突击，在判断是不是"要"时，就要拨开云雾，找出其发言的本意。最后要补充说明一点，一个会议最终形成的决定或决议或其他成果形式，无论从哪个角度看都应是"要"，有时甚至要一字不差地全盘接收。

再从主体角度看，还有一个如何择的问题。了解什么是"要"，还要会择"要"，还要了解择要的基本方法。从大的方面说，不论何种会议，择要时首先要摸清会议精神实质或会议主题思想，要围绕着会议精神或会议主题来"择"。一次大型或重要的会议，从会前的会议策划、会议筹备开始，首先要确定的就是会议的主题，它是一次会议是否需要召开、围绕什么召开以及如何召开的出发点，同时也是这次会议的落脚点，会议主题的实现是会议召开的意义所在。因此，在择要时可以从会议主题入手进行思考，凡是与主题紧密相关的材料就可以择，与主题关系不紧密的就可以不择。获得会议主题的方法有多种，如果写作者全程参与了会议的准备和召开的过程，则在参与的过程中对这个问题早有认识，即使没能全程参与，写作者也可以从会议相关文件的阅读中获得。这里所说的会议文件有许多，除了写纪要必备的材料如会议记录，再比如会议策划方案、会议筹备方案、会议通知、会议议程等，在这样的文件中都会体现会议的主题，只要写作者认真去读，认真思考，都会很容易地获得。会议精神与会议主题稍有区别，相比之下显得更虚，不好捉摸，但一次会议下来，与会人员总会形成一些共识性的东西，只要参与会议，认真研读会中形成的材料，摸清会议精神也不成问题。如上述案例，会议记录非常鲜明地体现了会议主题——部署下半年工作，择要时就要围绕下半年工作来择。

从细节上说，"择"的问题还涉及发言者，包括发言者的角色、职责以及发言的思路。角色不同，在会议中的任务不同，发言的角度就不同，这直接关系到其发言的目的和侧重点。例如讨论型会议主持人的发言通常是为了抛砖引玉，将问题提出，所以摆出要讨论的问题以及这些问题必须解决的重要性通常是其发言的侧重点；而如果发言者是一般与会人员，则其发言的目的是提出自己对这一问题的看法，对解决该问题提出自己的建议。因此在择要时对于主持人这个角色来说问题是"要"，而对于一般与会人员来说建议是"要"，"要"必须要结合与会人员的角色来择。

其次，"择要"时还要结合发言者的职责来"择"。不论什么类型的会议，与会者通常是某一方面工作领域的工作人员或负责人员，其背后都有自己的业务领域或工作职责，所以在择要时这也是一个需要考虑的因素。例如一个部署工作的会议，一般以主要领导者讲话为主，有时只针对某一个部门部署一项工作，有时部署一项工作任务但涉及几个部门，不论哪种情况，都是向相关部门安排工作，提出要求。在对这些内容进行择要时，"择"的是哪个部门的"要"就要站在哪个部门的职责的角度去考虑。比如某学校部署学生入学报到工作任务，分别涉及学校的系部、财务和学生管理等部门，纪要写作在择要时一定要将各部门的职责考虑进去，对于财务部门，择与收费及安全有关内容，对于系部择与接待相关的内容，对于学生管理部门，择与注册等相关内容。

最后，择要时还要考虑发言者的思路。开会就是讲话，只不过有时是以一个人讲为主，有时大家都要讲。不论哪种情况，在择要时都要考虑发言者的思路，只有摸清他的思路，才知道他讲话的真正目的。比如前面案例的研究工作的会议，正常情况下发言者会从现象（现状）到建议，那么很显然，在"择"的时候就应该跳过现象以建议为"要"去择。

择要问题是纪要写作的关键问题，上面谈的只是一些经验之下的具体操作技法，工作中需要将客体方面的"要"的几种情况和主体方面如何"择"的几个方面综合考虑，不可拘泥其中之一。

2. 语言表达

首先，纪要的陈述对象是会议而不是人，这涉及一个表达角度的问题。实际写作中经常会出现这种情况，一篇纪要写出来，该择的择，该记的记，篇章结构也没有问题，但就是看着不舒服。仔细分析会发现，原来是表达的角度出了问题。纪要所记是会议这个客体，并不是参加会议的人，人不是纪要的表达对象，不论人在会议中有多么重要都应如此。这句话说起来容易，让人接受也不难，但实际写作中真正把握住就比较困难了。

陈述对象的问题是写作中的普遍问题，它对于叙述来说是叙述角度问题，对于其他非叙述表达方式比如议论、说明等，也有一个表达角度的问题。因此无论写作何种文章，都存在着一个表达角度恰当与否的问题，表达角度不正确是写作上的一大缺陷。大家知道，对于一个陈述句，主语就是陈述对象，例如"某人被大风吹倒了"和"大风吹倒了某人"两个句子，前者以"某人"为陈述对象，后者以"大风"为陈述对象。仔细分析这两个句子，虽然它们表达的语意并没有什么区别，但因为陈述对象不一样，表达的效果就很不一样，前者的效果是告诉人们某人的境况是被大风吹倒了，后者的表达效果是告诉人们风很大以至把某人吹倒。因为陈述对象不同就会产生的不同表达效果，这就要求写作者在写作时不要忽略陈述对象的问题，例如上例中，如果你要表达的意思主要是某人怎样，就应该以"某人"为陈述对象，而如果你要表达的意思主要是风怎样，就应该以"大风"为陈述对象。

对于纪要，无论纪要什么类型的会议，很显然要表达的是会议怎样，是纪要会议的情况，所以通篇都应以会议为主要陈述对象。例如前面案例二的前言，可以写成：

> 2016 年 8 月 19 日，××集团公司人事行政部会议在集团公司大会议室举行，参加会议的人员有集团及各分公司人事行政部全体工作人员，会议的内容是部署下半年工作。

这几句话都是以会议为陈述对象。对比下面这一写法：

> 2016 年 8 月 19 日，××集团公司人事行政部在集团公司大会议室举行会议，集团及各分公司人事行政部全体工作人员参加会议，会议的内容是部署下半年工作。

这是以人员为陈述对象，它更像一则消息的开头而并非纪要的开头。类似这样的现象，在纪要的写作中并不鲜见，也并未引起人们足够的重视。事实上，关于要以会议为陈述对象这一点，很多写作者是清楚的，但在实际写作中能够做到的并不多，很多时候会出现以人代会，喧宾夺主的情况。尽管人们知道要使用"会议认为""会议指出""会议研究了""会议决定"这样的短语作为语句或语段的开头，但这之后常常就会有重要的与会人员走上前台，站到"会议"之前，这就是前面所谈到的把握不住的情况。后面我们会结合案例进行说明。

其次在用语上，纪要写作要使用符合现代汉语语法规范的书面语。因为开会发言，大多数与会人员会使用口头语，一些形成纪要的素材也常常会出现这样的口头语，比如会议记录，因为是对会议的真实记录，所以语言上也完全照搬发言者的语言，会出现口头语言或方言土语。但纪要是党政机关公文中的一种，其在用语上的最低要求是使用书面语，口头语以及方言土语等是不可入公文的，所以纪要在写作时，要对发言者的语言进行筛选和提炼，对其内容进行综合概括，将口头语转化为书面语。例如前面案例中，"对犯规者一是教育，二是逗硬。'不教而杀谓之虐'，我们先宣传教育，如果施工单位仍我行我素不执行，那时按文件逗硬处理，他们也就无话可说"，两次出现的"逗硬"一词，它是四川方言，也写成"斗硬",有动真格、按原则办事的意思。虽然在口语表达中这个词语准确之外还很形象,很有情态,很传神,但写入纪要时就一定要进行转换,比如可以转换成"照章办事""坚持原则"等。

上述案例二的会议记录记录了一家公司的一次办公会议,虽然会议记录本身并不完善,但基本记录下了这次会议的主要内容,根据这份会议记录,现写成纪要如下。

××集团公司人事行政部会议纪要

2016年8月19日,××集团公司人事行政部会议在集团公司大会议室举行,参加会议的人员有集团及各分公司人事行政部全体工作人员,会议的主要内容是部署下半年工作。具体如下。

会议首先部署了下半年人力资源工作。下半年人力资源主要工作有:从下月开始推行新的绩效考核制度,下周四前提交各个公司的岗位职责;采用多方式多渠道招聘更多的优秀人才,特别是港务公司的网架人才;完善员工内部档案管理工作,特别是港务公司人员的档案管理工作,部门经理及以上的员工档案在集团公司备份,部门经理以下的员工档案由各分子公司留存。

关于培训工作,会议要求各分公司要根据集团公司培训制度总则建立自己的培训制度,对新员工特别是销售方面的员工要及时进行入职培训;培训后要与被培训人员及其主管及时沟通,跟进培训内容,给出有效的培训规划。

此外,会议要求新开分公司、子公司要在集团网站设立新的网页。在杭男员工组织盈都篮球队,女员工组织其他娱乐活动。员工生日形式可以有如过生日会、发放由部门主管写的贺卡等不同的方式。

最后,会议详细地部署了对外交流工作,要求通讯录每月最后一天更新后传至集团;每月2日前提供上月入职新员工情况、员工离职情况和上月培训总结;每月25日前提交下月培训计划和下月招聘计划。

第五章　非法定文书写作技法

第一节　计划写作技法

计划是指预先拟定的关于一定时期的工作内容、步骤和方法的文书。计划既是个种概念，又是个属概念。当计划作为种概念使用时，其专指工作计划；当计划作为属概念使用时，除了工作计划外，还包括其他计划类的文种如构想、设想、规划、纲要、要点、方案、安排等。前者可以称为狭义的计划，后者称为广义的计划，我们在这里要重点探讨的是狭义计划即工作计划（下文中计划和工作计划不作区分）的写作技法。

工作计划按内容分有综合性工作计划和单项工作计划，综合性工作计划一般以时间为单位，涉及一个时间段内方方面面的工作；单项工作计划只涉及一项工作，只就一项工作做出规划和安排。

工作计划按外观形式分有条文式计划、表格式计划和条文表格综合计划。条文式计划以文字表述为主，适用于对所计划的工作进行性质的描述；表格式计划以具体数字说明为主，适用于对所计划的工作进行指标的描述；条文表格综合性计划适用于对计划的工作既进行性质的描述，同时还需要进行数字说明的情况。

计划虽然可以分为不同种类，但不管什么种类，其在写作技法上有共同之外，都要涉及五个要素，分别是工作缘由、工作内容、工作方法、工作人员和工作进度。工作缘由即开展工作的依据、原因、目的等；工作内容即开展什么工作，具体要做什么，要达到什么标准；工作方法即怎样完成此项工作，方法或途径是什么；工作人员即由什么人来完成此项工作，工作的分工是什么；工作进度即工作进行的先后顺序和时间安排。这五个方面是一个计划必须要表达的五项内容，缺一不可。

下面分别说明计划写作的一般技法和特殊技法。

一、计划写作的一般技法

相比于条文式计划，表格式计划只需列表说明，写法相对简单；另外，条文式计划在实际工作中运用更加广泛，所以下面主要阐述条文式计划的写法。

1. 标题

完整的工作计划标题由制订计划的单位名称、计划涉及时间范围、计划涉及的工作内容和文种名称四部分组成。如：××文化与旅游局 2020 年群众文化活动工作计划。在这个标题中，"××旅游与文化局"是制订计划的单位名称，"2020 年"是计划的时间范围，"群众文化活动工作"是计划的工作内容，"计划"（也可以认为"工作计划"是文种名称，"群众文化活动"是工作内容）是文种名称。计划的标题并不像党政机关公文的标题要求十分严格，上面的所谓完整的标题，并不是计划标题的唯一形式，必须使用，别无他选，计划标题还有几种省略形式。

省略形式的计划标题包括在单位名称、时间范围、工作内容三项中省略一项或同时省略两项甚至三项，只有文种名称不可以省略。例如："2019 年德育工作计划"，省略了单位名称；"××学院安居工程工作计划"，省略了时间范围；科研工作计划，单位名称和时间范围都省；"工作计划"则单位名称、时间范围和工作内容三项全省。是否使用完整标题，有时是人为选择，出于简单，在不影响表达的情况下，为了简洁而省略。例如"2019 年德育工作计划"，可能只是某一学院内部德育部门为了自己工作有序开展制订的工作计划，所以即使单位名称省略也不影响理解，如果加上"德育处"反而有添足之感。但是，有时使用省略的标题并不是一种人为的选择，是因为计划所关涉工作的特殊性，本身无法写出其中的一项或几项。例如上例中的"安居工程"，这种工作并不是每年都有一次，只是一次性的工作，没必要写出时间范围。

总之，计划的标题以完整的标题为最标准的形式，但省略形式也可以使用，除文种名称"工作计划"或"计划"外，其余三项都可以省略。

2. 正文

工作计划的正文包括前言、主体和结尾。

工作计划的前言部分主要交代缘由，可以是制订计划的缘由，也可以是开展某项工作的缘由。例如：

"根据省委粮食工作会议精神，根据县委具体部署意见，结合我县粮食工作的实际情况，为了完成 2015 年粮食工作任务，特制订如下工作计划。"

这个前言主要交代的是制订计划的缘由，简洁明了。再请看下面前言。

　　"为了进一步贯彻党的十八大精神，落实习近平全面建成小康社会战略任务，根据中央和省委有关精神，县党委决定开展副处级以上领导干部中心组学习活动。学习活动以《××××××》为基本教材，采用自学和集中学习两种形式进行。"

这个计划的前言主要交代了开展"学习活动"的缘由，包括目的、依据等，同时交代了"学习活动"的大致安排，而这个前言并未交代制订计划的缘由，这也是一种前言的写作形式。

上述两种开头形式，如果是比较简单的计划，直接以目的引导词"为了"开头，交代出制订计划的缘由即可，但如果是比较复杂的计划，涉及的工作内容重要而繁复，则以先交代开展某项工作的现实依据和理论依据开头，然后交代出开展某项工作的目的以及概括安排，这样的前言比较合适。另外，前言还可以在交代开展某项工作的缘由之后，再交代制订计划的缘由，将两者共同作为前言的内容。例如前例可以写成如下形式。

　　"为了进一步贯彻党的十八大精神，落实习近平全面建成小康社会战略任务，根据中央和省委有关精神，县党委决定开展副处级以上领导干部中心组学习活动。学习活动以《××××××》为基本教材，采用自学和集中学习两种形式进行。为了使学习活动有序开展，使工作落到实处，切实收到学习效果，特制订此计划。"

下面再通过一案例来说明，请看案例一。

　　××通信公司拟在×市设立销售分公司，经过前期调查与讨论研究，初步形成以下主要意见。经前期市场调查发现，该市及周边地区经济起步较晚，但发展势头良好，今后几年手机需求量较大。该公司手机的生产技术处于全国行业领先水平，且新研发的××品牌的手机在市场上已有较好的信誉。该公司在其他经济水平相当的地区设立分公司，已取得很好的成绩，有经验可以借鉴。此次在×市设立销售分公司的总体规划是首先组建一个新的销售分公司，建立以××品牌手机为核心的营销网，提高××品牌手机的知名度，使其市场占有率从 8.57％提高到 10％以上，建立一支精干高效团结的队伍。此项工作的大致安排是××××年×月至×月，选定公司地址，购置设备；××××年×月至×月，招聘××名管理人员，工程技术人员，营销人员，同时完成员工的业务和技术培训，健全各项制度；××××年×月至×月，全面实施营销战略，提高市场占有率。为了使该项工作顺利展开，实现效益，拟采用的措施主要有：利用传媒和参与社会公益活动提高企业形象和品牌知名度；召开产品展示会，实行周到的售后服务，取信于顾客；制定以销定酬的工资体系和责权利明确的管理体系；加强员工培训，提高凝聚力和战斗力；及时反馈市场需求，开发新型号、新功能的适销产品。

这个案例中的前期调查结果以及公司目前手机生产技术、在设立分公司方面的成绩是此次设立销售分公司的三个依据，这些可以看作在×市设立销售分公司的缘由，是构成此计划前言部分的主要内容。现写出此计划的标题和前言如下。

<h3 style="text-align:center">××通信公司在×市设立销售分公司工作计划</h3>

我公司手机生产技术处于全国行业领先水平，且新研发的××品牌的手机在市场上已有较好的信誉。调查发现，×市及周边地区经济起步较晚，但发展势头良好，今后几年手机需求量较大。我公司曾在其他经济水平相当的地区设立分公司，取得很好的成绩，有可以借鉴的经验。因此决定在×市设立销售分公司。

这一计划的前言所涉及的设立销售分公司工作的三个依据，在写作时进行了逻辑和语言表达上的考虑，并未完全按照案例一中的顺序来安排。这是因为，虽然三个依据缺一不可，但仍有主次之分，像设立分公司的经验可以借鉴相比于其他两个依据显然不是主要依据，因此要往后放；而公司生产技术水平和×市经济发展现状的先后安排，则是出于语言表达的需要，因为计划通常是自己来制订自己的计划，要使用第一人称，所以开篇以"我公司"开头直接进入语言视角，显得更为恰当。

计划的主体。前面已说明，计划的五个要素是工作缘由、工作内容、工作方法、工作人员和工作进度。工作缘由通常出现在前言部分，如上面所述，构成前言部分主要内容就是工作缘由，所以缘由在主体部分通常不再出现；而工作人员常常与任务分工落实相关，在对工作内容进行分解时，有必要落实到工作人员时才出现，其从属于工作内容。所以，在主体部分必须写出的只有三个要素：工作内容、工作方法和工作进度。工作内容就是具体工作任务或指标，工作方法就是实现工作任务或指标的措施与方法，工作进度就是工作的步骤与时限。下面以前面案例一说明具体写作技法。

前面说过，计划按内容分，有综合性工作计划和单项工作计划，很显然上述案例只涉及设立销售分公司这一项工作，这一案例要制订的计划是单项工作计划。案例中所交代的情况包括设立销售分公司的缘由、总体规划、工作安排和采取的主要措施，其中的总体规划包括组建销售公司、建立营销网络、提高市场占有率等几个方面，这可以看作这项工作要实现的目标；而宣传工作、售后服务、管理体系、员工培训和市场反馈等几个方面，这可以看作这项工作开展的具体措施；还有工作大致安排则相当于开展此项工作的步骤与时限，例如××××年×月至×月开始某项工作。

作为只涉及一项工作的单项工作计划，其主体部分在写作时可以分别按照任务与目标、方法与措施、步骤与时限来安排内容，即在结构上是三层，第一层任务与目标，第二层是方法与措施，第三层是步骤与时限。现根据材料一写成主体部分如下。

一、任务与目标

1. 组建一个新的销售分公司，建立以××品牌手机为核心的营销网。

2. 提高××品牌手机的知名度，使其市场占有率从 8.57％提高到 10％以上。

3. 建立一支精干高效团结的队伍。

二、方法与措施

1. 利用大众传媒、参与社会公益活动或召开产品展示会的方式，提高企业形象和品牌知名度。

2. 实行周到的售后服务，取信于顾客。

3. 制定以销定酬的工资体系和责权利明确的管理体系。

4. 加强员工培训，提高凝聚力和战斗力。

5. 及时反馈市场需求，开发新型号、新功能的适销产品。

三、步骤与时限

1. ××××年×月至×月，选定公司地址，购置设备。

2. ××××年×月至×月，招聘××名管理人员，××名工程技术人员，××名营销人员，同时完成员工的业务和技术培训，健全各项制度。

3. ××××年×月至×月，全面实施营销战略，正式开始营销工作。

要说明的是，上面所写只是关于设立销售分公司工作计划的一个轮廓，可以看作一个结构示意图，尚需有具体内容进行充实，但从这里我们基本上可以看出一个简单的工作计划的结构方式。

实际工作中，还会涉及另一种工作计划——综合性工作计划，其在工作内容上并不像案例一那么简单，因而结构也相对复杂。通常采用的结构方式是：先按工作内容分出几个部分，然后每一部分再分别按目标与任务、方法与措施、步骤与时限分成层次，每一部分都完成这样一个循环。下面用图示表示。

一、工作内容一

（一）目标与任务

1. ×××××××××

2. ×××××××

3. ×××××××××××

……

（二）方法与措施

1. ×××××××××

2. ×××××××

3. ×××××××××××

……

（三）步骤与时限

1. ×××××××××

2. ×××××××

3. ×××××××××××

……

二、工作内容二

（一）目标与任务

……

（二）方法与措施

......

（三）步骤与时限

......

三、工作内容三

......

结尾。计划对结尾没有具体要求，既可以对执行计划的一些特殊情况做出说明，也可以提出希望，发出号召，鼓舞人心。如果主体部分已经表达得十分充分，还可以自然收束，没有结尾。

3. 语言表达

一般来说，计划对语言没有特殊要求，因为属于非法定文书，采用实用语体进行表达是对计划语言的基本要求，但这里还是有几点要特别强调。

一是计划的表达角度。前面已经说过，计划是本单位因本单位的工作为自己制订，是为了更好地完成本单位的工作任务而制订，并不是为他人而规划，也不是由他人来为本单位规划。有了这一点准确的定位，在表达上一定要把握好角度，第一人称的角度不能改变。虽然有些计划需要经过上级批准方可实施，但上级只是阅读者和审批者，既不是计划的写作者，也不是计划的执行者，所以写作时一定要注意表达的角度，不要因为需要上级的审批，就把表达角度设定为上级单位，或把上级单位作为说话对象。

二是计划的语言以说明为主，切忌过多的说理。通常，在计划写作的过程中，为了使所做的安排得到理解，愿意接受，需要说明原因，阐述道理，但这仅可点到为止，千万不要以大量的篇幅论述"为什么"这一问题，否则就会使计划内容发生偏移。计划的内容应该是以说明做什么、怎么做、什么时间做为主，其表达的意图在于将安排说明清晰，以便使人按照安排完成任务，而不在于让别人理解其中的道理，计划不是以说服他人为目的，因此，在行义中道理的阐述充其量也只能是为说明安排服务，仅此而已，万万不可喧宾夺主。

三是在计划中善于运用序号和数字表达。序号的使用对于计划来说比任何其他文种更重要，以序号来表达层次关系，以序号来表达工作任务的一二三四，以序号来表达工作步骤的先后安排，可以使人一目了然，迅速抓取有用信息，既可以了解工作概况，又可以找到先后次序，充分发挥以计划促进工作有条不紊、以计划促进工作如期完成的作用。计划中还会涉及具体如指标、时长等的说明，这时要尽量使用数字量化,这样的表达更加具体可感,使人印象深刻。

二、计划写作的特殊技法

计划是一个务实的文种,虽然它要预见未来,对未来工作进行规划,但这是对未来的一种设想而不是梦想,它不应承担除了对未来工作做出安排之外的其他任务。把握住这一点,就能够把计划和其他与之相近的文种区别开来,认识到计划的写作与其他相似文种的写作的不同,从而更加准确地把握计划的写作要领。

1. 计划写作要务实

不要把计划当作策划案来写。策划案所针对的是广泛的活动,如一次销售活动、一次展览活动、一个会议等。一个活动,从某种意义上也可以看作一项工作任务,例如一个推广销售活动可以看作销售部门的一个工作任务,一个研讨会议,也可以看作会议主办部门的一项工作任务。策划案是在活动举办之前对活动所作的总体筹划,因为同样是在活动之前,因为同样是在活动之前对活动的具体安排进行筹划,又因为一些活动可以看作一项工作任务,所以,策划案与工作计划是两个比较相似的实用文种,在写作技法上有很多相似的地方。例如在内容上,策划案同样会包括做什么,怎么做,由谁来做,什么时间完成,同样要对这几个方面做出具体安排和说明。但是,策划案与工作计划有明显的不同,否则就不会区分为两个文种了,主要区别有下面几点。

首先,二者追求目标不一样。策划以有创意为追求目标,策划要力求创新,要有鲜明的主题,有深厚的文化底蕴,通过标新立异、别出心裁实现自己的目标[1];计划以有序开展工作、落实责任和任务为追求目标,通过有条不紊、按部就班的工作节奏实现自己的目标。

其次,二者包括的内容不一样。策划的核心工作是制定合理、可行的行动实施方案,但行动方案只是策划案中的一部分并不是全部,它还要包括活动背景、主题、推广、物料、经费等。策划案中的行动方案虽然也要对活动时间、活动地点、活动规则、活动内容、要求标准与措施、人员责任分工等做出安排,但这种安排只是一种初步设想,不是可以直接用于实施的方案。

最后,二者参与者不一样。策划案所策划的活动,其参与者通常不确定,策

---

[1] 李玉姗:《专项活动策划案的写作》,《应用写作》2019 年第 10 期,第 17—20 页。

划可以为本单位策划，也可以为外单位策划，即使是为本单位策划，所策划活动的参与者也不一定均来自本单位，可能还会有其他社会人员参加。计划均是本单位为本单位工作而制订，因此未来计划的实施者是确定的，就是计划的制订者自己。

由于上述几点不同，在写法上，总的来说计划写作要更务实，从谋划上务实，从内容上务实，从语言上务实。谋划上务实是由计划的写作意图决定，计划写作的唯一目的是使工作有序展开，保质保量完成工作，除此之外并无其他，不要寄希望一个计划来承担它本不该承担的任务，如展现愿景、宣传号召，如激发斗志、鼓舞人心，这些都不是计划应当承担的责任。工作计划要实现其合理确定工作目标、合理安排工作步骤、严格规范工作过程的意图，在写作之前要进行务实的谋划，找准落脚点，以在实际工作中能够实施或执行为写作的初衷。一个计划的写作成功，很大程度来自动笔前的谋划，而这个谋划主要围绕三个问题进行，工作目标、工作方法和工作步骤，是不同于策划的一种具体筹划。对工作目标的谋划，要切合实际，不可好高骛远，以"跳一跳，够得到"为标准；对工作方法的谋划，要切实可行，以操作性强为标准；对工作步骤的谋划，要稳妥合理，以时间从容为标准。要做到这几点，需要计划的写作者有丰富的工作经验，没有经验的支撑，要做到准确的谋划，几乎是不可能的。从内容上来说，要去除虚妄和不实部分，去除对计划的实施毫无意义的部分，以上述三个问题为中心组织材料，以对执行计划有指导意义为标准筛选内容，本分务实。在语言上，既要避免夸夸其谈、夸大其词，也要避免哗众取宠、浮艳生动，把简洁明了和朴素平实作为追求目标。

不要把计划当作设想（构想）来写。如前所述，从广义上来说，计划包括设想或构想，设想或构想是广义的计划中的一种，与狭义的计划有很多相似之处，但我们这里要讨论的是狭义的计划——工作计划的写作，所以有必要将二者在写法上的不同进行区分。设想或构想一般来说是属于宏观性谋划，属于粗线条的勾勒，内容往往不太成熟，尚需要进一步论证，是不能马上付诸实施的计划。从这一点来看，设想或构想在写作上空泛或虚泛的内容会比较多，理想化色彩比较重，相对来说，务实性的考虑会比较少；而工作计划在写作时恰恰不能进行这样的处理，否则就会失去其用于执行或实施的作用。设想或构想适用于创新性工作，当一项工作从前没有经历，或有经历但需要突破，这种情况下需要进行构想或设想；而工作计划适用于按部就班的工作谋划，重点在于将工作保质保量地完成，相对比较保守。所以，在写作上不要把工作计划当作设想或构想来写。

不要把计划当作规划来写。相比于构想或设相，广义计划中的另一个种类——规划要成熟得多，要务实得多，但仍然不能将计划与之混为一谈。严格来讲，工作计划是从属于规划。一家单位，常常是先有规划，然后在规划基础上制订工作计划，因为工作规划是长远的、用来定目标、定方向、定愿景的，时间跨度一般在3年以上，属于中长期计划中的一种；而工作计划则一般为三年以下或关于某一项工作的计划，所以工作计划要服从于规划，不能与规划相悖。从写法上看，因为涉及的时间段比较长，要定方向、定愿景，所以规划仍然带有一定的宣传鼓动的作用，在内容上会出现一些虚幻而用于号召或展望的内容，而这样的内容在计划中都是不宜出现的。计划写作的唯一目的是为付诸实施，除此之外并无其他，所以计划的内容必须务实，工作目标要务实，不能定得过高；工作措施要务实，不能无法实施；工作步骤也要务实，不能步伐过快。

不要把计划当纲要来写。纲要是一种比规划内容更简略、更概括的计划，它只是一种原则性计划，适用于全局性的、纲领性的、战略性的部署，因此它更侧重于思想上的指导，不以工作安排为重点。在写作上，纲要虽然不是框架性的描述，但也不是详细说明工作具体安排，其更多地集中在引导方向，因此它与计划在写作上也有很大不同，不能像制订纲要一样进行计划的写作，计划写作要更加务实。其一，不可只作战略上部署，要有战术上的安排，要具体而详尽；其二，不可只就思想上进行指导或引导，要对行为做出规定，包括做什么、怎么做、何时做；其三，可以不是全局性的安排，必须是目标明确的安排，必须是可执行性的安排，必须是步骤清晰的安排，这就是计划务实的集中体现。

在计划写作中，务实性的写作非常关键，写作时的目标集中、心无旁骛十分重要，无论是综合性工作计划还是单项工作计划。而也正是因为这一点，计划写作中，除了说明的表达方式外，任何其他的表达方式或表现手法不会有太多的用武之地，因此与其他文种相比，计划的可读性应该也是最差的。

2. 计划的谋划要务实

少谈些理论，多谈些实际问题；不分析为什么，只说明做什么、怎么做、什么时间做，这就是计划在写作上的务实。一个计划要做到务实，只有写作内容上的务实是不可以的，因为写作内容上的务实是以谋划上的务实为基础的，只有当初谋划一项工作或一段时间的工作时务实地去谋划，才能够形成一份真正务实可行的计划。

首先，在谋划工作目标时要务实。工作计划离不开工作目标，工作目标谋划得是否务实，对一个计划是十分重要的，合适、恰当的工作目标能大大激发计划执行者的工作热情，而一个严重脱离实际的工作目标，也会大大挫伤计划执行者的积极性。那么，什么样的工作目标是务实的？所谓的务实，就是制定的目标要符合主客观实际情况，不要好大喜功，好高骛远，要合适而且恰当。那么，怎样才能制订出合适而恰当的目标呢？有人经常用摘果子的例子来说明，用"跳一跳，够得到"来形容，虽然很形象，但只理解到这种程度还很不够，因为一个恰当的工作目标的形成，离不开大量的调查工作，离不开丰富的实际工作经验。这里的调查包括主客观两个方面。例如一家汽车生产企业，在制定明年的生产目标——汽车数量时，既要调查市场需求，又要调查自己生产能力，这样才能制定出合适的目标。这里所说的经验，是指依据经验而形成的一种预估和判断能力，有了前面的调查结果，最终在形成目标时还要有准确的预估和判断，所以经验也是很重要的。

在谋划工作措施时要务实。工作措施的务实是指切合实际，具有可操作性。例如一个学校制订教师队伍建设发展计划，所谋划的兼职教师队伍建设的措施是，从企业一线聘请行家里手充实到教师队伍，走上实践教学讲台。这个想法从理论上说很符合要求，兼职教师就是行家里手，从逻辑上说也没问题，但从企业聘请，来学校兼职做教师，却不符合实际情况，因为没有哪一家企业可以允许其工作人员在工作时间离开自己的岗位而去从事其他工作。所以，这样的措施虽然从理论上说得通，但却脱离实际情况，是无法实施的，这样的工作措施形同虚设，毫无意义。

在时间安排的谋划上也要务实。制订计划的一个很重要的初衷就是进行工作任务的分解，然后分时分段逐一完成，而每个时段的时间长短要从实际出发进行策划，要恰切而适当，不可以时限过长而造成工作的拖沓，但也不可以为了提前完成任务而违背事物的规律。任何事物都有自身的发展规律，工作任务也不例外，在时间安排上的务实主要是要尊重科学，尊重事实，不能从主观意愿出发。例如一个建筑项目，谋划工程进度时，就要考虑水泥、人工、噪声扰民等因素，其中任何一个因素都与工程进度有关，其自身的规律都不能违反。尊重事物的客观规律，不盲目乐观就是时间安排上务实的基本要求。

有务实的工作目标、务实的工作措施、务实的时间安排，再加上写作上的避虚就实①，一个朴实无华的工作计划就会产生，朴实就会适用，朴实就会实用，计划就是应以适用而实用为追求目标。

下面看案例二。

××公司要制订一份20××年年度发展计划，经过前期的调研，确定了该年度发展目标和各项指标。确定的企业发展的总目标是：研制尖端产品、赶上国际先进水平；进行部分老产品的更新换代；新建和扩建部分生产车间；大力培训工人，促进技术进步，提高企业经营管理水平和积极效益。

确定的企业发展规模方面主要指标是：1. 要新建××车间，发展××产品的生产；扩建××车间，使×种产品年产量达到×万只。2. 增加工程技术人员、技术工人和部分管理人员，三类人员从现有的××人增加到××人。3. 产品研发和技术改造方面，与××研究所合作，积极研制新产品，其中××新产品达到国际水平。对现有××等几种产品进行技术改造，以符合国内和国际市场的需要。

确定的主要经济技术指标是：1. 提高劳动生产率。随着新设备、新技术的应用和工人生产技术的提高，全年全员劳动生产率比现在提高××左右。2. 增加总产量。年总产量达××万元，比现在提高×倍。3. 降低可比产品成本。通过提高劳动生产率，节约原材料、燃料等消耗，使可比产品成本比现在降低××％左右。4. 加速资金周转。在产量增加的情况下，尽量不增加流动资金，缩短资金的周转期。5. 提高盈利水平。在增加生产、降低消耗的基础上，使利润从现在××万元，增加到××万元。

这个案例中所谓的各项发展指标均为20××年年度发展计划中的任务和目标提供了直接材料，这些材料内容十分朴实，没有任何的渲染和拔高，在写入计划中时，也只需做文字的加工和梳理，无须增加其他内容，继续保持这种朴素而务实的面貌即可。

现写成如下。

---

① 刘敬东、张丽超：《谈谈事业单位工作计划写作如何避虚就实》，《应用写作》2019年第5期，第18—20页。

××公司20××年年度发展计划

经过前期的调研，确定了我公司20××年度发展目标和各项指标，现制订20××年年度发展计划如下。

一、发展目标

（一）公司发展总目标

研制空调尖端产品，赶上国际先进水平；进行部分老产品的更新换代；新建和扩建部分生产车间；大力培训工人，促进技术进步，提高企业经营管理水平和积极效益。

（二）公司发展规模主要指标

1. 新建××车间，大力发展××产品的生产能力；扩建××车间，使×种产品年产量达到×万只。

2. 增加工程技术人员、技术工人和部分管理人员，三类人员从现有的××人增加到××人。

3. 与××研究所合作，积极研制新产品，其中××新产品达到国际水平。对现有××等几种产品进行技术改造，以符合国内和国际市场的需要。

（三）主要经济技术指标

1. 提高劳动生产率。随着新设备新技术的应用和工人生产技术的提高，全年全员劳动生产率比现在提高××左右。

2. 增加总产量。年总产量达××万元，比现在提高×倍。

3. 降低可比产品成本。通过提高劳动生产率，节约原材料、燃料等消耗，使可比产品成本比现在降低×％左右。

4. 加速资金周转。在产量增加的情况下，尽量不增加流动资金，缩短资金的周转期。

5. 提高盈利水平。在增加生产、降低消耗的基础上，使利润从现在××万元增加到××万元。

二、保障措施

……（略）

三、时间安排

……（略）

第二节　总结写作技法

总结是党政机关、企事业单位常用的一种文书，它以对工作的回顾、分析、研究从中提炼出规律为目的。总结与报告、纪要被称为机关常用三大文种，使用频率非常高，一个三大文种写得好的人，常常会被冠以"笔杆子"的称呼。

总结具有自我性的特点，总结都是自己总结自己的工作，自己的工作通常不会由他人来承担总结的任务，所以总结在写作时一定是使用第一人称——"我"或"我们"。总结就是要总结以往工作的经验，并且将经验上升到理论，或用以改进今后的工作，或在一定范围内推而广之，所以总结还具有经验性的特点。因为是对已经完成的工作进行总结，并非像计划一样针对未曾进行的工作，所以总结具有客观性，其总结的是已经发生的、客观存在的事实。

按内容和写作目的分，总结有汇报性工作性总结、经验性工作总结和综合性工作总结三种。汇报性工作总结是以总结工作中的正误得失、经验教训为目的，用于指导今后的工作，提高工作水平。汇报性工作总结又因所总结的工作的类型不同而分为专项工作总结和全面性工作总结。如果总结针对的是某一专项工作，就是专项性工作总结；而如果总结针对的是一段时间内的工作的方方面面，就是全面性的工作总结。专项性工作总结以客观如实地汇报某一工作为目的，适用于某一项工作完成后的汇报；全面性的工作总结以客观如实地汇报一段时间内的工作为主要目的，适用于定期或不定期汇报工作。经验性总结以总结工作中所获得的经验为目的，发现规律性东西，上升到理论的高度，从个别到一般，最终使其具有普遍的指导意义，好的经验性总结可以上升为科学研究论文。综合性总结就是兼具汇报性总结和经验性总结的特点，既总结工作中的做法和成绩，又有经验教训的理论分析；既可以用来指导今后的工作，又可以供人以经验借鉴。

汇报性工作总结是日常工作中所常用到的，会写汇报性工作总结属于初阶，所以下面在总结写作的一般技法中着重探讨汇报性工作总结写法；经验性工作总结是总结写作的高级阶段，所以在总结写作的特殊技法中探讨经验性工作总结的写法。

一、总结写作的一般技法

1. 标题

总结的标题有公文式、文章式和双标题式三种。所谓公文式标题，是指标题的结构像公文的标题一样，是由几部分组合而成。总结的公文式标题由单位名称、时间、工作内容和"总结"两字组成，如：×市财政局 2009 年工作总结。这个标题中，"×市财政局"是单位名称；"2009 年"是时间；"工作"是工作内容，指这一年的全面工作；最后是文种名称"总结"两字。这是完整的公文式的标题，实际应用中，还有简化的公文式标题，将单位名称和时间省去一个或同时省去。例如"2005 年招生工作总结""××保险公司营销工作总结"，前者省略了单位名称，后者省略了时间；而"教学工作总结"则将单位名称和时间同时省略。使用完整标题还是省略的标题，要由具体情况而定，以标题能够清晰传达该总结的主要信息为标准。公文式的标题，不论是完整的形式还是省略的形式，它们都显得十分朴实，都是以实用为出发点，将总结的基本信息做出必要的交代，但这样的标题也有一个缺陷，就是由于过于朴素而显得吸引力不足，可读性差。

与公文式标题特点不同的是文章式标题。所谓文章式标题是指根据总结的主要内容拟写出的一个语句，当然，这个语句一要能概括总结的主要内容，二要精练上口，引人耳目。例如"加强医德修养 树立医疗新风""构建农民进入市场的新机制"，前者用了对句，从两个方面概括总结的主要内容，并且语句整齐，朗朗上口；后者只用了一个语句，但这个语句所表达的正是这篇总结的核心内容，概括力很强。文章式标题除了要概括总结的主要内容，在语言形式上也要更加讲究，要经过提炼加工，使之精练、生动，能够吸引人们的注意，但它也有非常明显的缺点，就是对总结的基本信息交代得不是很清楚。

为了弥补上述两种标题的缺陷，总结还可以采用双标题。所谓双标题，就是将前面的公文式标题和文章式标题合二为一，以文章式标题为正标题，以公文式标题为副标题；正标题揭示总结的主要内容，语言要精练，副标题标明总结的基本信息，语言要朴实，二者各司其职，相得益彰。如：正标题是"推行目标管理 提高经济效益"，副标题是"××公司 2009 年工作总结"。在这个双标题中，正标题同样采用了对句的语言形式，两个句子一方面概括了这一总结的主要观点，同时两个句子又形成对偶句，很有艺术性，但是这一正标题对有关这一总结的基本信息，比如是哪个单位、关于什么时间、什么工作的总结却没有清晰的标明；而副标题的公文形式标题虽然在语言上十分朴素，却非常清晰地表达了这一总结的基本信息，是关于"××公司"的"2009年"的"工作"总结，正副标题互相弥补，形成了一个非常完美的表达效果。

总结的三种标题形式各有所长，在工作中可以择需选用。

2.正文

与其他常用文种相似，总结的正文通常也是由三部分组成，这三部分就是前言、主体和结尾。

工作性总结的前言同样要进行概括交代，交代的内容包括开展工作的基本情况、取得什么成绩，获得了什么经验。作为总结的开头，前言不要过长，内容不宜过多，以简洁概括为主。请看下面例子。

> 2011年，我院围绕年初制订的工作计划，团结奋斗，勤奋工作，进一步深化教育教学改革，完成了140个教学班、1 580门课程、106 350学时的教学任务，实验开出率也达到100%。此外，还开拓了4个新专业，在专业规模和内涵式发展上均迈上了一个新台阶。一年来除了完成繁重的常规教学工作外，还在人事制度改革、专业群建设、为学生构建全面成长平台方面作出了努力。

这一总结的前言主要交代了2011年工作成绩，使用了大量的数字对成绩进行说明，这样的总结开头给人的感觉是具体可感，真实可信，把一年工作的全貌一下子全部呈现出来。

主体部分是工作总结写作的重中之重。通常，写什么和怎么写是任何写作在写前都要考虑的问题，不可回避。那么，总结的主体部分要写什么？对于工作性的总结，它是以总结某一项工作或某一个时间段的工作为基本出发点，其目的是汇报工作、总结成绩、找出不足、提炼经验，以便下一步更好地开展工作，因此在主体部分写什么的问题上就很清楚，在工作中做了什么、怎么做的、为什么要这样做、这样做取得了什么成绩、获得了什么经验、有什么不足、怎样改进都应该是主体部分要涉及的内容。知道了写什么，下面要解决的就是怎么写的问题了，这主要涉及写作思路和表达方式两个方面。在写作思路的问题上，上述所述的几个方面，通常可以按照工作情况、成绩经验、理性分析的思路来安排，工作情况包括做了什么、怎么做的，成绩经验包括取得了什么成绩、获得了什么经验，理性分析包括为什么要这样做、这样的成绩的取得有什么理论支撑等。从表达方式上来看，做了什么、怎么做的、取得了什么成绩、获得了什么经验是一种很客观的表达，表达方式应以叙述和说明为主，为什么这样做和这样做的理论分析是一种主观的表达，表达方式应以议论为主①。

写作思路要具体落实到结构安排上。

专题性工作总结主体部分的结构可以是：

1. 工作情况（工作内容、具体做法）

2. 取得成绩（工作业绩、工作经验）

3. 理性认识（理论分析）

全面性工作总结可以是：

一、工作项目1

（一）工作情况（工作内容、具体做法）

（二）取得成绩（工作业绩、工作经验）

（三）理性认识（理论分析）

二、工作项目2

（一）工作情况（工作内容、具体做法）

（二）取得成绩（工作业绩、工作经验）

（三）理性认识（理论分析）

三、工作项目3

（一）工作情况（工作内容、具体做法）

（二）取得成绩（工作业绩、工作经验）

（三）理性认识（理论分析）

……

总结正文的第三部分是结尾，结尾通常要交代工作中存在的问题以及今后打算。工作中存在的问题一定不可少，任何单位任何工作，不论做到何种程度，一定还会存在这样或那样的问题，所以一定要找出差距，提出问题，这一项一定要有。但是，对于存在的问题，通常指出问题所在即可，不必做过多的分析，更不

---

① 岳海翔：《工作总结常写常新的要领》，《新闻与写作》2017年第12期，第106—107页。

要大张旗鼓地渲染问题，使问题占据总结的主要篇幅。而对于今后的打算，也不必过度去描写，或者过多地去展望，只要针对前面所述存在的问题，提出工作的方向即可，不需要把解决方案一并写出。

3.语言表达

前面谈到，总结都是自己总结自己的工作，所以其写作的角度直接体现为行文中要使用第一人称，要么是第一人称复数，要么是第一人称的单数，不可以是其他人称形式。在这里强调这一点，是很有现实意义的，因为有一种经验总结，总结的并非自己的工作，而是深入其他单位或部门，对别人的工作进行调查，然后形成经验总结。这种所谓的经验总结，是经过调查之后而形成，总结的是他人的经验，最终形成的虽也名曰经验总结，实为调查报告中的一种——经验性调查报告。这二者之间的主要区别就在于所总结的经验的创造者的不同，而也正是因为这一点的不同，造成二者行文中写作角度的不同，体现在人称上，经验性调查报告要使用第三人称，而总结要使用第一人称。工作中有时会出现这种情况，由于种种原因，本单位的工作总结会由上级部门派人协同完成，或主要由其他人员完成，但即使是这样，只要所写文种仍是总结，其人称也必须使用第一人称，否则它就不是总结了。所以强调总结的第一人称是很有必要的，它可以使总结和经验性的调查报告区别开来①。

关于写作角度的另一个问题是，总结要使用完成时。总结与计划是有密切联系的两个文种，计划是对工作的筹划，而总结是对筹划落实情况的总结和反馈，虽然有联系，但二者从时间轴上看却恰恰相反，计划筹划的是即将开展的工作，而总结是对已经完成的工作的反馈，一个是未曾发生，一个是已经发生。因此，总结的写作角度应是完成时，要使用现代汉语中的完成时词语，如使用表示时间的副词"过""了""已经"等。

从表达方式上来看，总结是以叙述、说明和议论为主，要通过对工作情况和工作成绩的叙述和说明，进行理性的分析，找出规律性的东西，上升为理论。虽然从大的角度看，按照一般思路都要先写工作情况和工作成绩，然后再写理性分析，工作情况和工作成绩以叙述和说明为主要表达方式，理性分析以议论为主要表达方式。但具体写作中，写到工作情况，有时也会进行简单的分析，比如分析

---

① 祝兴平：《工作总结的写作方法与要领》，《新闻与写作》2008年第12期，第61页。

为什么，结果产生的原因等；写到工作成绩时，也可能分析一下取得成绩的原因，成绩产生意义等，这时就既要用到叙述和说明，也要用到议论的表达方式。这时的写作方法有两种：既可以先叙后议，也可以边叙边议。所谓先叙后议，指先叙述说明基本情况，然后进行议论。请看下面一例。

> 在建课时，音频＋PPT＋企业微信群或语音会议基本够用，课上学习内容要少而精，要主线分明。音频要进行切分，以 10 分钟左右为宜，90 分钟安排 3～4 个以音频为主的学习内容，每一个学习内容之后是一个章节测验，一般用时在 5 分钟左右。因为现在的网络学习是课上学习，时间有限，并非开放式的学习，如果学习内容过多，自学时间过长，学生会无所适从，或很难集中精力 90 分钟完成学习任务。

同样的内容，也可以边叙边议，请看。

> 在建课时，音频＋PPT＋企业微信群或语音会议基本够用，课上学习内容要少而精，要主线分明，因为现在的网络学习是课上学习，时间有限，并非开放式的学习，否则学生会无所适从。音频要进行切分，以 10 分钟左右为宜，90 分钟安排 3～4 个以音频为主的学习内容，每一个学习内容之后是一个章节测验，一般用时在 5 分钟左右。这样有自学，有测验，就可以把学生的精力牢牢控制在学习上。

两段文字要表达的内容相同，只是表达方式使用不完全一样，但各有千秋，可酌情使用。

总结写作中也要注意观点与材料的问题，一般情况下，在每一部分内容的开头要以概括性语句表述观点，然后以典型材料说明或论述这一观点。在这个过程中，首先要做到材料的客观真实。总结是对已经发现的客观事物的总结，在这一点上与计划十分不同，它所陈述或说明的内容都应该是实际发生了的，而不应该是想像中的或猜测中的。因此，在总结写作时一定要注意材料的真实客观。其次，要做到观点与材料要统一。通常，总结也不是漫无目标地为总结而总结，也会有要表达的观点或要说明的问题，因此也会涉及观点和材料的问题。观点是统帅，是灵魂，材料是血肉，这是一切写作的原则。这一点，在总结的写作中也要关注，要使用经过提炼的典型的、精当的材料去说明或论述观点。最后，还要做到对材料作概括性叙述。总结中的材料多是一个过程，类似于一个发生过的事件，但对这个过程的交代不可以像记叙类文种一样做详细的叙述和描写，更不应当出现细节的描写或感情的抒发，只需要将过程进行概括的交代，把过程中的重要信息传达出来即可，不追求过程的完整和细致。

请看下面一例。

××厂2009年青工文化补课工作总结

《关于切实搞好青年职工文化技术补课工作的联合通知》下达以后，厂党支部十分重视，及时召开会议研究这项工作。我厂应该参加文化补课的青年职工有130人，去年底普测合格有39人，还有91人需要继续补课。为了切实抓好青工文化补课这项工作，我厂于今年一月办起文化补习班，由工会和团支部具体负责。现将此项工作开展情况总结如下。

1. 领导重视，克服难题。我厂专门成立了由工会主席、团支部书记和一名工人代表组成的"补课领导小组"，亲自主抓补习班筹备任务。我们遇到的最大困难是一无教室，二无教师。面对困难，我们向临近的一所中学求援，在该所中学领导的帮助下，我们从他们那里聘请了三位教师，并租借了教室。开学后，语文课本还缺一二册买不到，我们又自己动手刻印教材，保证了教学工作顺利进行。

2. 加强管理，保证质量。我们根据学员文化程度的具体情况，编成了两个快班，一个慢班。各班配备了正副班长，负责考勤和收发作业。每星期一、三两个晚上和星期六一个下午上课。我们制定了《学员守则》《考勤制度》等规章制度。有一段时间各班出勤率、作业完成率不高，根据群众意见，规定无故旷课一次，扣发月奖金10分（我厂月奖金采用百分制评分法）；两次不完成作业扣5分。这件事对学员震动很大，出勤率、作业完成率都有所提高。

3. 采取措施，解决困难。我厂有不少孩子妈妈，因小孩拖累不能按时上课，工会就腾出一间房子，领导亲自动手，粉刷墙壁，购置了炊具、小床，办起了托儿所。这些措施解除了女职业的后顾之忧，她们的学习积极性大大提高，学员出勤率、作业完成率一直保持在90%以上。

在青工文化补习方面，我们取得了一些成绩，但也存在不少问题。例如学员的成绩不够理想，还有部分学员未能达到要求。目前，两个快班已经结业，对于考试合格者，我们将举办高中补习班，让他们继续学习提高。对于考试不合格者，我们将把他们插入慢班继续补课，待明年六月份再参加统考，争取明年全部完成补课任务。

这一汇报专项工作总结内容比较简单，但基本上是按总结写作一般技法来写作的。其开头主要交代开办补习班的依据和缘由，主体部分三项内容是按照主要做法（工作情况）到取得成绩来安排写作顺序，只是理性分析的内容少，但作为一般性的汇报工作总结，基本合格。

二、总结写作的特殊技法

经验性工作总结是以总结经验、推而广之为目的，而不像汇报性工作总结一样是以汇报工作为目的，因此二者在写法上有很大不同。具体说来，与汇报性工作总结比较，经验性工作总结写作上有如下几个方面特点。

1. 结构方式

经验性工作总结的写作可以摒除汇报性工作总结的写作模式，在结构安排上可以按照一般说理性文章的结构方式，以有利于思想内容的表达为出发点，按照写作思路安排结构。前面说到，汇报工作总结一般会按工作情况、取得成绩、理性认识的思路来写，落实到写作中，这就是外部结构的一个基本框架①。以专项工作总结为例，其安排结构的线索是工作情况—取得成绩—理性认识，所以其外部结构基本就是从工作情况写到取得成绩再写到理性认识。总结经验的工作总结外部结构有如下几种。

第一，总结经验的工作总结可以以经验为线索安排结构。这种结构类型适宜于以总结经验、介绍经验为主要内容的总结，其外部结构形式表现为从经验一写到经验二、经验三……以总结经验、介绍经验为主的总结，以工作中取得的经验作为纲，一条经验一条经验地写，每一条经验独自形成一个部分，全文总结了几条经验文章就有几部分。请看下面一例。

网络教学经验总结

因受疫情影响，我院决定 2020 年春季学期利用"一平三端"采取网络教学方式。刚刚接到通知，大家内心充满恐慌，紧接着就是焦虑，原因是对网络授课心里没底。由于对教学不熟悉，大家感觉自己建的课不知在学生面

①　段果云：《述职报告与个人工作总结的区别》，《四川档案》2003 年第 6 期，第 28—29 页。

通用文书写作技法研究

前出现时会是什么样子，再加上授课对象不在眼前，教学过程没法控制，一切都不在自己的掌控之中。经过学习学院组织的网络培训课程，再加上个人努力摸索，现在大多数教师不但应对自如，且渐入佳境，同时对网络授课也有不少感受，获得一定经验。现将建课方面相关经验总结如下。

第一，建课时要主线分明，内容要少而精。因为我们现在是课上的网络学习，不同于开放类的网络学习，课上时间有限，就是90分钟。要做到这一点，首先要将主线确定下来。例如有的老师是以音频为主，那么音频就可以成为主线，然后根据音频学习时学生需要的材料配齐其他学习资源。比如，为了配合利用音频进行学习，可能需要的相关教学资源至少要有相关教学内容的PPT或PDF文档。如果还有其他相关内容的资源，觉得适宜学生学习，可放在课后扩展中。

第二，对学习内容一定要进行切分，不要太多太大。例如利用音频，最好将其切分为10～15分钟比较合适，因为时间太长，学生精神就很难集中；还有音频时间长，学习过程中出现卡顿等特殊情况的可能性比较大，影响学习进度。

第三，学生活动时间要充足，以便掌握学生学习过程。一次课90分钟，学生活动时间不应少于30分钟。以音频学习为例，一般一次课有3～4个知识点，每一个知识点的学习时间15分钟（因为音频是10～15分钟，再加上PPT等的学习时间），这样最多60分钟，剩余时间用于学生活动。只有让学生动起来，才能使其精力集中在课堂上，否则会很容易走神。

第四，学生活动与知识点学习交替进行。在90分钟时间里，最好是一个知识点学习后安排一个活动，这样既可以及时掌握学生学习质量，还可以调节学生的情绪，使其不至于因长时间做一件事而精力分散。可以安排的活动包括章节测验、课堂讨论、测验活动（不同于章节测验，是一种活动）、课上作业等。有一点需要注意，任何的课上活动都不要成为学生知识点学习的干扰。要做到这一点，一是不要过于频繁，二是要把握好节奏，三是要留有充足的时间。

第五，安排课上内容时，时间不要无缝对接，要有缓冲地带，有机动时间。由于学习条件和学习能力等诸多因素的影响，每个知识点的学习，学生不可能齐步走，也不可能完全按照教师安排的时间完成，这样就需要有缓冲，给部分学生充足的学习时间完成任务，不至于疲于追赶而使质量无法保证。

第六，章节安排尽量扁平化，减少层级，这样学生在浏览章节时更加清晰。每一次课教学安排（教案）要放在章节内容的第一项。教学安排至少要包括学习内容、时限和学习材料三项，让学生在每一次课开始前了解本次课的基本内容。章节的最后一项是课外扩展或课后作业。

第七，每一次课的学习内容，除活动外，最好在上课前一天公开，使学生可以提前学习，即使只浏览一下也会对课上学习有益。要充分发挥网络学习的优势，学生在课前进行学习，课上可以复学，这样可以弥补因课上学习时间有限而学得不扎实的问题，不止一遍地学习，可以大大提高学习效果。

这一总结就是以经验为线索结构成篇，每一条经验独自成段，总结了七条经验，形成七个段落，完全打破了汇报工作总结的从工作情况到取得成绩再到理性认识的外部结构形式，而内容的重点也是对经验的总结和介绍说明。

第二，总结经验工作总结还可以以内容逻辑为线索安排结构。这种类型适宜于以对经验的理性分析为主要内容的总结，其在写作中逻辑自在其中，表达的逻辑就是其布局谋篇的线索。通常在写作时以做法和经验为逻辑起点，先概括说明做法或经验，然后很快转入分析之中，主要分析为什么要这样做，这样做的初衷以及其理论依据构成全文的主要内容。请看下面一例。

网络教学经验总结

网络教学是一个新鲜的尝试，它有自己的优势，有自己存在的理由。第一，它可以转变人们的教学理念，可以强迫人们把以学生为主体的教学观念落到实处，这也是教育部推进网络教学的重要初衷。因为不是面对着学生，如果教师无视学生的需要，只顾按照自己的意愿讲授，势必不能将学生牢牢地控制在课程上，所以教师就要考虑学生的需求，站在学生的角度设计符合学生需要的学习内容而不是符合教师需要的教学内容。第二，网络教学使师生之间的关系更加融洽，由原来的教师居于主导地位的相对不平等的关系变为平等的网友关系。但不论如何，网络教学只可以作为课堂教学的补充形式，它永远不能完全代替课堂教学，因为人与人之间的交流应该是有温度的交流，教学过程实质上就是师生之间的交流的过程。下面从教学过程中的课程管理和学生管理两方面总结如下。

网络教学上课时教师的主要任务有两个：一是发布学习任务，二是监督学生学习状况。在课前已经通过企业微信建好班级学习群，上课时教师与学生沟通主要通过这个群。上课后，教师按照教学安排（教案）按时在学习群里发布学习任务，一般包括学习哪个内容，用时多少，到什么时候结束。例如："现在可以开始 3.2 初读正音的学习了，时间 10 分钟，到 8 点 10 分结束。"这里有两点需要说明。一是课上要有学习任务发布环节，虽然学习任务有些已提前公开。学习任务中的知识点提前公开，部分学生可能进行了学习，但课上仍然要按照教学安排准时发布，这是为了给每个人一个时间参考，更主要是要把控课程节奏，不使教学过程失控，保证一次课的教学任务的按时完成。二是学习任务的发布，对于学生的学习活动只是一个指导，是一种原则上的规定，并不是某一个学习任务发布之后，全体学生都要放下手头任务而去学习这一内容，一些学习速度慢于正常速度的学生要先将手头的任务完成再去完成这一任务。这一点一定要向学生说明，否则学生的学习过程就会变成跑马占地，顾此失彼，这也就是前面所说在时间安排上要有缓冲的主要原因。一般说来，在学生完成章节测验或讨论等活动时可以把时间安排得宽松一些作为机动时间，比如 5 分钟可以完成的任务，可以安排到 8 分钟。

监督学生学习情况主要利用平台的统计功能。教师在学习群发布完学习任务后，要马上转战"统计"模块，通过"统计"之下的"任务点"查看学生学习活动进行的情况和完成质量。"一平三通"统计功能十分强大，教师在这里可以实时观察学生的学习活动。比如在音视频学习时，每一个学生是否在进行学习一目了然，教师在这里可以看到每一个学生开始学习的时间，结束的时间，反刍（重复）比是多少，是否完成任务。再比如在进行章节测验时，在这里可以观察哪些学生查看了题目，得了多少分，哪些同学还未查看。教师在掌握了情况后，将信息反馈到学习群中，就可以及时地进行指导或督促，该表扬的表扬，该提醒的提醒，这样基本可以实时了解每一名学生的学习活动，把握整个教学过程。

网课中的学生管理主要是学生到课管理和课上学习管理两个方面。到课管理采用签到方式，让学生通过签到活动提前进入学习状态。此外，考勤方式还包括课上的学习记录和任务点完成几个方面。我们一般管理办法是：签到＋课上学习痕迹＝出勤，只有签到，没有课上学习痕迹，记为早退；没有签到，但有课上学习痕迹，记为迟到。

　　任务点完成后的截屏是学习任务已经完成的标志，所以每一次课结束时要求学生发来任务点完成后的截屏，这一方面可以督促学生按时完成学习任务，同时也相当于一个仪式活动，让学生对自己也有一个交代，增加一点仪式感。任务点截屏很重要，但不能代表学习质量，学习质量的管理要依靠课上的章节测验、作业等完成情况和成绩高低。每一个知识点后的章节测验一般 4 个小题，将合格成绩定为 100 分，只有应当掌握的内容全部掌握才算过关，学生提交后不能过关自动打回重做，但重做时允许学生提交后查看答案。这样，在每一个知识点后有一个章节测验，学生如果能过关，说明基本掌握了这个知识点的内容。

　　同样是对网络教学经验总结，这种结构类型一般从做法或经验谈到为什么要这样做，这样做的依据是什么，这样做的过程中要注意什么，对"为什么"的分析占据主要篇幅，而不是像前面一种经验本身占了主要篇幅，因此这种结构的经验总结向学术论文更靠近了一步。这一篇的第二段在这一点上最明显，其在说明按时发布学习任务后，所谓的两点注意就是对为什么要按时发布的一个分析，全段大部分内容都是在分析为什么要对任务定时发布以及按时发布的意义所在。

　　第三，总结经验的总结可以以问题为线索安排结构。以问题为线索安排结构与学术论文结构方法相同，使文章按照提出问题、分析问题、解决问题的思路展开。前面谈到，最高级的总结经验的总结可以成为学术文章，这样的总结除了内容上要有一定的理论深度，更主要的是要有论证的过程，即在提出问题之后，要通过各种论证方法对问题进行分析论证，最终得出结论。

　　工作中总会存在各种各样的问题，有的问题是老生常谈，一贯存在，不容易解决，例如在教学工作中如何以学生为主体的问题，而如果我们在工作中正好遇到这样的问题，而且通过探索对于解决这样的问题获得了一定的经验，在总结工作经验时就可以从提出问题开始。提出问题的方法有多种，例如可以从现实情况的说明出发，列举问题存在的种种情况及问题的严重程度，以此突出自己所做探索的意义和获得经验的重要性。也可以从调查研究开始，比如前期曾经对某个问题作过调查，用调查结论来证明确实存在这一问题。提出问题是为了突出探索和经验的重要性，可以使人觉得对这一问题的探索既不是无稽之谈，也不是无病呻吟。问题提出是为了解决问题，所以在提出问题之后，要重点做好对问题的分析。同样，在分析问题时，又可以采用并列式和递进式两种方式。并列式即将所分析问题平面展开，从几个方面、几个角度进行论证；递进式即将所分析问题由浅入深展开，一层一层逐层深入地进行论证。解决问题是在最后，归纳总结解决问题的方法和途径。这一部分一定要针对前面所提出的问题以及问题产生的原因来写，要有很强的针对性，否则就会让人觉得前后分离，所提出的解决办法也会是无的放矢。

下面请看一例。

中国传统文化教育要重视学生体认过程

在传统文化教学实践中，普遍存在偏重对知识点的灌输，单纯地让学生记忆一定的传统文化知识，缺少对学生道德养成和人格塑造的关注；偏重发挥课堂教学的主要作用，忽视课外活动和社会实践的重要作用。把原本内涵丰富的传统文化教学简化为简单的理论灌输，不利于传统文化的宣传教育，也降低了学生对传统文化学习的兴趣，不利于学生传统文化素养的提高。

体认指从体察、认识到认可、认同的过程，它与空洞的说教、强势灌输不同，强调接受者的过程参与和主观体验，中国传统文化教育中优秀价值观的学习就应该是一种主观参与、逐步内化的过程。中国传统文化中的优秀价值观作为一种形而上也不是一种孤立的、赤裸裸的存在，它总是蕴藏在文化现象中。例如关于中国传统文化中的义利观，有"义以为上""以义制利"的优良传统。要让学习者接受这一观点，就要使其有切身体验过程，讲明"义者，天理之所宜""利者，人情之所欲"。利并非一种绝对的恶，商人追求利是理所应当，但因为它与个人或小团体利益相联系，往往难以统一，正所谓众口难调；而义则是超越个人利益，具有一种普遍性的品格，对个人或小群体的利益有调节作用，对于避免矛盾冲突、维护社会稳定大有好处。讲明道理后，如果再附以晋商的以诚获利、义节如山，徽商的仁以爱人、智以取利等中国古代商帮的经商之道，或者像范蠡、猗顿、子贡等散尽家财、以义为上的经商故事，学习者在文化现象的学习中便可以接受并认同这种价值观，进而可以内化为自己的价值观。

中国传统文化中优秀的价值观普遍存在，高职院校开展传统文化教育可以以学科或专业为切入点让学生体认、内化优秀的价值观，经由某个领域的传统文化作为通道进入中国传统文化腹地，全面领悟中国传统文化精髓。比如，农业类院系可以"中国传统农业文化"作为切入点，以在农业活动中中国人的先进的信念、态度和价值观为教育目标，让学生学习和体认优秀的价值观。同理，商科类院系可以"中国传统商业文化"或"中国商业史"等为切入点，经济类院系可以"中国传统经济文化"或"中国经济史"等为切入点。另外，还可以直接按文化种类分类，以某一种类的传统文化为切入点开展中国传统文化教育，比如可以开设"中国传统民俗文化""中国传统文学艺术""中国古代科学技术""中国传统语言文字""中国古代历史""中国传统伦理道德""中国古代宗教""中国古代哲学"等课程。

上例中第一段提出传统文化教育偏重"理论灌输"这一问题，第二段进行分析，重在说明"参与"与"内化"的重要性，第三段给出具体方法。这里的分析、认识和方法都源于自己的工作经验，是在工作经验基础上所作的理性高度概括和综合。

2. 语言特点

相比于汇报工作总结，经验性总结中的说理成分占比增大。汇报工作总结以说明做了什么，怎样做的为主，表达方式上说明最多，其次是叙述，再次是议论，以客观地表达为主。经验性工作总结虽然也要说明怎样做的，取得了什么经验，但这不是表达的重心所在，其重心在于阐发这样做的理由或理论依据，主观阐述的成分占比更大。在语言的使用上，经验性总结要尽量向学术论文靠拢，说理时各种论证方法都可以使用，如前面一例中有举例论证，列举了关于中国传统文化中的"义利观"这一内容的体认和内化的例子。此外像正反论证、比喻论证、类比论证的论证方法均可使用。

除了说理性强这一特点外，经验性总结语言还要注意进行材料提炼。首先，要在经验基础上提炼出观点并进行概括，总结出规律性的认识，上升到理论的高度。任何经验，如果处于原始状态，往往缺乏普遍意义，其在这一次实践中可以取得成功，在下一次实践中未必尽然，对实践的指导作用不大。只有经过提炼的过程，由个别上升为普遍，由特殊上升为一般，才有可能对他人有借鉴意义，才有可能有推广价值。在这个过程中不仅仅是材料的提炼，也要有语言的概括和提炼。例如，可以将经验提炼成文章的标题、中心论点或小标题，以最简洁的语言概括出最精当的内容。从语言形式的角度上说，可以提炼成一句话，也可以是对句，给人以整齐匀称美感，便于理解和记忆。

第三节　调查报告写作技法

调查报告是机关单位组织人员进行系统调查后，在对调查材料进行分析研究基础上形成的报告，调查报告的内容多是总结成功的经验，或对解决问题提出对策。这里的调查报告是指一般事务性调查报告，它是对某项工作、某个事件、某个问题经过深入细致的调查后，将调查材料进行系统研究，以书面的形式将调查结果汇报出来，不包括新闻调查，也不包括经济类调查如市场调查报告等。

从名称上来看，调查报告实际是调查研究报告的简称，但不论是全称还是简称，其形式上都有"报告"两字，而这就不得不让人产生一个问题，那就是，调查报告与前面法定文书中的"报告"有什么关系？是不是从属于报告、是报告中的一种？要回答这一问题，我们要看一看二者的区别。调查报告与报告至少有三点不同：一是两个文种中"报告"一词的语义的侧重点不同，"报告"语义侧重点是汇报，而调查报告之"报告"语义侧重点是文字表达；二是行文目的不同，报告的行文目的是向上级汇报，而调查报告的行文目的是找出问题解决的对策或推广经验；三是行文对象不同，报告作为党政机关公文中两种上行文中的一种，其行文对象是本单位的上级，而调查报告没有行文对象问题，或者说其行文对象即使有也是不确定的。

前面说到，调查报告可以用来总结成功经验，那么调查报告与总结又是什么关系呢？首先，从行文目的上来看二者是不同的，总结的行文目的是向他人介绍自己的经验，而调查报告是将别人的经验研究推广；其次，在写作的角度不同，总结是第一人称的角度，而调查报告是第三人称的角度。

调查报告同样可以划分为不同种类。如果按作者划分，可以分为机关调查报告和非机关调查报告，机关调查报告即作者为机关或企事业单位，非机关调查报告即作者是个人或其他组织。如果按内容分，报告可以分为总结经验调查报告、揭露问题调查报告和研究事物调查报告，也可以分别称为经验型调查报告、对策型调查报告和科研型调查报告。① 需要强调的是，因为以个人或组织为作者的科学研究型的调查报告是属于科技文书，是科学论文中的一个特殊种类，所以我们这里不作重点研究，我们这里重点要研究的是机关单位为作者的经验型和对策型调查报告。

一、调查报告写作的一般技法

调查报告作为一种非法定通用文书，其外在结构一般包括标题、署名、正文和日期。

1. 标题

调查报告虽然不属于法定公文，但却可以使用法定公文式的标题，即由发文单位名称、事由和文种三部分内容组合成一个标题，表达模式为：××××关于×××××的调查（调查报告）。例如：

　　×××局关于新冠疫情后旅游企业复工复产经验的调查

　　×××学院关于 2019—2020 学年第二学期线上教学情况的调查

这两个调查报告，前者因标题中有"经验"二字，很显然是一个经验型的调查报告，调查的初衷是总结旅游企业在复工复产工作中成功的经验，总结提升之后进行推广；后者则是一个对策型的调查报告，调查的初衷是寻找线上教学存在的问题，以便在今后教学工作中避免和解决此类问题，进一步提高线上教学效果。这里有几点需要注意，第一，文种名称可以是"调查报告"，也可以是"调查"，但不能用"报告"以免与党政机关公文中的报告混淆，引起误解。第二，如果是经验型调查报告，最好在事由中出现"经验"两字以使标题传达的信息更明确，让人一看标题便得知这篇报告是关于什么方面经验的调查。此外，对于公文式标题，"关于"前面的调查主体可以省略，但为了最大化地传达信息，事由部分要尽量具体详细，既要使句子简洁，又要使信息丰富，要较好地平衡二者的关系。

除公文式标题，调查报告还可以使用双标题，一般是由文章式标题和公文式标题组成，以文章式标题为正标题，以公文式标题为副标题。例如：

---

① 董宇、赫慧育：《论考察报告与调查报告的文体差异》，《哲学文史研究》2015 年第 2 期，第 41 页。

录课学习 直播答疑 营造有温度的课堂

——×××学院督导处关于×××课程线上授课经验的调查

这个标题中，因为此调查报告是经验型的调查报告，正标题将经验亦即调查结果凝练成三个短语进行概括，这样既突出主题，又读来上口，副标题则对调查者、被调查对象及调查问题作出说明，二者相互配合，整个标题既简明精练，又最大限度地传达了信息。这里要说明的是，在拟写文章式标题时，要充分发挥写作者的语言功力，在准确概括调查结论的基础上，尽量使语言形象生动、朗朗上口，具体方法如下。

第一，使用整句。整句是指一组句子，一组结构相同或相似、字数相等、排列整齐的句子，它是与散句相对的概念。对于文章式标题写作来说，最常用的是整句中的对句，是由字数相同，文意相对的两个句子组成的整句，两个句子相当于对偶句的两个句子或对联的上下联。比起对仗，对句在格律上一般不做要求，不讲究平仄关系，只要字数相同即可；在文意上既可以是相反的关系，也可以是表里、前后、因果、承接关系。这样的两个句子放在一起，虽然不要讲究格律，但由于形式整齐，仍然给人以音节和谐之感觉。此外，还可以使用三个或四个短语构成整句。

第二，在词语选择上，除注意语义准确外，在音调上要尽量选择先抑后扬词语，类似于对偶中的上句最后一个字用仄声，下句最后一个字用平声，这样的语音效果更加上口。现代汉语中双音节词语占多数，大多词语为先抑后扬，如复工、上学、走开，这样的词语一般声音比较响亮，这一点值得借鉴。不论是词语选用还是对句中的上下句之间，要尽量按照这一标准安排。

2.正文

与前面文种正文相似，调查报告的正文一般分为三部分：前言、主体和结尾。前言一般是对调查的时间、地点、缘由、目的、方法和调查对象的基本情况进行概括交代，经验型调查报告还可以对调查对象的经验进行简要评价，对策型调查报告则可以对发现的问题作一简要说明。前言结束，以过渡句自然过渡到主体部分，例如"现将调查的具体情况报告如下"等。

例一　经验型调查报告前言

×××社区党支部在社区防疫工作中取得了较大成绩，为了更好地了解党组织在社区工作中的作用，2020年6月，我们采用座谈的方式对×××社区了解社区党支部及志愿者进行了调查。通过调查，我们发现，×××社区党支部在×××等方面工作成果显著，获得了一定经验。现将调查情况报告如下。

例二　对策型调查报告前言

一个学期的网上教学结束了，虽然在网上教学方面取得了一定的成绩，但也存在诸如教学效果不理想、学生学习时"跑冒滴漏"等问题。为了加强网上教学管理，提高教学效果，2020年7—8月，我们采用问卷调查的方法，对北京市8所高校近150名师生进行了调查。通过调查发现：与课堂教学相比，网上教学有一定的优势，但在教学效果及学生满意度上存在问题。现将调查具体情况报告如下。

主体部分是调查报告的重心所在，写法也比较复杂。经验型调查报告主要围绕认识、做法和效果三个问题来写；对策型调查报告主要围绕问题、原因、对策三个问题来写。

在结构安排上，经验型调查报告以总结出的被调查对象的工作经验为核心，所以在安排主体部分的结构时，为了突出核心内容，可以"经验"为纲进行安排。例如，对某单位进行调查后总结出工作经验有三条，分别为经验1、经验2、经验3，主体部分就可以以这三条经验为纲，分成三个大问题来写，即经验1—经验2—经验3。对策型调查报告的内容重心是对策，而且问题、原因与对策之间有着严密的逻辑关系，对于原因来说，存在的问题是前提，一定要先摆出问题所在，再分析产生问题的原因；对于对策或建议来说，存在的问题以及产生问题的原因都是前提，一定要在摆出问题、剖析原因之后，再针对问题及其产生的原因提出对策或建议。所以，对策型调查报告在结构安排上一定要按照问题—原因—对策的逻辑关系来安排，不可颠倒先后顺序。

掌握了结构方式，写作时就有了基本思路，可以把调查报告的基本框架搭建起来，但这距离完成一篇调查报告还很远，因为在写作中，还有每一大问题之下的材料安排问题，如同有了骨架还要有血脉。对于经验型调查报告，"血脉"就是对问题的认识和具体做法，即在每一条经验之下，还要写出这条经验产生的原因和过程，也就是对工作的认识和具体做法及效果。认识属于主观上的东西，是属于思想、观念或世界观、价值观的问题，任何行为无不受到认识的支配，不同的认识就会产生不同的行为，所以，对某一项工作或某个问题的认识一定是产生某个行为因而获得某种经验的前提。做法是在一定的主观认识的基础上所采用的行为方式，对于一项工作来说，具体做法是最有借鉴和推广价值的，经验是虚化的，而做法是具体的，是可以模仿和学习的，所以，具体做法是工作经验的内核，只有将工作的具体做法交代清楚，才能将所谓的工作经验总结完成。因此，经验型的调查报告在每一条经验即每一大问题的内部，要分别写出对工作的认识和具体的工作方法、产生的效果。对策型的调查报告在这一问题上相对简单，在问题—原因—对策之下，分别写出问题1、问题2、问题3或更多，然后分析产生这些问题的原因1、原因2、原因3或更多，最后针对问题及产生的原因提出对策1、对策2、对策3或更多即可。

仔细分析我们会发现，经验型调查报告和对策型调查报告在安排结构时都是两个层次，只不过两个层次的逻辑关系不一样，前者是先按横向（并列）关系安排几大部分，然后在每一部分内部再按纵向（递进）关系从认识写到做法最后写到效果；后者则是先按纵向（递进）关系从问题到原因最后到对策三大部分，而在每一个部分内部按横向（并列）关系安排，从问题1写到问题2、问题3，或原因1到原因2、原因3，或对策1、对策2、对策3。经过这样的结构排布，一篇调查报告的基本骨架和脉络基本呈现，然后就是连缀成篇的问题了。但是我们仍然要说，这是最简单的结构方式，而实际写作中，并不是每一个调查报告的内容都如此的单一，有时会遇到十分复杂的情况。但万变不离其宗，只要我们掌握了最基本的结构，稍加变通便能应对复杂的情况。

下面谈谈结尾的写作。调查报告没有固定格式的结尾，通常情况下可以对全文做一小结，但也可自然收束，没有结尾。

请看下面一篇调查报告。

关于农村留守儿童问题的调查

所谓的留守儿童是指父母双方在外打工而独立或与其他亲属一起生活在农村中的未成年人。随着越来越多的农村青壮年劳动力到城市打工或经商，农村留守儿童数量也不断增加，调查显示，截至目前，我国留守儿童数已达2000万人。留守儿童正处于成长发育的关键期，由于长期失去父母的关爱和庇护，身心成长和学习生活都面临失管、失教和失衡，有的甚至走上了犯罪的道路，引发了诸多的社会问题。为了了解农村留守儿童问题的具体情况，挖掘农村留守儿童问题的成因，200×年8月底至200×年6月底，我们对××县××镇的留守儿童采用家庭走访的方式进行了调查。现将具体情况报告如下。

一、农村留守儿童主要问题

我们调查的小学处于欠发达地区，生活条件艰苦，自然环境恶劣，生活水平不高。被调查30余名留守儿童多是班级中的问题学生，他们普遍学习成绩较差，不能按时完成作业，有孤独感和失落感，不喜欢交流。突出问题如下。

1. 成绩不好，表现不佳。农村留守儿童在小学阶段学习兴趣较浓，学习成绩比较好，但到了初中阶段，极少表现优秀者，大多数成为所谓的问题儿童。学习习惯不好，自由散漫，迟到早退。

2. 亲情缺失，心理异常。大多数农村留守儿童有两种典型的心理症状：一是性格内向、孤僻、自卑，不善于与人交流；二是性格脆弱，脾气暴躁，冲动易怒。

3. 物质充裕，志向模糊。普遍形成了"金钱万能"的价值观和"逍遥享乐"的人生观，缺少勤俭节约和艰苦奋斗概念，没有人情味。

4. 家教缺失，越轨严重。生活习惯与学习习惯不好，不讲卫生，缺少礼貌，甚至沉迷网络，打架斗殴，谈情说爱，越轨犯罪。

二、农村留守儿童出现问题的原因

1. 监护人责任缺失。父母将孩子委托给他人监护，但大多数受托监护人认为父母不在身边，不能对孩子要求过严，相反，应该给孩子更多的爱。另外，更多的受托人缺乏责任意识，重吃穿，轻教育；重身体，轻心理；看重表现，轻视习惯。

2. 过早涉足社会。由于家庭的不完整，留守儿童过早地涉足社会的各个方面，由于天真单纯，无法正确处理所面临的问题，于是接触到许多不良的社会事物，例如网络游戏、色情影像、黑恶势力等。

3. 社会组织不力。全社会缺乏对农村留守儿童关心，从地方政府到社会团体，从学校到其他公益组织，对留守儿童这一特殊群体没有引起足够的重视，未能正视这一群体所面临的特殊问题，未能有组织起来保护留守儿童的合法权益。

三、解决农村留守儿童问题的对策

留守儿童问题不只是儿童教育问题，其已成为落后地区农村社会的严重问题，必须要从建立和谐社会的角度认识，从人的生存与发展的角度认识，要有及时有效的解决措施，积极稳妥地进行解决，我们提出如下建议。

1. 建立健全留守儿童工作机制。关心关爱留守儿童是全社会的一项工作，需要全社会参与与支持。要建立以市县乡政府为主的政府组织，由民政部门或教育部门等职能部门把留守儿童问题科学有效地管理起来。例如可以在留守儿童就读的学校设立专门组织，解决留守儿童生活或成长中遇到的各种问题。

2. 培养和扶持以民间组织为依托的农村留守儿童服务机构。在农村留守儿童问题无法从根本上解决之前，鼓励民间资金和社会力量兴办留守儿童服务站等多种形式的托管机构，利用社会优质资源如退休教师等，切实为农村留守儿童提供高质量的健康成长服务。

3. 优化农村社会环境。各级政府要下大力气净化社会环境，严厉打击引诱犯罪和侵害儿童权益的犯罪活动。一方面可以通过各种媒体呼吁全社会关注留守儿童问题，另一方面对农村留守儿童进行正确的引导和教育，引导他们做积极向上、健康生活的人。

当然，解决农村留守儿童的根本办法是发展农村经济，平衡城乡经济发展，缩小地区经济差异，使农民能在本乡本土解决生计问题，与自己的子女共同享受生活，从根本上不再产生农村留守儿童现象。

（本文改写自《2016年留守儿童调查报告》）

这是一篇对策型调查报告，全文虽篇幅不长，对问题未能展开阐述，但基本框架完备，从现状或问题写起，然后分析原因，最后提出对策，是一种纵向的或递进的关系，而在每一部分内部，几点之间是一种横向或并列关系，全文整体上眉目清楚、思路清晰。

二、调查报告写作的特殊技法

上面所谈的是调查报告的一般写作技法，掌握一般技法，实际工作中调查报告写作工作可以胜任，但如果要达到得心应手，还需要掌握一些特殊技法。下面结合目前调查报告写作上存在的问题来谈谈几个特殊技法。

1. 搞清调查报告的意图

机关单位要形成某个调查报告通常不是个人行为，即使是最后一个人统稿完成调查报告，它代表的也不应该是写作者个人意愿，而是一种组织行为和组织意愿，在这一点上，它与前面的党政机关公文没有什么不同。所以在开展调查、形成报告之前，有一个由上级部门与调查任务的承担者之间授受意图的过程，在这个过程中，必须要明确的就是此次调查的目的是什么，这不仅关系着调查行动，也关系着调查报告的写作。但是，在实际调查工作及报告写作的过程中，经常会出现偏离调查初衷的情况。发生这种情况，主观故意原因很少，大多数原因是对当初的意图没能吃透，调查或报告写作过程中遇到比较复杂的情况时就产生了偏差，最终使调查的目的难以实现。

在调查报告完成之前，一定要明确几方面的问题。一是此调查报告写作的目的是什么，是为了考察上级某个决策的正确与否，还是为了制定方针政策提供依据；是为了总结工作经验，还是为了找出问题的原因；是为上级决策作参考，还是为下级开展工作进行指导。二是此调查报告的使用方式是怎样的，是向上级汇报使用，还是下达到各个部门使用；是见诸报端，还是内部传阅。这些情况的不同，都决定着调查报告的写作特点的不同。例如，同样是在社区调查有关居民养老问题，调查的目的可以是为是否应在社区建立养老照料中心政策提供依据，也可以是对在社区适宜建立什么样的养老服务机构提出建议；可以是汇报给上级单位，也可以是向社会推广养老服务工作，情况不同，调查报告写作的侧重点就不同。如果目的是提供政策依据，那么调查报告的内容就应以目前养老存在的问题为主；如果目的是提出建议，那么调查报告的内容就应该侧重对解决养老问题的建议。如果使用的方式是向上级汇报，调查报告的内容就要偏重于理性分析，要将道理、原因阐述清楚；如果使用方式是下达至各相关部门，调查报告的内容就要偏重于工作方法的说明，具体翔实即可。

上面所谈的不同的目的和使用方式对调查报告内容侧重点的影响，下面再从写作手法上来看也有不同。例如要调查有关垃圾分类情况，如果调查的目的是将某一社区的垃圾分类工作经验进行总结，要见诸报端，向社会推广，那么调查报告在写作手法上要更多地向新闻中的专题报道靠拢，用事实说话，突出新闻性；而如果目的只是总结工作经验，向上级汇报工作业绩，那么调查报告在写作手法上就要更多地向总结靠拢，要有理论分析，突出经验；而如果目的是找出工作中存在的问题，为下一步纠正政策偏差提供依据，那么调查报告在写作手法上就要向科研论文中的调查报告靠拢，要以大量的数据说话。

总之，不同的意图，不同的目的，关系着调查报告写作的内容和写作手法，在调查报告的写作中，从接受写作任务开始，就要将这一问题吃准吃透，既不可疏忽大意，也不可妄自揣摩。

2. 调查工作要科学

写调查报告，调查是前提，而调查工作科学与否，直接决定着调查报告价值的有无。在实际工作中，调查工作不科学的情况还是大量存在的，有些是因为主观原因，但这又可分为能力不足和主观故意两种情况。能力不足情况的发生大多是因为调查者没有掌握科学的调查方法，从样本的选取到具体的调查过程都不足以使调查工作做到科学规范。比如在选择调查对象时，要么样本数量太少，不足以代表整体；要么样本没有典型性，不能够代表整体，这样产生的调查结论往往是以偏概全，只有树木，没有森林的。

主观故意是指在调查工作中，为了使结论达到自己理想状态，以调查为实验，扭曲结论。做科学实验（注意，这里所说的是实验而不是试验），常常是已知一个结果，然后通过实验过程对这一结果进行验证，例如化学实验室中的氢气燃烧实验，只是为了证实氢气是可以燃烧的。调查的过程与科学实验不同，它不是对一个已知的结果进行验证，虽然科学的调查在进行之前也要做出计划，预估调查结论，但这个结论只是一种预估，调查结果有可能与这个结论相同，也有可能与这个结论不同，这是完全正常的现象。但是，在这种情况下，是尊重客观事实，还是扭曲事实；是以调查出的客观结论为重，还是以主观预估结论为重，不同的人会做出不同的选择，以致最后大大影响调查报告的价值。

常用的调查方法有访谈法、座谈会法、书面材料分析法、实地走访法（考察法）、问卷调查法等，不论采取哪种调查方法，都有一个调查对象的选择问题。选择调查对象，首先要保证调查对象的代表性，其次要保证调查对象有一定的覆盖面。例如要采用座谈会法向学生调查线上教学整体情况，首先，因为调查的是全校整体的教育情况，所以要按基础课、专业课，理论课、实践课分别进行调查，保证课程的全覆盖；而对于调查对象，在选择被调查学生时，要将学生进行分类，比如普通学生、班干部，学习成绩优良、中等、较差，保证被调查对象的代表性。

科学地选择调查对象是保证调查工作科学的第一步，而在具体调查时，也要保证科学性。如上例中的座谈会法，调查者不能有引导性提问；在学生发言时还要注意察言观色，因为有可能其所谈并非自己的真实想法，是受到前面发言的影响；对发言的内容要实时做出分析和判断。为了保证调查结论的正确，还可以几种调查方法结合使用，比如采用学生座谈会法，还可结合考察法、材料分析法，可以走进课堂，查看教学材料。问卷调查法是一种高效的调查方法，可以很快完成调查工作，但调查问卷的设计科学与否直接决定着调查工作科学与否。在设计调查问卷时，要坚持问题导向，既要有相关问题方面的提问，也要有产生原因提问。提问题的方法要多样，常用的有直接提问与间接提问、概括性提问与具体提问、提供事实提问与征询意见提问、选择式提问与量表式提问、预定问题与关键项提问，不论采用哪种提问方式，都要保证对问题的指向是单一的，不会产生歧义。另外，整个问卷的题目数量要足够多，被调查对象数量要足够多。

3.分析材料要深入

头重脚轻，重调查，轻分析；重问题，轻建议，这是目前调查报告写作中常见的问题。所谓重调查、轻分析，就是在调查阶段很下功夫，而当拿到调查材料后，却疏于分析研究，或即使分析了、研究了，也未能深入下去，只停留于表面。事实上，调查的过程固然重要，但这只是完成调查报告的第一个阶段，接下来的分析工作更为重要，它是承前启后的一步，否则不仅会前功尽弃，后续的报告过程也无从做起。那么，应该怎样做好调查材料的分析工作呢？

这个过程说起来很简单，几个短语就能概括——去粗取精、去伪存真、由此及彼、由表及里，但真正做起来并不轻松，建议在分析工作进行前要做好如下四个准备。首先，要有足够的问题意识，对所研究的问题有长时期的思考准备，试想，对一个自己从未接触过、从未思考过的事物进行剖析，不论你手头材料多么丰富，也将不是一件容易的事情。其次，对所研究的问题有足够的理论准备，包括政策理论和学术理论，理论代表着高度，它可以让你站在更高的位置思考这一问题，从表面看到内里，从表象看出实质。在调查之前要广泛收集整理相关材料，包括政策文件、有关背景材料、科研论文等，大致了解调查对象的现状或存在的问题。再次，你还需要分析方式的准备，有把握事物与事物之间逻辑联系的能力。分析方式里常用的如比较和方式，有横向的比较，也有纵向的比较，横向即同类事物之间的比较，纵向即同一事物前后时间段的比较，通过比较常常能发现问题。事物之间的逻辑联系有多种，比如常用到的是因果关系，要能分辨出何为因，何为果，为什么这个因就可以产生这个果。最后，还要有对特定历史文化背景的认识准备。我们研究的任何一个社会问题，都是发生在特定的历史文化背景之中，这些历史的、文化的因素都会成为出现某个问题的依据或动因，不了解某一问题背后的历史文化，往往对这一问题无解。例如要研究养老问题，如果不了解中国的家国文化、几千年来形成的孝道文化，以现代西方眼光来看待中国的养老问题，结果将会怎样是可想而知的。

有了充足的准备，再下一番功夫去分析，要做到既看出问题、又看出问题产生的原因；既看出问题产生的原因、又看出解决问题的途径就不会太难了。在接下来的报告过程中，也有一个问题需要避免：那就是重问题，轻建议。头重脚轻是目前对策型调查报告写作中的主要问题，对策型调查本就是对解决问题而进行的，如果一个对策型调查报告并未报告可行性对策，报告的价值将大大缩水。写作对策型调查报告之所以提不出对策，其原因归根结底还是出现在分析阶段，即在上手写作之前并未根据问题分析出解决办法就开始动笔，草草了事，这种现象是一定要避免的。对策型调查报告的重点应是对策，且对策应是针对前面的问题及产生问题的原因而提出的合理化的对策，这是对策型调查报告的价值核心。因此，一个好的调查报告应该是有材料、有观点，有事实、有对策，且观点能够统领材料，材料能够说明观点；问题能够引领对策，对策能够解决问题①。

这里有一点需要补充的是，不论是经验型调查报告还是对策型的调查报告，在材料的使用上都要点面结合，以点带面，先使用面上材料说明整体情况，再运用点上的典型材料说明主要经验或突出问题。

4. 语言要有文采

有文采是事务性调查报告区别于科技文书中的调查报告的主要特点。所谓有文采，主要指语言的整体风貌，从表达的效果看就是语言有一定的张力，给人以美感。众所周知，实用文书写作特别是党政机关公文，语言以简洁明了为第一要务，文采则退居其次，甚至有时还要摒弃文采，但调查报告则属另类，其语言应讲究文采。

---

① 田珍都：《撰写调查报告该如何选择材料?》，《秘书工作》2020年第5期，第51—52页。

首先，语言风格要活泼。随着社会的发展和进步，各种新生的社会问题也会随之产生，事物性调查报告的内容，一般涉及的是当前社会的热点或焦点问题，与社会的发展、时代的进步关系十分紧密。语言也是不断发展变化的，也是与时俱进的，新的语词不断产生，因此，我们要尽量使用本时代的语言来表达本时代的内容，要善于吸收和运用富于时代特色的语言，使语言新鲜活泼。例如，现阶段关于农业农村问题的调查，像"新乡贤""新生代农民工""乡村治理""合作社"；关于营销问题的，像"网络销售""直播带货""网红""主播"；关于教育问题的，像"线上教学""录屏""直播""建课""到课"等。这些词语像一股清风，拉近写作者与读者的距离，会使调查报告可读性更强，调查结论让人感觉更加可信。

语言新鲜活泼的另一个方法是活用或活化语言，在特定的语境中使语词产生特殊的语义，可以褒词贬用、名词动用、古词今用、正词反用等，这样都会使语词打破原有的使用方式，让人感到妙趣横生而活力充足，收到意想不到的表达效果。

其次，句式要富于变化。现代汉语句子可以划分出各种各样的语句类型，如长句和短句、陈述句和疑问句、肯定句和否定句、被动句和把字句等，不同的句式有不同的表达效果，交替使用不同的句式，语言就会显得生动活泼，不呆板，不保守，趣味性强。如果一味地平铺直叙，未免让人产生厌烦之感，这一点在调查报告的写作中十分重要。调查报告写作中所使用的材料，都是在辛苦调查中所获得的新鲜的、带有时代气息的第一手材料，我们在使用这些材料时，也一定要善于变换表达角度和表达方式来表达同一个内容。例如，我们要调查的是有关大学生利用网络进行学习的问题，"大学生利用网络进行学习效果"这一语句一定是出现频次最高的语句，在文章开头，我们可以使用疑问句提出问题——大学生利用网络学习的效果是怎样的？在结论里我们则应使用陈述句——大学生利用网络学习的效果很好（或一般）。

最后，要巧妙运用修辞手法。应用写作要以消极修辞为主，因此在应用写作中可运用的修辞手法为数有限，只有比喻、对偶、排比、引用等，但仅就这几种修辞手法，使用得当，也会收到意想不到的效果。比如对偶这一修辞手法，用于标题或文中的小标题的情况最多，使用得好，从内容上说，可以形成对比或对应的关系，把内容表达得更加详尽；从形式上说，可以增强语言的韵律，产生整齐美，文气贯能，文采飞扬。调查报告的小标题最好使用对偶的手法，前后两句之间可以是正反、顺承、因果的逻辑关系。排比多用于正文内部，因为是三个句子连续使用，可以形成一种推进的气势，产生淋漓尽致的效果。比喻则多用于对某一事物的说明或描写，通过比喻，不但具体可感，而且形象生动。引用则经常用于直接引用或间接引用一些理论、政策中的语句，可以增强说服力。以上四种修辞手法灵活运用，都可以使调查报告的语言富于文采，增强表达效果。

此外，调查报告写作中还有一种不能算作修辞手法的手法，同样也可以使语言文采倍增，这就是句式上的整散结合、词言上的文白相间。关于这一点，前面文种已有所涉及，此不赘述。倒是关于调查报告语言的另一些问题需要再次强调，虽然其不关涉语言的文采问题，那就是，第一，调查报告写作时要叙议结合；第二，要使用第三人称；第三，调查报告要用数据说话，用事实说话。

第四节　简报文稿写作技法

简报是国家机关、社会团体、企事业单位内部用来反映情况、汇报工作、沟通信息、交流经验、揭露问题的报道性文书。简报还有"动态""信息""情况交流""内部参考"等别称。从本质上看，简报是机关、团体、企事业内部用来交流沟通的小型报纸，它可以用来反映情况，比如报道本单位近期来的大大小小的工作事件；可以用来汇报工作，比如某一项工作完成或告一段落，可以写成工作总结刊登在简报上；可以用来沟通交流信息，简报一般在单位内部发行，所以有在单位内部沟通交流的作用，比如工作中获得了工作经验，写成经验总结后刊登在简报上，或者工作中发现了问题，写成反映问题的通报、意见刊登在简报上。从发行方式上来说，有些单位比较重视简报工作，印制成纸质简报，也有单位只发行电子版的简报。简报的发行十分灵活，并不像正式报刊一样有固定的发行周期，它可以一日一期，也可以数日一期；也没有固定的版面，可以一期一文，也可以一期多文。

对于有一定规范的单位来说，简报十分重要，通过上面对简报作用的说明可以看出，简报上刊登的文稿是各种各样，但大致可以分成三大类：一是报道类的，二是汇报类的，三是沟通类的。汇报类的简报文稿与总结、报告等汇报材料十分相似，沟通交流类的简报文稿与公文中的通报、意见十分相似，所以在写法上也可按照这类文种来写，只有报道类的文稿属于新闻体裁，确切地说是新闻中的消息类，前面没有涉及，所以本节将重点阐述的是这一类文稿的写作技法。另外还有一种转发类的简报文稿，因为只是转发，最多也只是在被转发文稿前加上类似于"编者按"式的几句话表明转发意图，正文并非原创，所以也不在重点阐述范围。

在具体阐述消息的写法之前，有两个问题先要进行说明。一是上面的三个种类的分类是简报文稿的分类，并不是简报的分类。简报按照不同的分类标准可以划分为不同的种类，比如按工作类别分，有日常工作简报，会议简报等；日常工作简报又可以按具体的工作内容划分，比如对于一所学校，可以分为科研简报、消防简报、教学简报等。二是消息类简报文稿因为属于新闻大类，所以一定要具有新闻的基本特点，包括取材范围广、用事实说话、编写速度快等。取材范围广是指新闻可以取材于各种类型事物，大到国家的大政方针，小到百姓的居家生活，都可以成为新闻题材。用事实说话是指新闻报道要客观如实地报道新闻事件，仅此而已，写作者不能随意表达个人观点。而所谓的编写速度快是不言而喻的，因为没有速度，新闻也就不成其为新闻了。当然，新闻的体裁有多种，各有不同，各有各的特点，上面所谈仅是新闻的一般性特点。

一、简报文稿写作一般技法

这里重点要谈的是消息类简报文稿的写作技法。消息作为新闻的主体，包括动态消息和综合消息两类，前者是对已经发生或正在发生的事实的报道，侧重于新闻事件的持久性和动态性；后者侧重于对一个新闻事实的整体报道，不是只报道一人一事。对于简报上刊登的文稿，以前者为最多，间或也会有后者，但无论这两者中的哪一种，都要体现消息的四个特点：真、新、短、快。所谓"真"，主要指所报道的新闻事件一定是已经发生了或正在发生的客观事件，不可以捏造，也不可凭借主观想象或联想虚构新闻事件；"新"是指新近发生的、新鲜的事件；"短"是指篇幅短小精悍；"快"是指编写迅速及时。这四个特点都与消息的写作有关系，且四者之间是有联系的，因为要求快，所以篇幅就要短。简报文稿中的消息类文稿与新闻体裁中的消息在写作上稍有不同，一是简报文稿多为一家单位中本部门报道本部门的消息，所以对消息头（如"本报讯"）通常没有要求，而一般是在文末落款处标明作者单位和姓名。

从章法结构上说，一则消息通常由四部分组成：标题、消息头、导语和主体，因简报文稿没有消息头，所以下面讨论消息写作技法时不谈此项。

1. 标题

消息的标题分单行标题和多行标题。一般小的新闻事件用单行标题，大的、复杂的、重要的新闻事件用多行标题。

使用单行标题时，通常是用一句话概括新闻事实作为标题。如：

××大学教学改革会议今日召开

习近平对研究生教育工作作出重要指示

教学改革会议是本则消息要报道的主要新闻事实，用简洁的语言概括这一事实就可以用来充当标题。这样的标题最大的好处是可以使读者浏览标题就了解本则消息报道的新闻事件是什么，获得一定的信息，如果对此信息有兴趣，可以继续阅读正文，如果没兴趣，就可以就此打住。每位读者由于阅读的目的不同，兴趣点不同，对于消息，未必会从头到尾通读全篇，有时可能只是作一个标题的浏览，获得一些资讯，这种以对新闻事实概括的语句作为标题，就可以满足那些只需获得基本信息的读者心理需求。

多行标题主要有引题＋正题、正题＋副题、引题＋正题＋副题三种情况。正题通常就是前面所讲的用简洁的语言直接概括新闻事实型的标题；引题是在正题前面的一两个句子，主要作用是引出正题，以引起读者的注意；副题也是一两个句子，主要是对正题的补充或具体化。相比于单行标题，多行标题可以传达出更多的信息，更好地满足那些只浏览标题、只需要获得基本信息的读者的需求。例如：

引题：秋季开学最新消息

正题：北京地区大学生即将返校

正题：北京中考高分考生井喷

副题：满分 580 分，570 分以上 1455 人

2. 导语

消息的正文由导语和主体组成，导语是正文最前面部分。所谓"导语"，"导"在字面上有"引导"之意，一般认为"导语"就是引导读者阅读之语的意

思。但实际上，从"导语"这一专业术语的来历上看，它是"先导"① 意思，是内容重点的先期呈现。所以在写作上，导语一定要写出有新闻价值的内容，并且还要简短生动，有吸引力，要用比较简洁的语言交代最重要、最新鲜的内容。导语位于标题之后，可以用来满足一部分在浏览标题之后还想进一步了解新闻事件的读者需求，所以导语就是要将标题具体化，要把新闻事件中最核心、最有价值的信息写出来，比如一个新闻事件的结果，一些有代表性对新闻事件的评论等。

下面通过案例一进行说明。

××市公安局治安部召开了一次全市开锁从业人员会议，根据下面会议记录，以××市公安局治安部名义写一份简报文稿。

会议地点：市政府一楼会议室

会议时间：2007 年 4 月 12 日

会议主持人：李××局长

会议内容：新兴的开锁行业给群众提供了诸多方便，但也给社会治安带来了很多隐患。近日，××市公安局出台新的措施，对开锁人员严加管理。

几年来，××市公安局治安部门对开锁业这一特种行业一直严格管理，但随着开锁从业人员的日益增多，治安隐患也日趋严重。

为此，××市警方在日常治安管理工作中，积极探索开锁业管理的新思路、新办法，经过调研，摸清了全市开锁从业人员的底数，并制定下发了《关于进一步加强开锁业管理的紧急通知》，要求全市各级公安机关对开锁人员逐人建立档案。

近日，警方召开全市开锁从业人员会议，颁布了《全市开锁业从业人员管理规定》，一是要求符合开锁业资格的从业人员将手机号码及住址统一制成联系卡，送到派出所统一管理，禁止私自张贴广告，一旦发现此类问题，将依照治安管理处罚法予以处罚，同时取缔其从业资格；二是××市公安局制定了统一格式登记本，从业人员对每次求助开锁的情况进行全面登记，并要有求助开锁人员签字；三是从业人员的手机联系号码备存在各派出所，求助开锁群众如求助"110"，"110"指挥中心将根据求助群众的地址与辖区派出所联系，派出所与从事开锁人员联系，开锁人员到派出所后与求助

---

① 曹仁义：《消息第一句要先写主体要素》，《中国广播电视学刊》2019 年第 1 期，第 134 页。

群众、社区民警共同去开锁；如群众直接与开锁人员联系，开锁人员需先到派出所登记，方可进行开锁活动；四是未经公安机关允许，开锁从业人员不得从事私自招收徒弟或培训工作。

这是一则报道会议的消息，标题可以写成"××市公安局治安部召开开锁从业人员会议"，其导语如下。

> ××市公安局治安部在市政府一楼会议室召开全市开锁从业人员会议，颁布了《全市开锁业从业人员管理规定》，要求开锁从业人员与派出所要建立密切联系，不得私自招收徒弟或开展培训。

这个导语将这个新闻事件的核心内容具体化，新闻事件的核心是会议，会议的核心是颁布了一个规定，规定的核心是对开锁从业人员提出的具体要求。既写出了有关新闻的具体内容，又突出了事件的核心，把最有价值的内容简洁地表述出来。

这是一种概述型的导语，也是简报文稿最常用的导语形式。导语有几种类型，有的虽然不常用，但作为常识也应该了解，下面分述如下。

概述型导语。这类导语是以直接陈述的方式写成，经过提炼将新闻事实进行概括，其对信息传递有简洁明了的特点，容易为读者接受。

述评型导语。所谓述评，就是有述有评，边述边评，也就是夹叙夹议，将新闻事件的核心内容与对这一新闻的评论同时写出。为了增加客观性，有时会直接引用他人的评论语句。

描述型导语。是一种带有对新闻现场进行描述的导语，一般是有陈述，有描写。这种导语有画面感，更容易吸引读者，真实，有感染力。

橱窗型导语。这是一种讲故事式的导语，通常先讲述一则故事，使读者被带入一个情境之中，然后再介绍有关此类事情的整体情况，而读者也从感性认识被带入理性思考之中。

3. 主体

主体是一则消息的主要部分，是对新闻事实的全面展开，也是内容最多、最难驾驭的部分。由于材料多，内容广，一则新闻事件的主体部分要写好，最重要的是安排好结构。主体部分常用的结构是"倒金字塔"结构，即越重要的信息越往前放，次要的往后放。这种结构常用于硬新闻的写作，其导语多用概述型导语，因为整体来看从导语到主体依次按重要程度递减的顺序安排材料，所以形象地称为"倒金字塔"结构。

请看下面一例。

盖茨及同窗报恩母校

微软公司的比尔·盖茨和他在哈佛大学时期的一个朋友合起来将向这所学校捐款 2500 万美元用来建造一座计算机科学大楼。（导语，捐款数目及目的）

该校将在这座大楼里实施它的计算机科学和电机工程计划。这所学校一直在努力扩大和加强它的计算机科学和电机工程计划。（捐款意义）

盖茨和史蒂夫·巴尔默联合捐资的消息是昨天晚上宣布的。这笔捐款的数额在哈佛大学有史以来收到的捐款中占第五位。（捐款排名）

盖茨是美国的首富，据估计，他现在大约拥有 148 亿美元。巴尔默是盖茨 1980 年带进微软公司的，他现在负责销售。据报道，他现在拥有 37 亿美元。（背景材料，二人的财富拥有情况）

巴尔默和盖茨 1973 年在哈佛大学时曾同住过一个宿舍。这两个人决定以他们的母亲丽·巴克斯韦尔·盖茨和比阿特丽斯·德沃金·巴尔默的名字为这座新的计算机大楼命名。它将叫作马克斯韦尔—德沃金大楼。（背景材料，二人的关系）

本文报道的不是盖茨及其朋友捐款的前后过程，而是回答了读者最关心的几个问题。读者对这些问题的关心程度有所不同，消息的主体便依读者关心程度的大小——材料（事实）的重要程度安排结构。读者最关心的显然是捐多少钱，这些钱用来做什么，这个事实最为重要，所以，由它承担导语重任。主体部分依次写了捐款意义、捐款排名、二人财富情况、二人的关系，按照读者关心重要程度大小排列，这就是典型的"倒金字塔"结构。

除了"倒金字塔"这种最常用的结构形式，消息的主体部分常用的结构形式还有沙漏结构、横向结构、点面结构。

沙漏结构就是按时间顺序安排结构，一般是概述式导语＋按时间顺序叙述的主体，其重要信息即事件的结果出现在最后。这种结构适用于故事性强、情节性强的新闻事件。请看下面一例。

××学校举行警民共建签约仪式

为了发扬"军爱民、民拥军"的光荣传统，5月30日下午，武警杭州支队官兵来到××学校，与××学校师生欢聚一堂，举行警民共建社会主义精神文明签约仪式。

5月30日下午3时，武警杭州支队的100多名官兵在支队首长的带领下，列队来到××学校，和××学校师生们在礼堂欢聚一堂，举行警民共建社会主义精神文明签约仪式。3时半，签约仪式正式开始，首先由××学校校长助理倪毅宣读警民共建精神文明公约，××学校党委书记胡惠芳和支队××分别代表学校和武警支队在公约上签了字，双方又交换了印有"警民共建精神文明基地"字样的铜牌。接着，双方代表讲话，他们在讲话中指出：我国军民之间历来有"军爱民，民拥军"的光荣传统，今天，在建设社会主义精神文明的活动中，我们要将这一传统进一步发扬光大。

这则消息的正文导语部分采用概述式，分别概述五个W，即什么时间、什么地点、在什么人身上、发生了什么事，因为什么；主体部分是导语的具体化，详细叙述这五个W，很明显的是，主体部分是按时间先后顺序来安排的。从表达方式上来看，这类消息以叙述为主，说明次之。这就是典型的沙漏式结构。

消息的横向结构实质上是一种类似于总分式的结构。通常是导语概括陈述了内容的核心后，主体部分分为几个主题，然后将材料按主题分门别类地写出。这种结构形式多用于综合性的、复杂的消息。

消息的另一种结构形式是点面结合式结构。这个"点"指的是一个焦点或热点，一般是在导语中描述以吸引读者，然后主体部分以此为核心展开，详细说明总体情况和背景材料，形成一种以点带面的结构。这种结构的导语为软导语，没有太多有价值的内容，只是通过对细节、情节或情景的描述吸引读者的目光，然后主体部分再展开主题，对各新闻要素进行详细描述（此时可采用"倒金字塔"结构），最后结尾部分照应导语，再回述聚集的新闻要素。

4. 背景

在消息正文结束后通常会有背景材料的交代，主要是能够帮助读者更好地理解前面报道，明白其意义的一些事实材料，一般为原因、对比、解释、说明方面的事实材料，主要目的是对前面消息内容进行注释说明，或者与前面新闻事件对比、对前面新闻事件进行衬托，也可以是对前面新闻事实的分析、解释。背景材料是新闻事件的一种延伸。

消息在写作过程中要注意几个方面的问题。一是只写事件，不评论，用事实说话，不能擅自发表写作者的观点。二是只写概况，不写细节，不需要过多细节的描写以求具体和生动。三是表达方式上以叙述为主，而且多为概述，通常很少采用描写，除非特殊情况如前面的描述性导语等。四是在语言上要使用语言的直接含义，不用暗喻、象征等表现手法，以提高信息的获取效率。五是消息的篇幅通常短小精悍，几百字即可，无须长篇大论。

下面根据前面案例一写成一篇完整消息类简报文稿。

××市公安局治安部召开开锁从业人员会议

××市公安局治安部在市政府一楼会议室召开全市开锁从业人员会议，颁布了《全市开锁业从业人员管理规定》，要求开锁从业人员与派出所要建立密切联系，不得私自招收徒弟或开展培训。

新兴的开锁行业给群众提供了诸多方便，但也给社会治安带来了很多隐患。2007年4月12日在市政府一楼会议室召开了全市开锁从业人员会议，会上颁布了《全市开锁业从业人员管理规定》。《全市开锁业从业人员管理规定》的内容包括：一是要求符合开锁业资格的从业人员将手机号码及住址统一制成联系卡，送到派出所统一管理；禁止私自张贴广告；二是从业人员对每次求助开锁的情况进行全面登记，并要有求助开锁人员签字；三是从业人员的手机联系号码要备存在各派出所，求助开锁群众如求助110，110指挥中心将根据求助群众的地址与辖区派出所联系，派出所与从事开锁人员联系，开锁人员到派出所后与求助群众、社区民警共同去开锁，如群众直接与开锁人员联系，开锁人员需先到派出所登记，方可进行开锁活动；四是未经公安机关允许，开锁从业人员不得从事私自招收徒弟或培训工作。

近年来，××市公安局治安部门对开锁业这一特种行业一直严格管理，但随着开锁从业人员的日益增多，治安隐患也日趋严重。为此，××市警方在日常治安管理工作中，积极探索开锁业管理的新思路、新办法，此前曾制定下发《关于进一步加强开锁业管理的紧急通知》，要求全市各级公安机关对开锁人员逐人建立档案。

这则消息类简报文稿导语采用的是概述式，主体部分则采用了倒金字塔结构介绍文件的主要内容从主到次依次进行说明，最后一段是背景材料，对新闻事件主体进行补充。

二、简报文稿写作特殊技法

1. 写好第一句话，找准角度，抓住切入点

这个问题实际上是一则消息第一句话写什么的问题，第一句话体现着切入点，决定了表达的角度。这里要讲的就是导语的第一句话写什么，这关系到这则消息的角度，关系着这则消息的价值所在，也是这则消息的切入点所在。

根据前面所讲，导语有先导之意，是一则消息最重要内容的先行展开，而且要相对独立，使读者在阅读了导语之后就能获得这则消息的最重要信息。导语的第一句话也就是整则消息的切入点，同时这个切入点切入的角度就是这则消息表达资讯的角度，而这一切，最终还是要由这则消息的新闻价值点来决定。因此，写作前必须发现所报道新闻事件的主要价值在哪里，这则消息的亮点是什么。我们知道，对于一则消息来说，什么时间、什么地点、在什么人身上、发生了什么事、为什么发生是五大新闻要素，而不同的新闻事件，这五大要素的重要程度或者说价值大小是不一样的，最重要的一个我们通常称为主体要素。所以，在写一则消息之前，首先要根据具体的新闻事件，准确找到价值点，从主体要素写起。

例如，我们要报道的是 2020 年 6 月 9 日召开的 2020 年毕业工作会议，对于这一事件的发生，读者首先要了解的是什么会议召开了，也就是说，这一新闻事实的价值点在于这是一个什么会，会议的内容是什么，会议本身是这一新闻事件的焦点所在，也就是五大要素中"发生了什么事"是主体要素。因此，这一消息的导语就应以会议为切入点切入正文，即开篇第一句话应是"2020 年毕业工作会议于 2020 年 6 月 9 日召开在××召开"，而不能写成"2020 年 6 月 9 日在××召开 2020 年毕业工作会议"。仔细分析这两句话，表面上看没有什么不同，都是什么时间、在什么地方、召开了什么会议，但从语法角度看，后者由于把时间、地点放在前面，虽然未真正以时间、地点为陈述对象（因不是句子的主语，只是时间和地点状语），但因放在句首，其突出的仍是时间和地点；而前者是以"2020 年毕业工作会议"为陈述对象（作主语），以会议为切入点，也就是表达

的角度是会议而不是时间或地点，这一下就把这则消息全篇的表述的角度定位在了这次会议上。可以想象，此后的每个语句都是以"此次会议""这次会议"这样的词语开头，全篇要表述的就是这个会议本身，而这与这一新闻事实的价值点是十分吻合的。

再如，要报道的是某某体操运动员在第 13 届世锦赛中获得好成绩，这则消息的主体要素应该是这名运动员，也就是在五个要素中，以"什么人"为主体要素，而不是其他。导语开篇第一句话应以某某体操运动员为陈述对象，例如可以写成"我国体操运动员××在第 13 届世锦赛中获得好成绩"，而不可以写成"在第 13 届世锦赛中我国体操运动员××获得好成绩"。因为写成第一个句子，将表达角度已经确定下来，后面顺理成章地就是以这个运动员为陈述对象；而如果写成第二个句子这样，其后面有可能自觉或不自觉地以"第 13 届世锦赛"为陈述对象，转入对这次世锦赛的报道，将整个报道引上歧途。

由此可见，消息导语的第一句话有一锤定音的作用，而并非导语的第一句话都是从时间开始写起，一定要克服习惯势力的影响，要根据具体的新闻事件具体分析，找到主体要素，以主体要素为切入点，以主体要素为陈述对象，这就是所谓的正确的表达角度。

2. 写法上善于创新，展现细节，让消息生动起来

读者意识首先是指读者的心理需求。在移动互联网时代，人人都是新闻事件的发现者，人人都可以成为新闻事件的报道者，在这样一个自媒体十分发达的时代，如何用相同的素材写出不同的新意就十分重要了。"真、新、快、短"是消息的四个特点，其中的"新"除了指"新鲜""新近"材料上的要求，还包括立意上的"别出新裁"，要"新"出高度，"新"出深度①。而要做到这一点，首先在结构上要有所突破，打破常规的写作手法。前面分别谈到了导语和主体的几种写作方法，导语除了概述法这一常规写法，还有述评、描述和橱窗等写法；主体部分除了"倒金字塔"结构这一常用结构，还有沙漏、横向和点面结合等结构，采用常用写作手法之外的方法来写，就会写出让人眼前一亮的消息。下面举出一例加以说明。

---

① 韩广宇：《消息写作"四度"》，《新闻战线》2017 年第 7 期（上），第 139—140 页。

瑞典 Sebra 电影公司摄制组到长安镇取景拍摄电视专题片

瑞典 Sebra 电影公司摄制组 4 月 14 日至 16 日在长安镇取景拍摄《中国的乡村义务植树》专题电视该电视专题片，在该镇多个景点进行了取景拍摄。

《中国的乡村义务植树》选择在北京、山西以及广东取景拍摄，广东省把拍摄地点选择在长安镇。摄制组一行分别到了该镇长安门、一环路、二环路、长青街、长安广场、笔迹山公园、体育中心、中心小学、莲花山、莲花山庄、乌沙、沙头、街口、友讯电子厂等地进行实地取景拍摄，还采访了副镇长黄炳仪以及街口村绿化队负责人邓富兄，详细了解该镇的义务植树绿化美化工作情况。摄制组一行在完成取景拍摄工作后于 16 日下午离开，继续开展北京、山西的拍摄工作。

该专题片是根据国家林业局指示并经外交部、国家广播电视总局批准而特邀请瑞典 Sebra 电影公司拍摄制作的，可在今年上半年拍摄制作完毕，届时将在欧洲、美洲及亚洲等地播出。

国家林业局、广东省绿化委员会以及长安镇相关人员陪同拍摄。

这是一则中规中矩的消息，导语、主体均采用概述式写法，属于点面或结构，平铺直叙，现在我们试着采用不同的写作方式进行导语、主体部分的改写，看一看会产生怎样的效果。

4 月 14 日这一天，当长安镇迎来第一缕阳光的时候，也迎来一支扛着摄像机的队伍，他们的到来，打破小镇的宁静。这个时候，这样的一群人，他们来到这个偏僻然而优美的小镇，是为了什么事情呢？（讲故事式开头）

他们是瑞典 Sebra 电影公司摄制组，来到这里是要在这里取景拍摄电视专题片——《中国的乡村义务植树》。（过渡段）

该片……

讲故事＋过渡段组成这则消息的橱窗式导语，不仅交代了新闻事件发生的时间和地点，还巧妙地设下一个悬念，吸引着读者的注意力，激发读者联想：这样一支队伍，来到这样一个宁静的小镇，是来做什么的？这种类似于讲故事的手法重在消息的可读性和吸引力，故事之后的一段过渡又很自然地转到所要报道的新闻事件上去，后面主体部分抓住主体要素——事件的经过进行报道。

上述两例同样的材料，相比于第一种平铺直叙的写法，很显然，第二种写法要更加新颖生动，有血有肉，更具有可读性。

其次，一则好的消息，除了具体的新闻事实和背景材料，还要有典型细节交代。消息要报道新闻事件的概况而不讲经过和情节，但不等于只报道新闻事件概念而不讲具体内容，否则枯燥乏味、空洞无物在所难免。细节通常是指一个新闻事件中的细微之处，而这个细微之处能以小见大，既具体可感，又意义深刻，如一些活动场面、人物语言、发生环境、行为动作的交代等。如果在消息主体行文中加入这样内容，不仅可以使人感觉具体可感，还会增加真实性，同样可以使消息生动起来。试想上述一例，即使是第二种写法，其虽然采用橱窗式导语写法，但如果在主体部分再加入一些细节的描述，整则消息则从头至尾均可生动起来，生动到底。比如如果加入细节的交代——对两个人的采访，如果再能够将被采访人物的语言加进来，增加细节性材料，主体部分会更加生动，会使读者的阅读兴趣一直延续到结尾。

3.用好跳笔和白描

所谓跳笔，就是跳跃式断裂行文，是新闻写作中常用的一种手法。指上下段落、前后句子之间没有关联词和过渡，不拘泥于事件的发展脉络，而是按照内容的内在逻辑来安排先后顺序[①]。这种笔法写出的文字表面看有较大的跳跃，但读起来整体感觉明快，各段落间围绕核心事实的某一方面来叙述，不拖泥带水，节奏明快。使用这种笔法产生的文本能够很好地满足新闻读者的阅读心理，满足他们获取有效的新闻信息的心理需求。那么，在消息的写作中如何运用跳笔的手法呢？

首先，从全篇来看，不是按照"起承转合"的模式结构全篇，而是跳跃式段落组合。首先是一个段落是一个信息点，每一个信息点与下一个信息点从内容到手法都可以有很大不同，完全可以在远与近、详与略、繁与简、概括与细节、倒叙与插叙、叙述与描写之间跳跃[②]。通过这种跳跃，可以多侧面、多角度、多手法地提供丰富的信息，而从文面上来看，就是自然段落多，每一段的文字却很

---

① 杨红星、王娟：《从受众阅读心理看新闻跳笔的使用》，《新闻研究导刊》2018年第9期，第186—187页。

② 钟政清：《新闻跳笔的运用技巧》，《中国地市报人》2016年第6期，第49—50页。

少，段多而短，形成从一个信息点到另一个信息点的关系。在写作时，可以事先将新闻事件拆分成一个一个的信息点或价值点，写作时再按照一定的表达需要进行排列组合，构成一篇完整的消息。在这个过程中，不用考虑时间先后、空间的上下以及前后文连贯和衔接等问题，只考虑新闻价值的大小或信息的多少即可。例如前面《盖茨及同窗报恩母校》就是用跳笔写成，从捐款数目及目的，跳到捐款意义，又跳到捐款数排名，再跳到二人财富排名，最后跳到二人的关系，一跳到底。

除了段与段之间，句与句之间也可以跳，可以在主体要素之间、表达方式之间有较大的跨越。

白描是借鉴于中国传统绘画的一种手法，绘画中白描指着重于人或物轮廓勾画，不施色彩，不设背景，以真实取胜。消息的语言应该是一种白描式的语言，因为只有这样的语言，才能既保证消息的客观真实，又保证其具有可读性。消息中的白描通常是用简洁准确的语言勾勒新闻事件的线条和轮廓，陈述新闻事实，而在语言、词句的使用上，多用中性词，没有修饰性词语，语言质朴简洁。

首先，要多进行有典型意义的细节描写，不作评论，不进行议论，以新闻事实本身去打动人。新闻本身就应该是客观真实的报道，它不是写作者的自留田，不可以在此处表达自我，写作者唯一可以自由发挥、用来表明自己态度的方式是材料的取舍，即在写什么、从哪个角度上去写这是由写作者的决定，一旦确定下来，在如何去写的问题上，写作者就只有在尊重客观事实的基础上，如实进行描写。而最能体现客观真实的就是对细节的描写，包括对语言、动作、场景等进行描写，既可以增强真实性，又可以体现生动性，但这一切都在建立在白描的基础上，不是白描的细节描写，倒不如没有细节描写更有意义。白描手法与一般意义上的描写的最大区别是用近似于叙述的方式进行描写，去粉饰，少做作，线条粗，语言简。例如："她穿着一身红色的绣着花饰的衣裙，裙子很长，一直拖到脚背。"[1]这句话有对人物衣着的描写，但这个描写没有任何的渲染，只是客观的交代，与其说是描写，倒不如说更像叙述。

其次，要多用动词，少用形容词。这不仅仅是词性上的区别，实际运用，动词具有动态感觉，给人以画面感、现场感，自然就会让人感觉真实可信。比如前面一例中，"扛着摄像机"，一个"扛"字，这一队人马的形象就客观地展现了出

---

[1] 闻小兵、葛欣：《论散文式新闻的白描》，《克山师专学报》2004 年第 1 期，第 111—112 页。

来，再加上后面的"到来"，两个动词就把事件基本交代出来了。而形容词一般表达的只是一种主观认识、主观感受，如"美好""漂亮"等语词，本身带有很大的主观色彩，真实性、客观性差，与消息所要求的客观报道相距较远，所以不宜多采用。

另外，为了增强现场感，像"着""了""过"这样的助词不用或少用，其他一些虚词等在不影响意思表达的前提下也尽量少用以充分体现现场描写特点，同时也能增强语言的明快之感。

现采用跳笔和白描手法完整改写前面《瑞典 Sebra 电影公司摄制组到长安镇取景拍摄电视专题片》如下。

瑞典 Sebra 电影公司摄制组
到长安镇取景拍摄电视专题片

4月14日，当长安镇迎来第一缕阳光的时候，也迎来一支扛着摄像机的队伍，他们的到来，打破小镇的宁静。这个时候，这样的一群人，他们来到这个偏僻然而优美的小镇，是为了什么事情呢？

他们是瑞典 Sebra 电影公司摄制组，来到这里是要在这里取景拍摄电视专题片——《中国的乡村义务植树》。

摄制组一行分别到长安镇长安门、一环路、二环路、长青街、长安广场、笔迹山公园、体育中心、中心小学、莲花山、莲花山庄、乌沙、沙头、街口、友讯电子厂等地进行实地取景拍摄，采访副镇长黄炳仪、街口村绿化队负责人邓富兄，了解该镇的义务植树绿化美化工作情况。

摄制组一行于16日下午离开，继续开展北京、山西的拍摄工作。

《中国的乡村义务植树》选择在北京、山西以及广东取景拍摄，广东省把拍摄地点选择在长安镇。

该专题片是根据国家林业局指示并经外交部、国家广播电视总局批准而特邀请瑞典 Sebra 电影公司拍摄制作。该片可在今年上半年拍摄制作完毕，届时将在欧洲、美洲及亚洲等地播出。

国家林业局、广东省绿化委员会以及长安相关人员陪同拍摄。

这一消息采用橱窗式导语，主体部分按"倒金字塔"结构安排并同时采用跳笔，但限于素材，白描运用不多。

参考文献

1. 裴显生：《写作学新稿》，江苏教育出版社 2000 年版。

2. 陈望道：《修辞学发凡》，复旦大学出版社 2020 年版。

3. 夏静：《文气话语形态研究》，商务印书馆 2014 年版。

4. 马正平：《高等写作学引论》，中国人民大学出版社 2011 年版。

5. 马正平：《高等实用写作训练教程》，中国人民大学出版社 2010 年版。

6. 马正平：《高等写作思维训练教程》，中国人民大学出版社 2010 年版。

7. 郭英德：《中国古代文体学论稿》，北京大学出版社 2005 年版。

8. 刘勰撰、王志斌译：《文心雕龙》，中华书局 2014 年版。

9. 王承斌：《文心雕龙散论》，国家图书馆出版社 2010 年版。

10. 杜福磊：《中国写作理论研究与发展》，中央编译出版社 2004 年版。

11. 索振羽：《语用学教程》，北京大学出版社 2000 年版。

12. ［美］约翰·R.赛尔：《意向性：论心灵哲学》，刘叶涛、冯立荣译，上海人民出版社 2019 年版。

13. 董小玉、刘海涛：《现代写作教程》，高等教育出版社 2018 年版。

14. 隋福军：《实用写作技法》，中国广播电视出版社 2018 年版。

15. 吴素娥、金鹏善：《写作技法研究》，南开大学出版社 2014 年版。

16. 王德春、陈瑞端：《语体学》，广西教育出版社 2000 年版。

17. 张保忠：《党政机关公文处理工作条例释义与实务全书》，人民出版社 2012 年版。

18. 华东师范大学哲学系逻辑学教研室：《形式逻辑》，华东师范大学出版社 2016 年版。

19. ［汉］许慎撰、［宋］徐铉校定：《说文解字》，中华书局 2013 年版。

20. 张文英：《新编应用文写作教程》，南开大学出版社 2010 年版。

21. 贾锦福：《文心雕龙辞典》，济南出版社 2010 年版。

22. 徐成华、孙维、房庆，等：《党政机关公文格式国家标准应用指南》，中国标准出版社 2012 年版。

23. 中华人民共和国国家质量监督检验检疫总局、中国国家标准化管理委员会：《党政机关公文格式》，中国质检出版社 2012 年版。

24. 倪丽娟：《文书学》，高等教育出版社 2010 年版。

25. 张健：《文书学》，中国人民大学出版社 2008 年版。

26. 郭冬：《秘书写作》，高等教育出版社 2010 年版。

27. 吴新元：《公文写作速成》，中国纺织出版社 2009 年版。

28. 洪珉：《文气的实质》，《殷都学刊》1985 年第 2 期，第 29—35 页。

29. 宋扬、辞盈乎气：《修辞在文气形成过程中的价值及意义》，《文学评论》2014 年第 8 期，第 103—107 页。

30. 李岩：《文气论：话语范式转换与美学重释》，《北方论丛》2015 年第 4 期，第 29—33 页。

31. 马新广、雷嘉惠：《"文无定法"辨析》，《应用写作》2020 年第 12 期，第 8—10 页。

32. 张振龙、曹丕：《"文气说"文学史意义的历史透视》，《齐鲁学刊》2018 年第 1 期，第 105—110 页。

33. [美] 顾明栋：《从元气到文气：作为艺术创造总体性理论的文气论》，《艺术百家》2012 年第 6 期，第 64—72 页。

34. 夏静：《声气与文气》，《甘肃社会科学》2020 年第 5 期，第 22—28 页。

35. 夏静：《文气研究的反思与展望》，《文艺理论研究》2009 年第 4 期，第 124—130 页。

36. 刘希善：《文章最要气盛》，《理论学刊》1992 年第 2 期，第 88—91 页。

37. 薛元：《中国古代文气论的内涵及其渊源流变》，《德州学院学报》2017 年第 5 期，第 50—53 页。

38. 焦幸安：《论应用写作的三种语言形式》，《焦作大学学报》2017 年第 2 期，第 23—26 页。

39. 祝克懿：《语言风格研究的理论渊源与功能衍化路径》，《当代修辞学》2021 年第 1 期，第 59—71 页。

40. 马真：《病句、偏误句给我们的启示：消极修辞研究还可以另辟蹊径》，《当代修辞学》2019 年第 2 期，第 1—10 页。

41. 夏德靠：《从篇章语体到专书语体：早期语类文献演进及文体分类述论》，《湖州师范学院学报》2019 年第 11 期，第 47—59 页。

42. 田胜参：《对语体分类的探索》，《陕西师范大学学报（哲学社会科学版）》2008 年第 S2 期，第 288—289 页。

43. 高顺全：《过程语体的几种成品形式及其语体特点：以"菜的做法介绍"为例》，《当代修辞学》2012 年第 6 期，第 61—70 页。

44. 孔建源、泓峻：《汉语语境中"语体"概念的起源及其内涵分析》，《福建师范大学学报（哲学社会科学版）》2018 年第 6 期，第 22—27 页。

45. 袁萍、刘玉屏：《汉语语体意识实证研究》，《语文学刊》2019 年第 5 期，第 77—82 页。

46. 张乔、冯红变：《汉语中的模糊语言和话题的敏感性》，《当代语言学》2013 年第 1 期，第 45—61 页。

47. 宗廷虎、胡裕树：《继承、发扬陈望道修辞学思想的出色贡献》，《湖南科技大学学报（社会科学版）》2020 年第 2 期，第 148—155 页。

48. 霍四通：《积极修辞中的谓词快速范畴化现象》，《当代修辞学》2013 年第 6 期，第 68 页。

49. 毛伟东：《解构与绵延：公文叙事与文本生产》，《焦作大学学报》2016 年第 3 期，第 112—116 页。

50. 姜言胜、洪仁善：《近五十年来修辞受众研究之回顾与反思》，《东北师范大学学报》2020 年第 4 期，第 84—91 页。

51. 赵志英：《浅谈应用文写作的关键：语体特点》，《经济研究导刊》2010 年第 8 期，第 242—243 页。

52. 陶红印：《试论语体分类的语法学意义》，《当代语言学》1999 年第 3 期，第 15—24 页。

53. 魏晖：《试说消极修辞观》，《当代修辞学》2019 年第 6 期，第 21—27 页。

54. 陈禹：《说明语体中事件的句法配置》，《语言教学与研究》2019 年第 4 期，第 94—103 页。

55. 张礼：《文艺语体词与语言风格》，《修辞学习》2005 年第 6 期，第 28—30 页。

56. 吴德升：《现代语文学中的"消极修辞"》，《修辞学习》1999 年第 6 期，第 28—29 页。

57. 张伯江、郭光：《消极修辞的灵活度》，《当代修辞学》2019 年第 3 期，第 1—10 页。

58. 施春红：《修辞何以作为语法》，《当代修辞学》2019 年第 6 期，第 1—20 页。

59. 孔秀祥：《语体及其分类》《平顶山师专学报》2002 年第 6 期，第 50—53 页。

60. 张璐：《语用学视域下莎士比亚作品的模糊语言解析》，《语文建设》2017 年第 11 期，第 25—26 页。

61. 崔希亮：《正式语体和非正式语体的分野》，《汉语学报》2020 年第 2 期，第 16—27 页。

62. 莫道才：《论宋代四六话的兴起》，《广西师范大学学报》1996 年第 3 期，第 42—46 页。

63. 刘海燕：《欧阳修的公文写作理论及其指导意义》，《广西师范学院学报》2015 年第 4 期，第 111—114＋112 页。

64. 施懿超：《宋四六研究略述》，《文学遗产》2004 年第 2 期，第 151—154 页。

65. 王友胜：《宋四六的文体特征与发展轨迹》，《中国文学研究》2004 年第 1 期，第18—22 页。

66. 施懿超：《宋四六文体渊源及文体体制探析：以制诰文为例》，《广西师范大学学报（哲学社会科学版）》2011 年第 3 期，第 6—11 页。

67. 李精一：《略论南宋周必大的四六文》，《学术交流》2012 年第 5 期，第 165—169 页。

68. 侯体健：《南宋洪适四六文论略》，《文学遗产》2008 年第 5 期，第 142—145 页。

69. 施懿超：《宋代类书类四六文叙录》《古籍整理研究学刊》2007 年第 3 期，第 7—14 页。

70. 彭新凡、彭念凡：《公文标题"的"字隐现的特点及动因》，《应用写作》2012 年第 12 期，第 11—13 页。

71. 汪念明：《"请示"公文的写作技法：李密《陈情表》探析》，《中山大学学报论丛》2005 年第 6 期，第 10—13 页。

72. 郑莉：《法定公文标题拟制摭谈》，《兰台世界》2008 年第 5 期，第 51 页。

73. 韩雪松：《试析平行意见的文体形态与写作思路》，《档案与建设》2009 年第 12 期，第 11—12 页。

74. 王洪泉：《用"函"、"通知"亦可答复"请示"》，《档案学通讯》2009 年第 6 期，第 39—41 页。

75. 杨素华：《论请求批准与答复审批事项适用文种的多样性》，《档案学通讯》2007 年第 1 期，第 40—44 页。

76. 安忻：《意见文种使用中相关问题之我见》，《档案学通讯》，2007 年第 1 期，第 44—47 页。

77. 安忻：《关于行政公文中"函复请示"与"通知复请示"现象的探讨》，《档案学通讯》2012 年第 1 期，第 43—45 页。

78. 姜群英：《学术论文写作技法内视》，《山东理工大学学报》2003 年第 3 期，第108—109。

79. 施婕：《财经应用文写作技法探微》，《成都教育学院学报》2004 年第 7 期，第62—63 页。

80. 马增芳：《创造气氛 突出重点：公文写作技法谈》，《秘书之友》2010 年第 10 期，第 28—29 页。

81. 刘正坤：《领导干部职务任免公文写作技法探究》，《湖南城市学院学报》2009 年第 6 期，第 51—52 页。

82. 赵映诚：《论公文的写作技法》，《江汉大学学报》1994 年第 1 期，第 81—84 页。

83. 黄益明、唐知文：《浅谈文章的写作技法》，《广西民族学院学报（哲学社会科学版）》，1999 年第 S1 期，第 228—230 页。

84. 王瑞玲：《批转、转发、印发性通知标题拟写方法新探》，《档案管理》2012 年第 4 期，第 71—74 页。

85. 刘奇星：《写作技法辩证谈》，《惠州大学学报（社会科学版）》，1997 年第 2 期，第 21—25。

86. 凌焕新：《写作技法初论》，《常州工业技术学院学报（社会科学版）》1988 年第 4 期，第 55—58 页。

87. 邓惠兰：《写作技法与修辞方式辨析》，《修辞学习》1998 年第 3 期，第 10—11 页。

88. 赵可新：《新时期写作技法的发展》，《广播电视大学学报（哲学社会科学版）》1999年第2期，第36—39页。

89. 杨霞：《1980年代以来文书学理论研究述评》，《档案学通讯》2017年第4期，第27—31页。

90. 杨霞：《徐望之〈公牍通论〉的主内容及其当代价值》，《档案学通讯》2015年第2期，第67—70页。

91. 史伟：《中国古代文献中的"文学"概念考论》，《苏州大学学报》2019年第2期，第17—29页。

92. 谷利平：《近代文书的学术价值与当代启示：评〈公牍通论〉》，《出版广角》2018年第16期，第84—86页。

93. 武星：《古代写作理论概述》，《开封教育学院学报》2019年第8期，第60—61页。

94. 姜恩庆：《论〈典论·论文〉对应用文写作理论研究的意义》，《应用写作》2018年第1期，第10—13页。

95. 王成洪：《论〈文心雕龙〉的写作理论体系》，《语文学刊》2018年第5期，第1—12页。

96. 莫险峰：《浅议现代应用写作的特》，《赤子》2014年第2期，第70—71页。

97. 饶婷：《儒、道思想对中华民族性格的影响》，《法制与社会》2011年第1期（上），第189页。

98. 孙长江、覃明兴：《儒家思想对中华民族性格的形塑方式》，《重庆交通大学学报》2009年第1期，第77—79页。

99. 王万洪：《深度发掘，古为今用：〈文心雕龙〉写作理论及其研究意义综论》，《写作》2018年第6期，第34—46页。

100. 郭小珊：《应用写作技法研究琐议》，《集宁师专学报》2003年第3期，第85—87页。

101. 刘壮：《论中国古代应用文写作理论的形成》，《首都师范大学学校（社会科学版）》2004年第3期，第66—66页。

102. 夜阑：《中西方思维方式差异对我国大学英语写作的启示》，《黑龙江高等教育》2016年第1期，第77—79页。

103. 杨阳：《中西方写作过程研究与教学之异同》，《应用写作》2009年第1

期，第7—9页。

104. 孙观清：《公文写作主体的"三足鼎立"》，《档案学通讯》2018年第1期，第48—52页。

105. 张维功：《公文写作与文学写作比较研究》，《办公室业务》2003年第10期，第202—203页。

106. 侯迎华：《汉魏六朝时期对公文写作主体的批评综述》，《河南师范大学学报（哲学社会科学版）》2010年第1期，第198—201页。

107. 司春艳：《文学创作与实用文体写作中写作主体的思维特点比较》，《开封教育学院学报》2015年第3期，第251—252页。

108. 王泽龙：《现代写作学若干近义概念辨惑》，《湖北民族学院学报（哲学社会科学版）》2012年第4期，第137—141页。

109. 吕峰：《写作理论建构中的写作主体流变》，《文学教育》2011年第12期，第108—109页。

110. 刘波：《应用写作系统行为过程与"双元主体"的理念》，《应用写作》2012年第6期，第6—9页。

111. 谢融蓉：《中国写作思维理念研究综述》，《绥化学院学报》2011年第6期，第43—45页。

112. 杨霞：《公文文本研究方法刍议》，《秘书》2020年第3期，第69—81页。

113. 柴伟刚、马俊家：《公文写作常见问题例析》，《秘书工作》2012年第12期，第56—57页。

114. 李金泽：《公文写作的双主体特征》，《档案与建设》2008年第7期，第21—23页。

115. 康家珑：《公文写作如何把准领导意图》，《秘书之友》2008年第5期，第17—19页。

116. 李炳海：《汉代确立的与文章写作主体相关的几个范型》，《吉林大学社会科学学报》2020年第4期，第209—221、240页。

117. 蓝小燕：《及物性结构分析与作者写作意图之把握：以〈与人对着干〉为例》，《重庆科技学院学报（社会科学版）》2011年第14期，第120—124页。

118. 杨伽玮、杨硕林：《秘书写作论》，《广西社会科学》2001年第4期，第

171—173 页。

119. 韩曦：《浅谈写作行为系统中以写作主体为中心的多维关系构建的意义》，《辽宁师专学报》2005 年第 4 期，第 11—13 页。

120. 毛正天：《实用文写作综述》，《社会科学动态》2020 年第 1 期，第 98—104 页。

121. 张红玲：《体验与超越：论写作主体的创新意识》，《开封教育学院学报》2018 年第 12 期，第 22—23 页。

122. 孟建伟：《写作客体研究略论》，《山西青年管理干部学院学报》2002 年第 1 期，第 48—50 页。

123. 熊华勇：《写作客体与写作材料的区别》，《写作》2017 年第 11 期，第 3—6 页。

124. 郭力宇：《写作主体与写作客体的内涵与特征研究》，《沈阳工程学院学报》2016 年第 3 期，第 395—399 页。

125. 葛东辉：《新时代写作学发展理念与实践探微》，《应用写作》2019 年第 10 期，第 4—6 页。

126. 任俊峰：《应用写作中的主体思路与语言升华》，《宿州教育学院学报》2018 年第 6 期，第 20—22 页。

127. 莫丹：《欧阳修公文写作初探》，《钦州学院学报》2011 年第 2 期，第 91—94 页。

128. 郁世宽：《欧阳修应用文体创作成就及价值探析》，《六盘水师范学院学报》2014 年第 4 期，第 5—8 页。

附录一
党政机关公文处理工作条例

第一章 总 则

第一条 为了适应中国共产党机关和国家行政机关（以下简称党政机关）工作需要，推进党政机关公文处理工作科学化、制度化、规范化，制定本条例。

第二条 本条例适用于各级党政机关公文处理工作。

第三条 党政机关公文是党政机关实施领导、履行职能、处理公务的具有特定效力和规范体式的文书，是传达贯彻党和国家的方针政策，公布法规和规章，指导、布置和商洽工作，请示和答复问题，报告、通报和交流情况等的重要工具。

第四条 公文处理工作是指公文拟制、办理、管理等一系列相互关联、衔接有序的工作。

第五条 公文处理工作应当坚持实事求是、准确规范、精简高效、安全保密的原则。

第六条 各级党政机关应当高度重视公文处理工作，加强组织领导，强化队伍建设，设立文秘部门或者由专人负责公文处理工作。

第七条 各级党政机关办公厅（室）主管本机关的公文处理工作，并对下级机关的公文处理工作进行业务指导和督促检查。

第二章 公文种类

第八条 公文种类主要有：

（一）决议。适用于会议讨论通过的重大决策事项。

（二）决定。适用于对重要事项作出决策和部署、奖惩有关单位和人员、变更或者撤销下级机关不适当的决定事项。

（三）命令（令）。适用于公布行政法规和规章、宣布施行重大强制性措施、批准授予和晋升衔级、嘉奖有关单位和人员。

（四）公报。适用于公布重要决定或者重大事项。

（五）公告。适用于向国内外宣布重要事项或者法定事项。

（六）通告。适用于在一定范围内公布应当遵守或者周知的事项。

（七）意见。适用于对重要问题提出见解和处理办法。

（八）通知。适用于发布、传达要求下级机关执行和有关单位周知或者执行的事项，批转、转发公文。

（九）通报。适用于表彰先进、批评错误、传达重要精神和告知重要情况。

（十）报告。适用于向上级机关汇报工作、反映情况，回复上级机关的询问。

（十一）请示。适用于向上级机关请求指示、批准。

（十二）批复。适用于答复下级机关请示事项。

（十三）议案。适用于各级人民政府按照法律程序向同级人民代表大会或者人民代表大会常务委员会提请审议事项。

（十四）函。适用于不相隶属机关之间商洽工作、询问和答复问题、请求批准和答复审批事项。

（十五）纪要。适用于记载会议主要情况和议定事项。

第三章　公文格式

第九条　公文一般由份号、密级和保密期限、紧急程度、发文机关标志、发文字号、签发人、标题、主送机关、正文、附件说明、发文机关署名、成文日期、印章、附注、附件、抄送机关、印发机关和印发日期、页码等组成。

（一）份号。公文印制份数的顺序号。涉密公文应当标注份号。

（二）密级和保密期限。公文的秘密等级和保密的期限。涉密公文应当根据涉密程度分别标注"绝密""机密""秘密"和保密期限。

（三）紧急程度。公文送达和办理的时限要求。根据紧急程度，紧急公文应当分别标注"特急""加急"，电报应当分别标注"特提""特急""加急""平急"。

（四）发文机关标志。由发文机关全称或者规范化简称加"文件"二字组成，也可以使用发文机关全称或者规范化简称。联合行文时，发文机关标志可以并用联合发文机关名称，也可以单独用主办机关名称。

（五）发文字号。由发文机关代字、年份、发文顺序号组成。联合行文时，使用主办机关的发文字号。

（六）签发人。上行文应当标注签发人姓名。

（七）标题。由发文机关名称、事由和文种组成。

（八）主送机关。公文的主要受理机关，应当使用机关全称、规范化简称或者同类型机关统称。

（九）正文。公文的主体，用来表述公文的内容。

（十）附件说明。公文附件的顺序号和名称。

（十一）发文机关署名。署发文机关全称或者规范化简称。

（十二）成文日期。署会议通过或者发文机关负责人签发的日期。联合行文时，署最后签发机关负责人签发的日期。

（十三）印章。公文中有发文机关署名的，应当加盖发文机关印章，并与署名机关相符。有特定发文机关标志的普发性公文和电报可以不加盖印章。

（十四）附注。公文印发传达范围等需要说明的事项。

（十五）附件。公文正文的说明、补充或者参考资料。

（十六）抄送机关。除主送机关外需要执行或者知晓公文内容的其他机关，应当使用机关全称、规范化简称或者同类型机关统称。

（十七）印发机关和印发日期。公文的送印机关和送印日期。

（十八）页码。公文页数顺序号。

第十条 公文的版式按照《党政机关公文格式》国家标准执行。

第十一条 公文使用的汉字、数字、外文字符、计量单位和标点符号等，按照有关国家标准和规定执行。民族自治地方的公文，可以并用汉字和当地通用的少数民族文字。

第十二条 公文用纸幅面采用国际标准 A4 型。特殊形式的公文用纸幅面，根据实际需要确定。

第四章　行文规则

第十三条　行文应当确有必要，讲求实效，注重针对性和可操作性。

第十四条　行文关系根据隶属关系和职权范围确定。一般不得越级行文，特殊情况需要越级行文的，应当同时抄送被越过的机关。

第十五条　向上级机关行文，应当遵循以下规则：

（一）原则上主送一个上级机关，根据需要同时抄送相关上级机关和同级机关，不抄送下级机关。

（二）党委、政府的部门向上级主管部门请示、报告重大事项，应当经本级党委、政府同意或者授权；属于部门职权范围内的事项应当直接报送上级主管部门。

（三）下级机关的请示事项，如需以本机关名义向上级机关请示，应当提出倾向性意见后上报，不得原文转报上级机关。

（四）请示应当一文一事。不得在报告等非请示性公文中夹带请示事项。

（五）除上级机关负责人直接交办事项外，不得以本机关名义向上级机关负责人报送公文，不得以本机关负责人名义向上级机关报送公文。

（六）受双重领导的机关向一个上级机关行文，必要时抄送另一个上级机关。

第十六条　向下级机关行文，应当遵循以下规则：

（一）主送受理机关，根据需要抄送相关机关。重要行文应当同时抄送发文机关的直接上级机关。

（二）党委、政府的办公厅（室）根据本级党委、政府授权，可以向下级党委、政府行文，其他部门和单位不得向下级党委、政府发布指令性公文或者在公文中向下级党委、政府提出指令性要求。需经政府审批的具体事项，经政府同意后可以由政府职能部门行文，文中须注明已经政府同意。

（三）党委、政府的部门在各自职权范围内可以向下级党委、政府的相关部门行文。

（四）涉及多个部门职权范围内的事务，部门之间未协商一致的，不得向下行文；擅自行文的，上级机关应当责令其纠正或者撤销。

（五）上级机关向受双重领导的下级机关行文，必要时抄送该下级机关的另一个上级机关。

第十七条 同级党政机关、党政机关与其他同级机关必要时可以联合行文。属于党委、政府各自职权范围内的工作，不得联合行文。

党委、政府的部门依据职权可以相互行文。

部门内设机构除办公厅（室）外不得对外正式行文。

第五章　公文拟制

第十八条 公文拟制包括公文的起草、审核、签发等程序。

第十九条 公文起草应当做到：

（一）符合国家法律法规和党的路线方针政策，完整准确体现发文机关意图，并同现行有关公文相衔接。

（二）一切从实际出发，分析问题实事求是，所提政策措施和办法切实可行。

（三）内容简洁，主题突出，观点鲜明，结构严谨，表述准确，文字精练。

（四）文种正确，格式规范。

（五）深入调查研究，充分进行论证，广泛听取意见。

（六）公文涉及其他地区或者部门职权范围内的事项，起草单位必须征求相关地区或者部门意见，力求达成一致。

（七）机关负责人应当主持、指导重要公文起草工作。

第二十条 公文文稿签发前，应当由发文机关办公厅（室）进行审核。审核的重点是：

（一）行文理由是否充分，行文依据是否准确。

（二）内容是否符合国家法律法规和党的路线方针政策；是否完整准确体现发文机关意图；是否同现行有关公文相衔接；所提政策措施和办法是否切实可行。

（三）涉及有关地区或者部门职权范围内的事项是否经过充分协商并达成一致意见。

（四）文种是否正确，格式是否规范；人名、地名、时间、数字、段落顺序、引文等是否准确；文字、数字、计量单位和标点符号等用法是否规范。

（五）其他内容是否符合公文起草的有关要求。

需要发文机关审议的重要公文文稿，审议前由发文机关办公厅（室）进行初核。

第二十一条 经审核不宜发文的公文文稿，应当退回起草单位并说明理由；符合发文条件但内容需作进一步研究和修改的，由起草单位修改后重新报送。

第二十二条 公文应当经本机关负责人审批签发。重要公文和上行文由机关主要负责人签发。党委、政府的办公厅（室）根据党委、政府授权制发的公文，由受权机关主要负责人签发或者按照有关规定签发。签发人签发公文，应当签署意见、姓名和完整日期；圈阅或者签名的，视为同意。联合发文由所有联署机关的负责人会签。

第六章　公文办理

第二十三条 公文办理包括收文办理、发文办理和整理归档。

第二十四条 收文办理主要程序是：

（一）签收。对收到的公文应当逐件清点，核对无误后签字或者盖章，并注明签收时间。

（二）登记。对公文的主要信息和办理情况应当详细记载。

（三）初审。对收到的公文应当进行初审。初审的重点是：是否应当由本机关办理，是否符合行文规则，文种、格式是否符合要求，涉及其他地区或者部门职权范围内的事项是否已经协商、会签，是否符合公文起草的其他要求。经初审不符合规定的公文，应当及时退回来文单位并说明理由。

（四）承办。阅知性公文应当根据公文内容、要求和工作需要确定范围后分送。批办性公文应当提出拟办意见报本机关负责人批示或者转有关部门办理；需要两个以上部门办理的，应当明确主办部门。紧急公文应当明确办理时限。承办部门对交办的公文应当及时办理，有明确办理时限要求的应当在规定时限内办理完毕。

（五）传阅。根据领导批示和工作需要将公文及时送传阅对象阅知或者批示。办理公文传阅应当随时掌握公文去向，不得漏传、误传、延误。

（六）催办。及时了解掌握公文的办理进展情况，督促承办部门按期办结。

紧急公文或者重要公文应当由专人负责催办。

（七）答复。公文的办理结果应当及时答复来文单位，并根据需要告知相关单位。

第二十五条 发文办理主要程序是：

（一）复核。已经发文机关负责人签批的公文，印发前应当对公文的审批手续、内容、文种、格式等进行复核；需作实质性修改的，应当报原签批人复审。

（二）登记。对复核后的公文，应当确定发文字号、分送范围和印制份数并详细记载。

（三）印制。公文印制必须确保质量和时效。涉密公文应当在符合保密要求的场所印制。

（四）核发。公文印制完毕，应当对公文的文字、格式和印刷质量进行检查后分发。

第二十六条 涉密公文应当通过机要交通、邮政机要通信、城市机要文件交换站或者收发件机关机要收发人员进行传递，通过密码电报或者符合国家保密规定的计算机信息系统进行传输。

第二十七条 需要归档的公文及有关材料，应当根据有关档案法律法规以及机关档案管理规定，及时收集齐全、整理归档。两个以上机关联合办理的公文，原件由主办机关归档，相关机关保存复制件。机关负责人兼任其他机关职务的，在履行所兼职务过程中形成的公文，由其兼职机关归档。

第七章　公文管理

第二十八条 各级党政机关应当建立健全本机关公文管理制度，确保管理严格规范，充分发挥公文效用。

第二十九条 党政机关公文由文秘部门或者专人统一管理。设立党委（党组）的县级以上单位应当建立机要保密室和机要阅文室，并按照有关保密规定配备工作人员和必要的安全保密设施设备。

第三十条 公文确定密级前，应当按照拟定的密级先行采取保密措施。确定密级后，应当按照所定密级严格管理。绝密级公文应当由专人管理。

公文的密级需要变更或者解除的，由原确定密级的机关或者其上级机关决定。

第三十一条 公文的印发传达范围应当按照发文机关的要求执行；需要变更的，应当经发文机关批准。

涉密公文公开发布前应当履行解密程序。公开发布的时间、形式和渠道，由发文机关确定。

经批准公开发布的公文，同发文机关正式印发的公文具有同等效力。

第三十二条 复制、汇编机密级、秘密级公文，应当符合有关规定并经本机关负责人批准。绝密级公文一般不得复制、汇编，确有工作需要的，应当经发文机关或者其上级机关批准。复制、汇编的公文视同原件管理。

复制件应当加盖复制机关戳记。翻印件应当注明翻印的机关名称、日期。汇编本的密级按照编入公文的最高密级标注。

第三十三条 公文的撤销和废止，由发文机关、上级机关或者权力机关根据职权范围和有关法律法规决定。公文被撤销的，视为自始无效；公文被废止的，视为自废止之日起失效。

第三十四条 涉密公文应当按照发文机关的要求和有关规定进行清退或者销毁。

第三十五条 不具备归档和保存价值的公文，经批准后可以销毁。销毁涉密公文必须严格按照有关规定履行审批登记手续，确保不丢失、不漏销。个人不得私自销毁、留存涉密公文。

第三十六条 机关合并时，全部公文应当随之合并管理；机关撤销时，需要归档的公文经整理后按照有关规定移交档案管理部门。

工作人员离岗离职时，所在机关应当督促其将暂存、借用的公文按照有关规定移交、清退。

第三十七条 新设立的机关应当向本级党委、政府的办公厅（室）提出发文立户申请。经审查符合条件的，列为发文单位，机关合并或者撤销时，相应进行调整。

第八章　附则

第三十八条 党政机关公文含电子公文。电子公文处理工作的具体办法另行制定。

第三十九条 法规、规章方面的公文，依照有关规定处理。外事方面的公文，依照外事主管部门的有关规定处理。

第四十条 其他机关和单位的公文处理工作，可以参照本条例执行。

第四十一条 本条例由中共中央办公厅、国务院办公厅负责解释。

第四十二条 本条例自 2012 年 7 月 1 日起施行。1996 年 5 月 3 日中共中央办公厅发布的《中国共产党机关公文处理条例》和 2000 年 8 月 24 日国务院发布的《国家行政机关公文处理办法》停止执行。

附录二

中华人民共和国国家标准
GB/T（15834－2011）标点符号用法

（中华人民共和国国家质量监督检验检疫总局、

中国国家标准化管理委员会 2011 年 12 月 30 日发布，

2012 年 6 月 1 日实施）

前　言

本标准按照 GB/T 1.1—2009 给出的规则起草。

本标准代替 GB/T 15834—1995，与 GB/T 15834—1995 相比，主要变化如下：

——根据我国国家标准编写规则（GB/T 1.1—2009），对本标准的编排和表述做了全面修改；

——更换了大部分示例，使之更简短、通俗、规范；

——增加了对术语"标点符号"和"语段"的定义（2.1/2.5）；

——对术语"复句"和"分句"的定义做了修改（2.3/2.4）；

——对句末点号（句号、问号、叹号）的定义做了修改，更强调句末点号与句子语气之间的关系（4.1.1/4.2.1/4.3.1）；

——对逗号的基本用法做了补充（4.4.3）；

——增加了不同形式括号用法的示例（4.9.3）；

——省略号的形式统一为六连点"……"，但在特定情况下允许连用（4.11）；

——取消了连接号中原有的二字线，将连接号形式规范为短横线"－"、一字线"—"和浪纹线"～"，并对三者的功能做了归并与划分（4.13）；

——明确了书名号的使用范围（4.15/A.13）；

——增加了分隔号的用法说明（4.17）；

——"标点符号的位置"一章的标题改为"标点符号的位置和书写形式"，并增加了使用中文输入软件处理标点符号时的相关规范（第5章）；

——增加了"附录"：附录A为规范性附录，主要说明标点符号不能怎样使用和对标点符号用法加以补充说明，以解决目前使用混乱或争议较大的问题。附录B为资料性附录，对功能有交叉的标点符号的用法做了区分，并对标点符号误用高发环境下的规范用法做了说明。

本标准由教育部语言文字信息管理司提出并归口。

本标准主要起草单位：北京大学。

本标准主要起草人：沈阳、刘妍、于泳波、翁姗姗。

本标准所代替标准的历次版本发布情况为：

——GB/T 15834—1995。

标点符号用法

1. 范围

本标准规定了现代汉语标点符号的用法。

本标准适用于汉语的书面语（包括汉语和外语混合排版时的汉语部分）。

2. 术语和定义

下列术语和定义适用于本文件。

2.1 标点符号 punctuation

辅助文字记录语言的符号，是书面语的有机组成部分，用来表示语句的停顿、语气以及标示某些成分（主要是词语）的特定性质和作用。

注：数学符号、货币符号、校勘符号、辞书符号、注音符号等特殊领域的专门符号不属于标点符号。

2.2 句子 sentence

前后都有较大停顿、带有一定的语气和语调、表达相对完整意义的语言单位。

2.3 复句 complex sentence

由两个或多个在意义上有密切关系的分句组成的语言单位，包括简单复句（内部只有一层语义关系）和多重复句（内部包含多层语义关系）。

2.4 分句 clause

复句内两个或多个前后有停顿、表达相对完整意义、不带有句末语气和语调、有的前面可添加关联词语的语言单位。

2.5 语段 expression

指语言片段，是对各种语言单位（如词、短语、句子、复句等）不做特别区分时的统称。

3. 标点符号的种类

3.1 点号

点号的作用是点断，主要表示停顿和语气。分为句末点号和句内点号。

3.1.1 句末点号

用于句末的点号，表示句末停顿和句子的语气。包括句号、问号、叹号。

3.1.2 句内点号

用于句内的点号，表示句内各种不同性质的停顿。包括逗号、顿号、分号、冒号。

3.2 标号

标号的作用是标明，主要标示某些成分（主要是词语）的特定性质和作用。包括引号、括号、破折号、省略号、着重号、连接号、间隔号、书名号、专名号、分隔号。

4. 标点符号的定义、形式和用法

4.1 句号

4.1.1 定义

句末点号的一种，主要表示句子的陈述语气。

4.1.2 形式

句号的形式是"。"。

4.1.3 基本用法

4.1.3.1 用于句子末尾，表示陈述语气。使用句号主要根据句段前后有较大停顿、带有陈述语气和语调，并不取决于句子的长短。

示例1：北京是中华人民共和国的首都。

示例2：（甲：咱们走着去吧?）乙：好。

4.1.3.2 有时也可以表示较缓和的祈使语气和感叹语气。

示例1：请你稍等一下。

示例2：我不由地感到，这些普通劳动者也同样是很值得尊敬的。

4.2 问号

4.2.1 定义

句末点号的一种，主要表示句子的疑问语气。

4.2.2 形式

问号的形式是"？"。

4.2.3 基本用法

4.2.3.1 用于句子末尾，表示疑问语气（包括反问、设问等疑问类型）。使用问号主要根据语段前后有较大停顿、带有疑问语气和语调，并不取决于句子的长短。

示例1：你怎么还不回家去呢？

示例2：难道这些普通的战士不值得歌颂吗？

示例3：（一个外国人，不远万里来到中国，帮助中国的抗日战争。）这是什么精神？这是国际主义的精神。

4.2.3.2 选择问句中，通常只在最后一个选项的末尾用问号，各个选项之间一般用逗号隔开。当选项较短且选项之间几乎没有停顿时，选项之间可不用逗号。当选项较多或较长，或有意突出每个选项的独立性时，也可每个选项之后都用问号。

示例1：诗中记述的这场战争究竟是真实的历史描述，还是诗人的虚构？

示例2：这是巧合还是有意安排？

示例3：要一个什么样的结尾：现实主义的？传统的？大团圆的？荒诞的？民族形式的？有象征意义的？

示例4：（他看着我的作品称赞了我。）但到底是称赞我什么：是有几处画得好？还是什么都敢画？抑或只是一种对于失败者的无可奈何的安慰？我不得而知。

示例5：这一切都是由客观的条件造成的？还是由行为的惯性造成的？

4.2.3.3 在多个问句连用或表达疑问语气加重时，可叠用问号。通常应先单用，再叠用，最多叠用三个问号。在没有异常强烈的情感表达需要时不宜叠用问号。

示例：这就是你的做法吗？你这个总经理是怎么当的？？你怎么竟敢这样欺骗消费者？？？

4.2.3.4 问号也有标号的用法，即用于句内，表示存疑或不详。

示例1：马致远（1250？—1321），大都人，元代戏曲家、散曲家。

示例2：钟嵘（？—518），颍川长社人，南朝梁代文学批评家。

示例3：出现这样的文字错误，说明作者（编者？校者？）很不认真。

4.3 叹号

4.3.1 定义

句末点号的一种，主要表示句子的感叹语气。

4.3.2 形式

叹号的形式是"！"。

4.3.3 基本用法

4.3.3.1 用于句子末尾，主要表示感叹语气，有时也可表示强烈的祈使语气、反问语气等。使用叹号主要根据语段前后有较大停顿、带有感叹语气和语调或带有强烈的祈使、反问语气和语调，并不取决于句子的长短。

示例1：才一年不见，这孩子都长这么高啦！

示例2：你给我住嘴！

示例3：谁知道他今天是怎么搞的！

4.3.3.2 用于拟声词后，表示声音短促或突然。

示例1：咔嚓！一道闪电划破了夜空。

示例2：咚！咚咚！突然传来一阵急促的敲门声。

4.3.3.3 表示声音巨大或声音不断加大时，可叠用叹号；表达强烈语气时，也可叠用叹号，最多叠用三个叹号。在没有异常强烈的情感表达需要时不宜叠用叹号。

示例1：轰！！在这天崩地塌的声音中，女娲猛然醒来。

示例2：我要揭露！我要控诉！！我要以死抗争！！！

4.3.3.4 当句子包含疑问、感叹两种语气且都比较强烈时（如带有强烈感情的反问句和带有惊愕语气的疑问句），可在问号后再加叹号（问号、叹号各一）。

示例1：这么点困难就能把我们吓倒吗？！

示例2：他连这些最起码的常识都不懂，还敢说自己是高科技人才?!

4.4 逗号

4.4.1 定义

句内点号的一种，表示句子或语段内部的一般性停顿。

4.4.2 形式

逗号的形式是"，"。

4.4.3 基本用法

4.4.3.1 复句内各分句之间的停顿，除了有时用分号（见4.6.3.1），一般都用逗号。

示例1：不是人们的意识决定人们的存在，而是人们的社会存在决定人们的意识。

示例2：学历史使人更明智，学文学使人更聪慧，学数学使人更精细，学考古使人更深沉。

示例3：要是不相信我们的理论能反映现实，要是不相信我们的世界有内在和谐，那就不可能有科学。

4.4.3.2 用于下列各种语法位置：

a）较长的主语之后。

示例1：苏州园林建筑各种门窗的精美设计和雕镂功夫，都令人叹为观止。

b）句首的状语之后。

示例2：在苍茫的大海上，狂风卷集着乌云。

c）较长的宾语之前。

示例3：有的考古工作者认为，南方古猿生存于上新世至更新世的初期和中期。

d）带句内语气词的主语（或其他成分）之后，或带句内语气词的并列成分之间。

示例4：他呢，倒是很乐观地、全神贯注地干起来了。

示例5：（那是个没有月亮的夜晚。）可是整个村子——白房顶啦，白树木啦，雪堆啦，全看得见。

e）较长的主语中间、谓语中间和宾语中间。

示例6：母亲沉痛的诉说，以及亲眼看到的实事，都启发了我幼年时期追求真理的思想。

示例7：那姑娘头戴一顶草帽，身穿一条绿色的裙子，腰间还系着一根橙色的腰带。

示例8：必须懂得，对于文化传统，既不能不分青红皂白统统抛弃，也不能不管精华糟粕全盘继承。

f）前置的谓语之后或后置的状语、定语之前。

示例9：真美啊，这条蜿蜒的林间小路。

示例10：她吃力地站了起来，慢慢地。

示例11：我只是一个人，孤孤单单的。

4.4.3.3 用于下列各种停顿处：

a）复指成分或插说成分前后。

示例1：老张，就是原来的办公室主任，上星期已经调走了。

示例2：车，不用说，当然是头等。

b）语气缓和的感叹语、称谓语和呼唤语之后。

示例3：哎哟，这儿，快给我揉揉。

示例4：大娘，您到哪儿去啊？

示例5：喂，你是哪个单位的？

c）某些序次语（"第"字头、"其"字头及"首先"类序次语）之后。

示例6：为什么许多人都有长不大的感觉呢？原因有三：第一，父母总认为自己比孩子成熟；第二，父母总要以自己的标准来衡量孩子；第三，父母出于爱心而总不想让孩子在成长的过程中走弯路。

示例7：《玄秘塔碑》所以成为书法的范本，不外乎以下几方面的因素：其一，具有楷书点画、构体的典范性；其二，承上启下，成为唐楷的极致；其三，字如其人，爱人及字，柳公权高尚的书品、人品为后人所崇仰。

示例8：下面从三个方面讲讲语言的污染问题：首先，是特殊语言环境中的语言污染问题；其次，是滥用缩略语引起的语言污染问题；最后，是空话和废话引起的语言污染问题。

4.5 顿号

4.5.1 定义

句内点号的一种，表示语段中并列词语之间或某些序次语之后的停顿。

4.5.2 形式

顿号的形式是"、"。

4.5.3 基本用法

4.5.3.1 用于并列词语之间。

示例1：这里有自由、民主、平等、开放的风气和氛围。

示例2：造型科学、技艺精湛、气韵生动，是盛唐石雕的特色。

4.5.3.2 用于需要停顿的重复词语之间。

示例：他几次三番、几次三番地辩解着。

4.5.3.3 用于某些序次语（不带括号的汉字数字或"天干地支"类序次语）之后。

示例1：我准备讲两个问题，一、逻辑学是什么？二、怎样学好逻辑学？

示例2：风格的具体内容主要有以下四点，甲、题材；乙、用字；丙、表达；丁、色彩。

4.5.3.4 相邻或相近两数字连用表示概数通常不用顿号。若相邻两数字连用为缩略形式，宜用顿号。

示例1：飞机在6000米高空水平飞行时，只能看到两侧八九公里和前方一二十公里范围内的地面。

示例2：这种凶猛的动物常常三五成群地外出觅食和活动。

示例3：农业是国民经济的基础，也是二、三产业的基础。

4.5.3.5 标有引号的并列成分之间、标有书名号的并列成分之间通常不用顿号。若有其他成分插在并列的引号之间或并列的书名号之间（如引语或书名号之后还有括注），宜用顿号。

示例1："日""月"构成"明"字。

示例2：店里挂着"顾客就是上帝""质量就是生命"等横幅。

示例3：《红楼梦》《三国演义》《西游记》《水浒传》，是我国长篇小说的四大名著。

示例4：李白的"白发三千丈"（《秋浦歌》）、"朝如青丝暮成雪"（《将进酒》）都是脍炙人口的诗句。

示例5：办公室里订有《人民日报》（海外版）、《光明日报》和《时代周刊》等报刊。

4.6 分号

4.6.1 定义

句内点号的一种，表示复句内部并列关系分句之间的停顿，以及非并列关系的多重复句中第一层分句之间的停顿。

4.6.2 形式

分号的形式是";"。

4.6.3 基本用法

4.6.3.1 表示复句内部并列关系的分句（尤其当分句内部还有逗号时）之间的停顿。

示例1：语言文字的学习，就理解方面说，是得到一种知识；就运用方面说，是养成一种习惯。

示例2：内容有分量，尽管文章短小，也是有分量的；内容没有分量，即使写得再长也没有用。

4.6.3.2 表示非并列关系的多重复句中第一层分句（主要是选择、转折等关系）之间的停顿。

示例1：人还没看见，已经先听见歌声了；或者人已经转过山头望不见了，歌声还余音袅袅。

示例2：尽管人民革命的力量在开始时总是弱小的，所以总是受压的；但是由于革命的力量代表历史发展的方向，因此本质上又是不可战胜的。

示例3：不管一个人如何伟大，也总是生活在一定的环境和条件下；因此，个人的见解总难免带有某种局限性。

示例4：昨天夜里下了一场雨，以为可以凉快些；谁知没有凉快下来，反而更热了。

4.6.3.3 用于分项列举的各项之间。

示例：特聘教授的岗位职责为：一、讲授本学科的主干基础课程；二、主持本学科的重大科研项目；三、领导本学科的学术队伍建设；四、带领本学科赶超或保持世界先进水平。

4.7 冒号

4.7.1 定义

句内点号的一种，表示语段中提示下文或总结上文的停顿。

4.7.2 形式

冒号的形式是":"。

4.7.3 基本用法

4.7.3.1 用于总说性或提示性词语(如"说""例如""证明"等)之后,表示提示下文。

示例1:北京紫禁城有四座城门:午门、神武门、东华门和西华门。

示例2:她高兴地说:"咱们去好好庆祝一下吧!"

示例3:小王笑着点了点头:"我就是这么想的。"

示例4:这一事实证明:人能创造环境,环境同样也能创造人。

4.7.3.2 表示总结上文。

示例:张华上了大学,李萍进了技校,我当了工人:我们都有美好的前途。

4.7.3.3 用在需要说明的词语之后,表示注释和说明。

示例1:(本市将举办首届大型书市。)主办单位:市文化局;承办单位:市图书进出口公司;时间:8月15日—20日;地点:市体育馆观众休息厅。

示例2:(做阅读理解题有两个办法。)办法之一:先读题干,再读原文,带着问题有针对性地读课文。办法之二:直接读原文,读完再做题,减少先入为主的干扰。

4.7.3.4 用于书信、讲话稿中称谓语或称呼语之后。

示例1:广平先生:……

示例2:同志们、朋友们:……

4.7.3.5 一个句子内部一般不应套用冒号。在列举式或条文式表述中,如不得不套用冒号时,宜另起段落来显示各个层次。

示例:第十条 遗产按照下列顺序继承:

第一顺序:配偶、子女、父母。

第二顺序:兄弟姐妹、祖父母、外祖父母。

4.8 引号

4.8.1 定义

标号的一种,标示语段中直接引用的内容或需要特别指出的成分。

4.8.2 形式

引号的形式有双引号""""和单引号"''"两种。左侧的为前引号,右侧的为后引号。

4.8.3 基本用法

4.8.3.1 标示语段中直接引用的内容。

示例：李白诗中就有"白发三千丈"这样极尽夸张的语句。

4.8.3.2 标示需要着重论述或强调的内容。

示例：这里所谓的"文"，并不是指文字，而是指文采。

4.8.3.3 标示语段中具有特殊含义而需要特别指出的成分，如别称、简称、反语等。

示例1：电视被称作"第九艺术"。

示例2：人类学上常把古人化石统称为尼安德特人，简称"尼人"。

示例3：有几个"慈祥"的老板把捡来的菜叶用盐浸浸就算作工友的菜肴。

4.8.3.4 当引号中还需要使用引号时，外面一层用双引号，里面一层用单引号。

示例：他问："老师，'七月流火'是什么意思?"

4.8.3.5 独立成段的引文如果只有一段，段首和段尾都用引号；不止一段时，每段开头仅用前引号，只在最后一段末尾用后引号。

示例：我曾在报纸上看到有人这样谈幸福：

"幸福是知道自己喜欢什么和不喜欢什么。……

"幸福是知道自己擅长什么和不擅长什么。……

"幸福是在正确的时间做了正确的选择。……"

4.8.3.6 在书写带月、日的事件、节日或其他特定意义的短语（含简称）时，通常只标引其中的月和日；需要突出和强调该事件或节日本身时，也可连同事件或节日一起标引。

示例1："5·12"汶川大地震

示例2："五四"以来的话剧，是我国戏剧中的新形式。

示例3：纪念"五四运动"90周年

4.9 括号

4.9.1 定义

标号的一种，标示语段中的注释内容、补充说明或其他特定意义的语句。

4.9.2 形式

括号的主要形式是圆括号"（）"，其他形式还有方括号"［］"、六角括号"〔〕"和方头括号"【】"等。

4.9.3 基本用法

4.9.3.1 标示下列各种情况，均用圆括号：

a）标示注释内容或补充说明。

示例 1：我校拥有特级教师（含已退休的）17 人。

示例 2：我们不但善于破坏一个旧世界，我们还将善于建设一个新世界！（热烈鼓掌）

b）标示订正或补加的文字。

示例 3：信纸上用稚嫩的字体写着"阿夷（姨），你好！"。

示例 4：该建筑公司负责的建设工程全部达到优良工程（的标准）。

c）标示序次语。

示例 5：语言有三个要素：（1）声音；（2）结构；（3）意义。

示例 6：思想有三个条件：（一）事理；（二）心理；（三）伦理。

d）标示引语的出处。

示例 7：他说得好："未画之前，不立一格；既画之后，不留一格。"（《板桥集·题画》）

e）标示汉语拼音注音。

示例 8："的（de）"这个字在现代汉语中最常用。

4.9.3.2 标示作者国籍或所属朝代时，可用方括号或六角括号。

示例 1：［英］赫胥黎《进化论与伦理学》

示例 2：〔唐〕杜甫著

4.9.3.3 报刊标示电讯、报道的开头，可用方头括号。

示例：【新华社南京消息】

4.9.3.4 标示公文发文字号中的发文年份时，可用六角括号。

示例：国发〔2011〕3 号文件

4.9.3.5 标示被注释的词语时，可用六角括号或方头括号。

示例 1：〔奇观〕奇伟的景象。

示例 2：【爱因斯坦】物理学家。生于德国，1933 年因受纳粹政权迫害，移居美国。

4.9.3.6 除科技书刊中的数学、逻辑公式外，所有括号（特别是同一形式的括号）应尽量避免套用。必须套用括号时，宜采用不同的括号形式配合使用。

示例：〔茸（róng）毛〕很细很细的毛。

4.10 破折号

4.10.1 定义

标号的一种，标示语段中某些成分的注释、补充说明或语音、意义的变化。

4.10.2 形式

破折号的形式是"——"。

4.10.3 基本用法

4.10.3.1 标示注释内容或补充说明（也可用括号，见 4.9.3.1；二者的区别另见 B.1.7）。

示例 1：一个矮小而结实的日本中年人——内山老板走了过来。

示例 2：我一直坚持读书，想借此唤起弟妹对生活的希望——无论环境多么困难。

4.10.3.2 标示插入语（也可用逗号，见 4.4.3.3）。

示例：这简直就是——说得不客气点——无耻的勾当！

4.10.3.3 标示总结上文或提示下文（也可用冒号，见 4.7.3.1、4.7.3.2）。

示例 1：坚强，纯洁，严于律己，客观公正——这一切都难得地集中在一个人身上。

示例 2：画家开始娓娓道来——

数年前的一个寒冬，……

4.10.3.4 标示话题的转换。

示例："好香的干菜，——听到风声了吗?"赵七爷低声说道。

4.10.3.5 标示声音的延长。

示例："嘎——"传过来一声水禽被惊动的鸣叫。

4.10.3.6 标示话语的中断或间隔。

示例 1："班长他牺——"小马话没说完就大哭起来。

示例 2："亲爱的妈妈，你不知道我多爱您。——还有你，我的孩子!"

4.10.3.7 标示引出对话。

示例：——你长大后想成为科学家吗？

——当然想了！

4.10.3.8 标示事项列举分承。

示例：根据研究对象的不同，环境物理学分为以下五个分支学科：

——环境声学；

——环境光学；

——环境热学；

——环境电磁学；

——环境空气动力学。

4.10.3.9 用于副标题之前。

示例：飞向太平洋

——我国新型号运载火箭发射目击记

4.10.3.10 用于引文、注文后，标示作者、出处或注释者。

示例1：先天下之忧而忧，后天下之乐而乐。

——范仲淹

示例2：乐浪海中有倭人，分为百余国。

——《汉书》

示例3：很多人写好信后把信笺折成方胜形，我看大可不必。（方胜，指古代妇女戴的方形首饰，用彩绸等制作，由两个斜方部分叠合而成。——编者注）

4.11 省略号

4.11.1 定义

标号的一种，标示语段中某些内容的省略及意义的断续等。

4.11.2 形式

省略号的形式是"……"。

4.11.3 基本用法

4.11.3.1 标示引文的省略。

示例：我们齐声朗诵起来："……俱往矣，数风流人物，还看今朝。"

4.11.3.2 标示列举或重复词语的省略。

示例1：对政治的敏感，对生活的敏感，对性格的敏感，……这都是作家必须要有的素质。

示例2：他气得连声说："好，好……算我没说。"

4.11.3.3 标示语意未尽。

示例1：在人迹罕至的深山密林里，假如突然看见一缕炊烟，……

示例2：你这样干，未免太……！

4.11.3.4 标示说话时断断续续。

示例：她磕磕巴巴地说："可是……太太……我不知道……你一定是认错了。"

4.11.3.5 标示对话中的沉默不语。

示例："还没结婚吧?"

"……"他飞红了脸，更加忸怩起来。

4.11.3.6 标示特定的成分虚缺。

示例：只要……就……

4.11.3.7 在标示诗行、段落的省略时，可连用两个省略号（即相当于十二连点）。

示例1：从隔壁房间传来缓缓而抑扬顿挫的吟咏声——

床前明月光，疑是地上霜。

…………

示例2：该刊根据工作质量、上稿数量、参与程度等方面的表现，评选出了高校十佳记者站。还根据发稿数量、提供新闻线索情况以及对刊物的关注度等，评选出了十佳通讯员。

…………

4.12 着重号

4.12.1 定义

标号的一种，标示语段中某些重要的或需要指明的文字。

4.12.2 形式

着重号的形式是"."标注在相应文字的下方。

4.12.3 基本用法

4.12.3.1 标示语段中重要的文字。

示例1：诗人需要表现，而不是证明。

示例2：下面对本文的理解，不正确的一项是：……

4.12.3.2 标示语段中需要指明的文字。

示例：下边加点的字，除了在词中的读法外，还有哪些读法？

着急　子弹　强调

4.13 连接号

4.13.1 定义

标号的一种，标示某些相关联成分之间的连接。

4.13.2 形式

连接号的形式有短横线"－"、一字线"—"和浪纹线"～"三种。

4.13.3 基本用法

4.13.3.1 标示下列各种情况，均用短横线。

a) 化合物的名称或表格、插图的编号。

示例1：3－戊酮为无色液体，对眼及皮肤有强烈刺激性。

示例2：参见下页表2－8、表2－9。

b) 连接号码，包括门牌号码、电话号码，以及用阿拉伯数字表示年月日等。

示例3：安宁里东路26号院3－2－11室

示例4：联系电话：010－88842603

示例5：2011－02－15

c) 在复合名词中起连接作用。

示例6：吐鲁番－哈密盆地

d) 某些产品的名称和型号。

示例7：WZ－10直升机具有复杂天气和夜间作战的能力。

e) 汉语拼音、外来语内部的分合。

示例8：shuōshuō－xiàoxiào（说说笑笑）

示例9：盎格鲁－撒克逊人

示例10：让－雅克·卢梭（"让－雅克"为双名）

示例11：皮埃尔·孟戴斯－弗朗斯（"孟戴斯－弗朗斯"为复姓）

4.13.3.2 标示下列各种情况，一般用一字线，有时也可用浪纹线。

a) 标示相关项目（如时间、地域等）的起止。

示例1：沈括（1031－1095），宋朝人。

示例 2：2011 年 2 月 3 日—10 日

示例 3：北京—上海特别旅客快车

b）标示数值范围（由阿拉伯数字或汉字数字构成）的起止。

示例 4：25～30g

示例 5：第五～八课

4.14 间隔号

4.14.1 定义

标号的一种，标示某些相关联成分之间的分界。

4.14.2 形式

间隔号的形式是"·"。

4.14.3 基本用法

4.14.3.1 标示外国人名或少数民族人名内部的分界。

示例 1：克里丝蒂娜·罗塞蒂

示例 2：阿依古丽·买买提

4.14.3.2 标示书名与篇（章、卷）名之间的分界。

示例：《淮南子·本经训》

4.14.3.3 标示词牌、曲牌、诗体名等和题名之间的分界。

示例 1：《沁园春·雪》

示例 2：《天净沙·秋思》

示例 3：《七律·冬云》

4.14.3.4 用在构成标题或栏目名称的并列词语之间。

示例：《天·地·人》

4.14.3.5 以月、日为标志的事件或节日，用汉字数字表示时，只在一、十一和十二月后用间隔号；当直接用阿拉伯数字表示时，月、日之间均用间隔号（半角字符）。

示例 1："九一八"事变　'五四'运动

示例 2："一·二八"事变　"一二·九"运动

示例 3："3·15"消费者权益日　"9·11"恐怖袭击事件

4.15 书名号

4.15.1 定义

标号的一种，标示语段中出现的各种作品的名称。

4.15.2 形式

书名号的形式有双书名号"《》"和单书名号"〈〉"两种。

4.15.3 基本用法

4.15.3.1 标示书名、卷名、篇名、刊物名、报纸名、文件名等。

示例1：《红楼梦》（书名）

示例2：《史记·项羽本纪》（卷名）

示例3：《论雷峰塔的倒掉》（篇名）

示例4：《每周关注》（刊物名）

示例5：《人民日报》（报纸名）

示例6：《全国农村工作会议纪要》（文件名）

4.15.3.2 标示电影、电视、音乐、诗歌、雕塑等各类用文字、声音、图像等表现的作品的名称。

示例1：《渔光曲》（电影名）

示例2：《追梦录》（电视剧名）

示例3：《勿忘我》（歌曲名）

示例4：《沁园春·雪》（诗词名）

示例5：《东方欲晓》（雕塑名）

示例6：《光与影》（电视节目名）

示例7：《社会广角镜》（栏目名）

示例8：《庄子研究文献数据库》（光盘名）

示例9：《植物生理学系列挂图》（图片名）

4.15.3.3 标示全中文或中文在名称中占主导地位的软件名。

示例：科研人员正在研制《电脑卫士》杀毒软件。

4.15.3.4 标示作品名的简称。

示例：我读了《念青唐古拉山脉纪行》一文（以下简称《念》），收获很大。

4.15.3.5 当书名号中还需要书名号时，里面一层用单书名号，外面一层用双书名号。

示例：《教育部关于提请审议〈高等教育自学考试试行办法〉的报告》

4.16 专名号

4.16.1 定义

标号的一种，标示古籍和某些文史类著作中出现的特定类专有名词。

4.16.2 形式

专名号的形式是一条直线，标注在相应文字的下方。

4.16.3 基本用法

4.16.3.1 标示古籍、古籍引文或某些文史类著作中出现的专有名词，主要包括人名、地名、国名、民族名、朝代名、年号、宗教名、官署名、组织名等。

示例1：孙坚人马被刘表率军围得水泄不通。（人名）

示例2：于是聚集冀、青、幽、并四州兵马七十多万准备决一死战。（地名）

示例3：当时乌孙及西域各国都向汉派遣了使节。（国名、朝代名）

示例4：从咸宁二年到太康十年，匈奴、鲜卑、乌桓等族人徙居塞内。（年号、民族名）

4.16.3.2 现代汉语文本中的上述专有名词，以及古籍和现代文本中的单位名、官职名、事件名、会议名、书名等不应使用专名号。必须使用标号标示时，宜使用其他相应标号（如引号、书名号等）。

4.17 分隔号

4.17.1 定义

标号的一种，标示诗行、节拍及某些相关文字的分隔。

4.17.2 形式

分隔号的形式是"/"。

4.17.3 基本用法

4.17.3.1 诗歌接排时分隔诗行（也可使用逗号和分号，见 4.4.3.1/4.6.3.1）。

示例：春眠不觉晓/处处闻啼鸟/夜来风雨声/花落知多少。

4.17.3.2 标示诗文中的音节节拍。

示例：横眉/冷对/千夫指，俯首/甘为/孺子牛。

4.17.3.3 分隔供选择或可转换的两项，表示"或"。

示例：动词短语中除了作为主体成分的述语动词之外，还包括述语动词所带的宾语和/或补语。

4.17.3.4 分隔组成一对的两项，表示"和"。

示例1：13/14 次特别快车

示例2：羽毛球女双决赛中国组合杜婧/于洋两局完胜韩国名将李孝贞/李敬元。

4.17.3.5 分隔层级或类别。

示例：我国的行政区划分为：省（直辖市、自治区）/省辖市（地级市）/县（县级市、区、自治州）/乡（镇）/村（居委会）。

5. 标点符号的位置和书写形式

5.1 横排文稿标点符号的位置和书写形式

5.1.1 句号、逗号、顿号、分号、冒号均置于相应文字之后，占一个字位置，居左下，不出现在一行之首。

5.1.2 问号、叹号均置于相应文字之后，占一个字位置，居左，不出现在一行之首。两个问号（或叹号）叠用时，占一个字位置；三个问号（或叹号）叠用时，占两个字位置；问号和叹号连用时，占一个字位置。

5.1.3 引号、括号、书名号中的两部分标在相应项目的两端，各占一个字位置。其中前一半不出现在一行之末，后一半不出现在一行之首。

5.1.4 破折号标在相应项目之间，占两个字位置，上下居中，不能中间断开分处上行之末和下行之首。

5.1.5 省略号占两个字位置，两个省略号连用时占四个字位置并须单独占一行。省略号不能中间断开分处上行之末和下行之首。

5.1.6 连接号中的短横线比汉字"一"略短，占半个字位置；一字线比汉字"一"略长，占一个字位置；浪纹线占一个字位置。连接号上下居中，不出现在一行之首。

5.1.7 间隔号标在需要隔开的项目之间，占半个字位置，上下居中，不出现在一行之首。

5.1.8 着重号和专名号标在相应文字的下边。

5.1.9 分隔号占半个字位置，不出现在一行之首或一行之末。

5.1.10 标点符号排在一行末尾时，若为全角字符则应占半角字符的宽度（即半个字位置），以使视觉效果更美观。

5.1.11 在实际编辑出版工作中，为排版美观、方便阅读等需要，或为避免某一小节最后一个汉字转行或出现在另外一页开头等情况（浪费版面及视觉效果差），可适当压缩标点符号所占用的空间。

5.2 竖排文稿标点符号的位置和书写形式

5.2.1 句号、问号、叹号、逗号、顿号、分号和冒号均置于相应文字之下偏右。

5.2.2 破折号、省略号、连接号、间隔号和分隔号置于相应文字之下居中，上下方向排列。

5.2.3 引号改用双引号" ﹁ "" ﹂ "和单引号" ﹁ "" ﹂ "，括号改用" ⌒ "" ⌣ "，标在相应项目的上下。

5.2.4 竖排文稿中使用浪线式书名号"﹏"，标在相应文字的左侧。

5.2.5 着重号标在相应文字的右侧，专名号标在相应文字的左侧。

5.2.6 横排文稿中关于某些标点不能居行首或行末的要求，同样适用于竖排文稿。

附录 A　（规范性附录）
标点符号用法的补充规则

A.1　句号用法补充规则

图或表的短语式说明文字，中间可用逗号，但末尾不用句号。即使有时说明文字较长，前面的语段已出现句号，最后结尾处仍不用句号。

示例 1：行进中的学生方队

示例 2：经过治理，本市市容市貌焕然一新。这是某区街道一景

A.2　问号用法补充规则

使用问号应以句子表示疑问语气为依据，而并不根据句子中包含有疑问词。当含有疑问词的语段充当某种句子成分，而句子并不表示疑问语气时，句末不用问号。

示例 1：他们的行为举止、审美趣味，甚至读什么书，坐什么车，都在媒体掌握之中。

示例 2：谁也不见，什么也不吃，哪儿也不去。

示例 3：我也不知道他究竟躲到什么地方去了。

A.3　逗号用法补充规则

用顿号表示较长、较多或较复杂的并列成分之间的停顿时，最后一个成分前可用"以及（及）"进行连接，"以及（及）"之前应用逗号。

示例：压力过大、工作时间过长、作息不规律，以及忽视营养均衡等，均会导致健康状况的下降。

A.4　顿号用法补充规则

A.4.1 表示含有顺序关系的并列各项间的停顿，用顿号，不用逗号。下例解释"对于"一词用法，"人""事物""行为"之间有顺序关系（即人和人、人和事物、人和行为、事物和事物、事物和行为、行为和行为等六种对待关系），各项之间应用顿号。

示例：［对于］表示人，事物，行为之间的相互对待关系。（误）

［对于］表示人、事物、行为之间的相互对待关系。（正）

A.4.2 用阿拉伯数字表示年月日的简写形式时，用短横线连接号，不用顿号。

示例：2010、03、02（误）

2010－03－02（正）

A.5　分号用法补充规则

分项列举的各项有一项或多项已包含句号时，各项的末尾不能再用分号。

示例：本市先后建立起三大农业生产体系：一是建立甘蔗生产服务体系。成立糖业服务公司，主要给农民提供机耕等服务；二是建立蚕桑生产服务体系。……；三是建立热作服务体系。……。（误）

本市先后建立起三大农业生产体系：一是建立甘蔗生产服务体系等服务。成立糖业服务公司，主要给农民提供机耕等服务。二是建立蚕桑生产服务体系。……。三是建立热作服务体系。……。（正）

A.6　冒号用法补充规则

A.6.1 冒号用在提示性话语之后引起下文。表面上类似但实际不是提示性话语的，其后用逗号。

示例 1：郦道元《水经注》记载："沼西际山枕水，有唐叔虞祠。"（提示性话语）

示例 2：据《苏州府志》载，苏州城内大小园林约有 150 多座，可算名副其实的园林之城。（非提示性话语）

A.6.2 冒号提示范围无论大小（一句话、几句话甚至几段话），都应与提示性话语保持一致（即在该范围的末尾要用句号点断）。应避免冒号涵盖范围过窄或过宽。

示例：艾滋病有三个传播途径：血液传播，性传播和母婴传播，日常接触是不会传播艾滋病的。（误）

艾滋病有三个传播途径：血液传播，性传播和母婴传播。日常接触是不会传播艾滋病的。（正）

A.6.3 冒号应用在有停顿处，无停顿处不应用冒号。

示例 1：他头也不抬，冷冷地问："你叫什么名字？"（有停顿）

示例 2：这事你得拿主意，光说"不知道"怎么行？（无停顿）

A.7 引号用法补充规则

"丛刊""文库""系列""书系"等作为系列著作的选题名，宜用引号标引。当"丛刊"等为选题名的一部分时，放在引号之内，反之则放在引号之外。

示例 1："汉译世界学术名著丛书"

示例 2："中国哲学典籍文库"

示例 3："20 世纪心理学通览"丛书

A.8 括号用法补充规则

括号可分为句内括号和句外括号。句内括号用于注释句子里的某些词语，即本身就是句子的一部分，应紧跟在被注释的词语之后。句外括号则用于注释句子、句群或段落，即本身结构独立，不属于前面的句子、句群或段落，应位于所注释语段的句末点号之后。

示例：标点符号是辅助文字记录语言的符号，是书面语的有机组成部分，用来表示语句的停顿、语气以及标示某些成分（主要是词语）的特定性质和作用。（数学符号、货币符号、校勘符号等特殊领域的专门符号不属于标点符号。）

A.9 省略号用法补充规则

A.9.1 不能用多于两个省略号（多于 12 点）连在一起表示省略。省略号须与多点连续的连珠号相区别（后者主要是用于表示目录中标题和页码对应和连接的专门符号）。

A.9.2 省略号和"等""等等""什么的"等词语不能同时使用。在需要读出来的地方用"等""等等""什么的"等词语，不用省略号。

示例：含有铁质的食物有猪肝、大豆、油菜、菠菜……等。（误）

含有铁质的食物有猪肝、大豆、油菜、菠菜等。（正）

A.10 着重号用法补充规则

不应使用文字下加直线或波浪线等形式表示着重。文字下加直线为专名号形式（4.16）；文字下加浪纹线是特殊书名号（A.13.6）。着重号的形式统一为相应项目下加小圆点。

示例：下面对本文的理解，不正确的一项是（误）

下面对本文的理解，不正确的一项是（正）

A.11 连接号用法补充规则

浪纹线连接号用于标示数值范围时，在不引起歧义的情况下，前一数值附加符号或计量单位可省略。

示例：5 公斤～100 公斤（误）

5～100 公斤（正）

A.12 间隔号用法补充规则

当并列短语构成的标题中已用间隔号隔开时，不应再用"和"类连词。

示例：《水星·火星和金星》（误）

《水星·火星·金星》（正）

A.13　书名号用法补充规则

A.13.1 不能视为作品的课程、课题、奖品奖状、商标、证照、组织机构、会议、活动等名称，不应用书名号。下面均为书名号误用的示例：

示例 1：下学期本中心将开设《现代企业财务管理》《市场营销》两门课程。

示例 2：明天将召开《关于"两保两挂"的多视觉理论思考》课题立项会。

示例 3：本市将向 70 岁以上（含 70 岁）老年人颁发《敬老证》。

示例 4：本校共获得《最佳印象》《自我审美》《卡拉 OK》等六个奖杯。

示例 5：《闪光》牌电池经久耐用。

示例 6：《文史杂志社》编辑力量比较雄厚。

示例 7：本市将召开《全国食用天然色素应用研讨会》。

示例 8：本报将于今年暑假举行《墨宝杯》书法大赛。

A.13.2 有的名称应根据指称意义的不同确定是否用书名号。如文艺晚会指一项活动时，不用书名号；而特指一种节目名称时，可用书名号。再如展览作为一种文化传播的组织形式时，不用书名号；特定情况下将某项展览作为一种创作的作品时，可用书名号。

示例1：2008年重阳联欢晚会受到观众的称赞和好评。

示例2：本台将重播《2008年重阳联欢晚会》。

示例3："雪域明珠——中国西藏文化展"今天隆重开幕。

示例4：《大地飞歌艺术展》是一部大型现代艺术作品。

A.13.3 书名后面表示该作品所属类别的普通名词不标在书名号内。

示例：《我们》杂志

A.13.4 书名有时带有括注。如果括注是书名、篇名等的一部分，应放在书名号之内，反之则应放在书名号之外。

示例1：《琵琶行（并序）》

示例2：《中华人民共和国民事诉讼法（试行）》

示例3：《新政治协商会议筹备会组织条例（草案）》

示例4：《百科知识》（彩图本）

示例5：《人民日报》（海外版）

A.13.5 书名、篇名末尾如有叹号或问号，应放在书名号之内。

示例1：《日记何罪！》

示例2：《如何做到同工又同酬？》

A.13.6 在古籍或某些文史类著作中，为与专名号配合，书名号也可改用浪线式"﹏"，标注在书名下方。这可以看作是特殊的专名号或特殊的书名号。

A.14 分隔号用法补充规则

分隔号又称正斜线号，须与反斜线号"＼"相区别（后者主要是用于编写计算机程序的专门符号）。使用分隔号时，紧贴着分隔号的前后通常不用点号。

附录 B （资料性附录）
标点符号若干用法的说明

B.1　易混标点符号用法比较

B.1.1　逗号、顿号表示并列词语之间停顿的区别

逗号和顿号都表示停顿，但逗号表示的停顿长，顿号表示的停顿短。并列词语之间的停顿一般用顿号，但当并列词语较长或其后有语气词时，为了表示稍长一点的停顿，也可用逗号。

示例1：我喜欢吃的水果有苹果、桃子、香蕉和菠萝。

示例2：我们需要了解全局和局部的统一，必然和偶然的统一，本质和现象的统一。

示例3：看游记最难弄清位置和方向，前啊，后啊，左啊，右啊，看了半天，还是不明白。

B.1.2　逗号、顿号在表列举省略的"等""等等"之类词语前的使用

并列成分之间用顿号，末尾的并列成分之后用"等""等等"之类词语时，"等"类词前不用顿号或其他点号；并列成分之间用逗号，末尾的并列成分之后用"等"类词时，"等"类词前应用逗号。

示例1：现代生物学、物理学、化学、数学等基础科学的发展，带动了医学科学的进步。

示例2：写文章前要想好：文章主题是什么，用哪些材料，哪些详写，哪些略写，等等。

B.1.3　逗号、分号表示分句间停顿的区别

当复句的表述不复杂、层次不多，相连的分句语气比较紧凑、分句内部也没有使用逗号表示停顿时，分句间的停顿多用逗号。当用逗号不易分清多重复句内部的层次（如分句内部已有逗号），而用句号又可能割裂前后关系的地方，应用分号表示停顿。

示例1：她拿起钥匙，开了箱上的锁，又开了首饰盒上的锁，往老地方放钱。

示例2：纵比，即以一事物的各个发展阶段作比；横比，则以此事物与彼事

物相比。

B.1.4 顿号、逗号、分号在标示层次关系时的区别

句内点号中，顿号表示的停顿最短、层次最低，通常只能表示并列词语之间的停顿；分号表示的停顿最长、层次最高，可以用来表示复句的第一层分句之间的停顿；逗号介于两者之间，既可表示并列词语之间的停顿，也可表示复句中分句之间的停顿。若分句内部已用逗号，分句之间就应用分号（见 B.1.3 示例 2）。用分号隔开的几个并列分句不能由逗号统领或总结。

示例 1：有的学会烤烟，自己做挺讲究的纸烟和雪茄；有的学会蔬菜加工，做的番茄酱能吃到冬天；有的学会蔬菜腌渍、窖藏，使秋菜接上春菜。

示例 2：动物吃植物的方式多种多样，有的是把整个植物吃掉，如原生动物；有的是把植物的大部分吃掉，如鼠类；有的是吃掉植物的要害部位，如鸟类吃掉植物的嫩芽。（误）

动物吃植物的方式多种多样：有的是把整个植物吃掉，如原生动物；有的是把植物的大部分吃掉，如鼠类；有的是吃掉植物的要害部位．如鸟类吃掉植物的嫩芽。（正）

B.1.5 冒号、逗号用于"说""道"之类词语后的区别

位于引文之前的"说""道"后用冒号。位于引文之后的"说""道"分两种情况：处于句末时，其后用句号；"说""道"后还有其他成分时，其后用逗号。插在话语中间的"说""道"类词语后只能用逗号表示停顿。

示例 1：他说："晚上就来家里吃饭吧。"

示例 2："我真的很期待。"他说。

示例 3："我有件事忘了说……"他说，表情有点为难。

示例 4："现在请皇上脱下衣服，"两个骗子说，"好让我们为您换上新衣。"

B.1.6 不同点号表示停顿长短的排序

各种点号都表示说话时的停顿。句号、问号、叹号都表示句子完结，停顿最长。分号用于复句的分句之间，停顿长度介于句末点号和逗号之间，而短于冒号。逗号表示一句话中间的停顿，又短于分号。顿号用于并列词语之间，停顿最短。通常情况下，各种点号表示的停顿由长到短为：句号＝问号＝叹号＞冒号（指涵盖范围为一句话的冒号）＞分号＞逗号＞顿号。

B.1.7 破折号与括号表示注释或补充说明时的区别

破折号用于表示比较重要的解释说明，这种补充是正文的一部分，可与前后文连读；而括号表示比较一般的解释说明，只是注释而非正文，可不与前后文连读。

示例1：在今年——农历虎年，必须取得比去年更大的成绩。

示例2：哈雷在牛顿思想的启发下，终于认出了他所关注的彗星（该星后人称为哈雷彗里）。

B.1.8 书名号、引号在"题为……""以……为题"格式中的使用

"题为……""以……为题"中的"题"，如果是诗文、图书、报告或其他作品可作为篇名、书名看待时，可用书名号；如果是写作、科研、辩论、谈话的主题，非特定作品的标题，应用引号。即"题为……""以……为题"中的"题"应根据其类别分别按书名号和引号的用法处理。

示例1：有篇题为《柳宗元的诗》的文章，全文才2000字，引文不实却达11处之多。

示例2：今天一个以"地球·人口·资源·环境"为题的大型宣传活动在此间举行。

示例3：《我的老师》写于1956年9月，是作者应《教师报》之约而写的。

示例4："我的老师"这类题目，同学们也许都写过。

B.2 两个标点符号连用的说明

B.2.1 行文中表示引用的引号内外的标点用法

当引文完整且独立使用，或虽不独立使用但带有问号或叹号时，引号内句末点号应保留。除此之外，引号内不用句末点号。当引文处于句子停顿处（包括句子末尾）且引号内未使用点号时，引号外应使用点号；当引文位于非停顿处或者引号内已使用句末点号时，引号外不用点号。

示例1："沉舟侧畔千帆过，病树前头万木春。"他最喜欢这两句诗。

示例2：书价上涨令许多读者难以接受，有些人甚至发出"还买得起书吗?"的疑问。

示例3：他以"条件还不成熟，准备还不充分"为由，否决了我们的提议。

示例4：你这样"明日复明日"地要拖到什么时候?

示例5：司马迁为了完成《史记》的写作，使之"藏之名山"，忍受了人间最大的侮辱。

示例6：在施工中要始终坚持"把质量当生命"。

示例7："言之无文，行而不远"这句话，说明了文采的重要。

示例8：俗话说："墙头一根草，风吹两边倒。"用这句话来形容此辈再恰当不过。

B.2.2 行文中括号内外的标点用法

括号内行文末尾需要时可用问号、叹号和省略号。除此之外，句内括号行文末尾通常不用标点符号。句外括号行文末尾是否用句号由括号内的语段结构决定：若语段较长、内容复杂，应用句号。句内括号外是否用点号取决于括号所处位置：若句内括号处于句子停顿处，应用点号。句外括号外通常不用点号。

示例1：如果不采取（但应如何采取呢？）十分具体的控制措施，事态将进一步扩大。

示例2：3分钟过去了（仅仅才3分钟!），从眼前穿梭而过的出租车竟达32辆!

示例3：她介绍时用了一连串比喻（有的状如树枝，有的貌似星海……），非常形象。

示例4：科技协作合同（包括科研、试制、成果推广等）根据上级主管部门或有关部门的计划签订。

示例5：应把夏朝看作原始公社向奴隶制国家过渡时期。（龙山文化遗址里，也有俯身葬。俯身者很可能就是奴隶。）

示例6：问：你对你不喜欢的上司是什么态度？

答：感情上疏远，组织上服从。（掌声，笑声）

示例7：古汉语（特别是上古汉语），对于我来说，有着常人无法想象的吸引力。

示例8：由于这种推断尚未经过实践的考验，我们只能把它作为假设（或假说）提出来。

示例9：人际交往过程就是使用语词传达意义的过程。（严格说，这里的"语词"应为语词指号。）

B.2.3 破折号前后的标点用法

破折号之前通常不用点号；但根据句子结构和行文需要，有时也可分别使用句内点号或句末点号。破折号之后通常不会紧跟着使用其他点号；但当破折号表示语音的停顿或延长时，根据语气表达的需要，其后可紧接问号或叹号。

示例1：小妹说："我现在工作得挺好，老板对我不错，工资也挺高。——我能抽支烟吗?"（表示话题的转折）

示例2：我不是自然主义者，我主张文学高于现实，能够稍稍居高临下地去看现实，因为文学的任务不仅在于反映现实。光描写现存的事物还不够，还必须记住我们所希望的和可能产生的事物。必须使现象典型化。应该把微小而有代表性的事物写成重大的和典型的事物。——这就是文学的任务。（表示对前几句话的总结）

示例3："是他——?"石一川简直不敢相信自己的耳朵。

示例4："我终于考上大学啦! 我终于考上啦——!"金石开兴奋得快要晕过去了。

B.2.4 省略号前后的标点用法

省略号之前通常不用点号。以下两种情况例外：省略号前的句子表示强烈语气、句末使用问号或叹号时；省略号前不用点号就无法标示停顿或表明结构关系时。省略号之后通常也不用点号，但当句末表达强烈的语气或感情时，可在省略号后用问号或叹号；当省略号后还有别的话、省略的文字和后面的话不连续且有停顿时，应在省略号后用点号；当表示特定格式的成分虚缺时，省略号后可用点号。

示例1：想起这些，我就觉得一辈子都对不起你。你对梁家的好，我感激不尽! ……

示例2：他进来了，……一身军装，一张朴实的脸. 站在我们面前显得很高大，很年轻。

示例3：这，这是……?

示例4：动物界的规矩比人类还多，野骆驼、野猪、黄羊……，直至塔里木兔、跳鼠，都是各行其路，决不混淆。

示例5：大火被渐渐扑灭，但一片片油污又旋即出现在遇难船旁……。清污船迅速赶来，并施放围栏以控制油污。

示例6：如果……，那么……。

B.3 序次语之后的标点用法

B.3.1"第""其"字头序次语，或"首先""其次""最后"等做序次语时，后用逗号（见 4.4.3.3）。

B.3.2 不带括号的汉字数字或"天干地支"做序次语时，后用顿号（见 4.5.3.2）。

B.3.3 不带括号的阿拉伯数字、拉丁字母或罗马数字做序次语时，后面用下脚点（该符号属于外文的标点符号）。

示例1：总之，语言的社会功能有三点：1. 传递信息，交流思想；2. 确定关系，调节关系；3. 组织生活，组织生产。

示例2：本课一共讲解三个要点：A. 生理停顿；B. 逻辑停顿；C. 语法停顿。

B.3.4 加括号的序次语后面不用任何点号。

示例1：受教育者应履行以下义务：（一）遵守法律、法规；（二）努力学习，完成规定的学习任务；（三）遵守所在学校或其他教育机构的制度。

示例2：科学家很重视下面几种才能：（1）想象力；（2）直觉的理解力；（3）数学能力。

B.3.5 阿拉伯数字与下脚点结合表示章节关系的序次语末尾不用任何点号。

示例：3 停顿

3.1 生理停顿

3.2 逻辑停顿

B.3.6 用于章节、条款的序次语后宜用空格表示停顿。

示例：第一课　春天来了

B.3.7 序次简单、叙述性较强的序次语后不用标点符号。

B.3.8 同类数字形式的序次语，带括号的通常位于不带括号的下一层。通常第一层是带有顿号的汉字数字；第二层是带括号的汉字数字；第三层是带下脚点的阿拉伯数字；第四层是带括号的阿拉伯数字；再往下可以是带圈的阿拉伯数字或小写拉丁字母。一般可根据文章特点选择从某一层序次语开始行文，选定之后应顺着序次语的层次向下行文，但使用层次较低的序次语之后不宜反过来再使用层次更高的序次语。

示例：一、……

（一）……

1.……

（1）……

①/a. ……

B.4　文章标题的标点用法

文章标题的末尾通常不用标点符号，但有时根据需要可用问号、叹号或省略号。

示例 1：看看电脑会有多聪明，让它下盘围棋吧

示例 2：猛龙过江：本店特色名菜

示例 3：严防"电脑黄毒"危害少年

示例 4：回家的感觉真好
　　　　——访大赛归来的本市运动员

示例 5：里海是湖，还是海？

示例 6：人体也是污染源！

示例 7：和平协议签署之后……

后　记

在农历 2021 年新年钟声敲响之前，终于完成了此书的初稿。回想近一年的写作历程，感想很多。这里说一年，其实此前经历了一个很长的酝酿过程，如果从写作动机产生之初开始算起，至少有四五年的时间了，只是中间由于各种事务不断，写作也是起了断，断了起，断断续续，始终没能连贯地将写作进行下去。直到 2020 年寒假，在没有任何再拖延下去的理由情况下，正式开始此书的连续写作，但没有想到的是，一场突如其来的疫情，又使这个寒假被线上教学培训硬生生割断，紧接着就是线上建课、上课，在焦虑和手忙脚乱中，此书写作竟被忘得一干二净。好在寒去暑至，终于迎来完整的暑假，再加上工作日中每一个宁静的夜晚，在家人鼾声的陪伴中奋笔疾书，现在终于迎来了最后完稿时刻。在这里，还有几句心里话要说一说。

本书内容分为绪论、总论和分论三大部分，绪论在对本书所及基本概念——"通用文书"和"写作技法"廓清后，从问题研究的必要性和研究的途径与方法对本书内容研究的源起进行说明。总论是写作理论部分，有纲领性作用，主要针对通用文书写作中基本理论——写作意图的最终实现、写作者主体作用的发挥、行文中的文气坚守、语言模式的恰当选择进行阐释。分论对通用文书中常用的 7 种法定文书和 4 种非法定文书的写作技法进行说明，每一个文种都包括一般写作技法和特殊写作技法两部分，这部分内容中包括本人多年教学和科研成果，有些内容此前以论文形式发表在各类相关学术期刊上。

本书所述问题是"写作技法"，在内容安排上力求直奔主题，对每一个文种的定义、特点、写作要求等在必须和够用前提下不作展开，直接进入对技法的说明，这是与一般应用写作类著作不同之处，此其一。其二，本书所述写作技法包括一般写作技法和特殊写作技法，既可引导读者入门，亦可使读者登堂入室。一般写作技法是每个文种的基本写作技法，可供初学者掌握文种写作基本方法之使用；特殊写作技法是本人在教学和研究过程中对各个文种写作规律的独特发现，是本书的精华所在，可供在掌握了基本写作技法后，对文种写作有进一步提高需求者之使用。其三，写作技法是写作学的核心问题，在目前应用写作学研究一片沉寂中，本书针对写作技法的理论阐述多少对应用写作学形成会有助推作用，亦可供学界同人作为研究垫脚石。

本书是我十余年应用写作教学与研究工作的成果，虽然几尽本人能力之全部，仍难免疏漏之处，在此致歉的同时，还请大方之家斧正。

2021 年 2 月于家中